变为何物

有关律师、律所与律政

吕红兵 / 著

封面题字：李世亮

法律出版社 LAW PRESS·CHINA
——北京——

图书在版编目(CIP)数据

变为何物：有关律师、律所与律政 / 吕红兵著. --
北京：法律出版社，2022
ISBN 978 - 7 - 5197 - 7116 - 4

Ⅰ. ①变… Ⅱ. ①吕… Ⅲ. ①律师－工作－中国
Ⅳ. ①D926.5

中国版本图书馆 CIP 数据核字(2022)第 172739 号

变为何物
——有关律师、律所与律政
BIANWEI HEWU
—YOUGUAN LÜSHI、LÜSUO YU LÜZHENG

吕红兵 著

责任编辑 慕雪丹　章　雯
装帧设计 汪奇峰

出版发行 法律出版社
编辑统筹 法商出版分社
责任校对 赵明霞
责任印制 胡晓雅
经　　销 新华书店

开本 A5
印张 12.5　**字数** 218 千
版本 2022 年 12 月第 1 版
印次 2022 年 12 月第 1 次印刷
印刷 天津嘉恒印务有限公司

地址：北京市丰台区莲花池西里 7 号(100073)
网址：www.lawpress.com.cn
投稿邮箱：info@lawpress.com.cn
举报盗版邮箱：jbwq@lawpress.com.cn

销售电话：010 - 83938349
客服电话：010 - 83938350
咨询电话：010 - 63939796

书号：ISBN 978 - 7 - 5197 - 7116 - 4
定价：88.00 元

凡购买本社图书，如有印装错误，我社负责退换。电话：010 - 83938349

“国浩人文文库”总序

“求木之长者，必固其根本；欲流之远者，必浚其泉源。”对律师而言，专业是立身之本，文化则是滋养人文精神世界的重要源泉。法律理性与人文情怀相互交融、交相辉映，是法律事业“问渠那得清如许，为有源头活水来”之水，是法治征途中驱散阴霾、汇聚希望、生生不息之火，是“文能提笔安天下，武能上马定乾坤”之豪情，是穿越黑暗、趟过烈火、抵达梦想之炙热。

专业层面，国浩律师事务所鼓励律师成为“专家律师”“学者律师”，精研法律、著书“立说”、“立功立德”。人文层面，国浩律师的定位是“君子律师”，谦谦君子、坦荡荡君子、家国情怀君子。经过16年的沉淀，“国浩法律文库”系列丛书已硕果累累、各放异彩。恰逢此时，“国浩人文文库”诞生，为法律人开辟一方“精神家园”。

律师是律师文化的建设者和传播者，是社会公平正义的捍卫者和实现“中国之治”的中坚力量。子曰：“质胜文则野，文胜质则史，文质彬彬，然后君子。” 面对变幻的现实，面对我们的新时代，如果我们都能秉持一种和谐的人文精神、君子之道，将传统的人文道德、仁爱之心、家国情怀融入律师固有的气质，无疑将为法治社会建设贡献更大的力量。

作为中国最大的法律服务执业机构之一，国浩律师事务所不仅致力于提供优质的法律服务，而且在法治建设过程中努力承担起应有的责任和初心。2008 年，国浩发布了国内律师事务所的首家社会责任报告，并始终用实际行动践行社会责任；2009 年，国浩开办《国浩人文》杂志，后又与时俱进通过国浩微信公众号开设“国浩人文”栏目，内容生动、意趣盎然，深受读者喜爱；近年来，国浩还设立了“国浩公益基金”，举办了一系列诸如国浩读书会、国浩篮球赛、国浩开放日等文娱体育活动，将人文关怀春风化雨，深入人心。

“国浩人文文库”系列丛书恰恰就是展现国浩律师人文精神的窗口、展示国浩人文关怀和社会责任的平台，更是社会各界朋友能够心意相通、情谊相连、志趣相投、道器相融的舞台。

文化如水，化雨流甘。如果阅读“国浩人文文库”能够成为“悦读”，如果读者朋友们能从中受益，我们将倍感欣慰。

国浩律师事务所

2021 年 11 月

目录

C O N T E N T S

一

故事：

每一名
律师的记忆，
都是在
努力书写
这种职业的
荣光历史

㈡

人物：

每一张

个体的面孔，

都是在

倾情刻画

这支队伍的

耀眼群像

㊂

远行：

每一次

行者的远方，

都是在

接续检阅

这场旅途的

初心使命

四 思考：

每一个
思者的感悟，
都是在
试图探寻
这个行业的
成长规律

㊀

故事：

每一名
律师的记忆，
都是在
努力书写
这种职业的
荣光历史

书写属于中国律师事务所自己的历史

这是中国律师事务所的发展史。

这是中国律师事务所的改革史。

这是中国律师事务所的开放史。

中国律师事务所的发展、改革与开放的历史，正是中国律师制度的历史。

每一个律师事务所的故事，都是中国法治建设画卷的缩影；每一个大律师的茁壮成长，都让我们看到勤劳勇敢的中国人奋斗不息的身影；每一个成功的经典案例，无不包含着催人奋进的励志事迹；每一个扼腕叹息的失败教训，都足以成为后来者向更高处攀登的阶梯。

风云际会，时空交织；你方唱罢，我又登场；星光灿烂，花开满园。浓墨重彩为中国律师事务所群芳谱，荟萃精华成中国优秀律师群英会。

中国律师事务所的发展，离不开中国法治建设的进程；中国法治的进步，总是伴随着改革开放的铿锵。再回首，恍然如梦；再回首，我心依旧；再回首，轻舟已过万重山。

改革开放四十年，法治进程四十年，律师发展四十年。我们每一个律师，都有幸亲历这段法治时光或法治历程，我们都是时光闪现的经历者、见证者，也是历史成绩的建设者、受益者。在创新法律服务、创建法治大厦的同时，我们律师及我们的事务所自己，也在成长、成熟、成就。

1979 年 7 月 1 日，五届全国人大第二次会议通过《中华人民共和国刑事诉讼法》，明确规定，被告人有权获得辩护，被告人“可以委托”律师“辩护”。1979 年 12 月 9 日，司法部发布关于恢复律师制度的通知，标志着中国律师制度的重建，虽然当时全国只有 212 名律师，虽然律师业务仅限于刑事辩护、民事代理、代写法律文书、法律咨询等简单而又传统的项目。

当我们今天再次翻阅 1980 年 8 月 26 日的《人民日报》，头版的消息仍可以清晰地呈现在我们面前：“五届全国人大常委会第十五次会议决定，同意在深圳、珠海、汕头和厦门设置经济特区……这次会议还通过了《中华人民共和国律师暂行条例》。”不经意间，中国律师又搭上了改革与开放这艘顺风大船。也就是在1980年，在对“四人帮”的公审中给予其获得律师辩护的权利，不仅体现了对宪法的尊重、对人权的尊重，而且使得久违了的律师登上了主流媒体与街谈巷议的双重舞台。

16年后的1996年5月15日，《中华人民共和国律师法》颁布实施。而此后20年，《律师法》不断修订，与时俱进，愈发完善。2007年，也就是我担任上海律师协会会长的第三年，第十届全国人大常委会第三十次会议通过新《律师法》，“三个维护”入法：“维护当事人合法权益，维护法律正确实施，维护社会公平和正义”，为律师事业发展指明了前进的方向、奠定了坚实的基础。在我卸任会长的2008年，上海律所数量889家，12年后的今天已长到1660多家；律师人数从1万名增至近2.65万名；业务收入从近50亿元上升到250亿元。

数字是枯燥的，但数字最有说服力。1978年，中国的经济总量占全球1.8%，第二年律师制度恢复时仅有212名律师；2019年，早已经成为全球第二大经济体的中国，经济总量占全球16.6%，而与此同时中国律师人数猛增至47.3万人。1978年，中国人均GDP只有384美元，此后的1979年中国每万人仅拥有0.0022名律师；2019年，中国人均GDP超过1万美元，而此时中国每万人拥有律师数升至3.4人。这个数字，是值得大书特书的：截至2019年年底，中国拥有47.3万名律师，拥有3.2万家律师事务所。

可以说，律师制度的不断完善，律师事业的蓬勃发展，正是“中国特色社会主义法律体系日益健全”的一个缩影，也是“全面依法治国深入推进”的重要标志。正可谓，法治兴，则律师兴；也可谓，律师兴，则法治兴。

40年中国改革开放，春风化雨，春华秋实；40年律师事业发展，波澜壮阔，乘风破浪。这是我们的回忆，也是我们写下的中国律师记忆；这是我们的足迹，也是我们走出的中国律师奇迹。习近平总书记说，中国的今天是中国人民干出来的。[1]同样，中国律师事业的今天也是中国律师干出来的。

与改革开放一样，中国律师事业的发展，也包括律师事务所的发展，也是坚持摸着石头过河和顶层设计相结合，坚持问题导向和目标导向相统一，坚持试点先行和全面推进相促进，一步一个脚印踏踏实实干出来的。

早在2005年担任上海律师协会会长的时候，我就一直思考这样一个问题：在一个城市是需要有一批规模大所、专业强所

1　习近平在亚太经合组织工商领导人峰会上发表的《同舟共济创造美好未来》主旨演讲。参见《习近平出席亚太经合组织工商领导人峰会并发表主旨演讲》，载新华网，http://www.xinhuanet.com/politics/leaders/2018-11/17/c_1123728801.htm。

和品牌名所的；这三种类型的律师事务所一个都不能少，并且基于它的存在、发展与壮大，来引领一个城市律师事务所的发展和现代服务业的进步。

我们欣喜地看到，“智合榜”上，全国性乃至世界性的规模大所已经涌现，全方位尤其新领域的专业强所层出不穷，而飞入寻常百姓家的品牌名所也是纷至沓来。

无疑，今天登上“智合榜”的每一家律师事务所，犹如幸福的家庭总是相似的，都有自己的幸福之处，都幸福着自己的幸福。采用数学上“提取公因式”的方式，我们高度概括、精度提炼，借以总结出有关律师事务所发展的规律性认识，并以此指导中国律师事业发展的实践。或许，这就应该是那么多律界大咖坐而论道的原因，也应该是智合全力并倾情制作这一宏大巨著的初衷，更是中国律师尤其是青年律师发展成长需要的热切呼唤。

作为一名始终战斗在法律服务第一线的执业律师，也作为一名长期从事行业服务和管理的工作者，我的体会是，这种规律性的认识，既包括目标与方向的定位，也包括战略和战术的选择，另外也有体制与机制的安排，综合起来就是律师事务所发展的基础性模式。而在这一基础性之上，又呈现出百舸争流、千帆竞发，百花齐放、争相斗妍的局面。

一、把握律师制度本质，知行合一，谋求事业发展

从20世纪80年代的“国家法律工作者”，到20世纪90年代的“为社会提供法律服务的执业人员”，再到21世纪的“三个维护”，我们的认识不断深化；从党的十六届四中全会提出发挥律师机构作为社会组织“提供服务、反映诉求、规范行为”的作用，到国家“十一五”规划将律师业界定为“现代服务业”以推进发展，再到党的十八届四中全会明确律师的“法治工作队伍”定位，我们的理解更加全面。这一规律性认识和本质性把握，一并体现在律师的执业行为和律所的管理之中，成为中国律师事业发展的基础，也使得律师队伍迸发出内生的活力、动力和魅力。

我们欣然所见，有的律师事务所把“重政治、高站位、大格局”作为立所之本，而有的则说要“讲政治、重专业、比奉献”；有的律所遵守“忠于宪法与法律，忠于当事人利益”的格言，有的律所“将职业作为事业”“把当事人的需求作为律师责任”。秉持如此信念，恢复之初的中国律师事务所可谓“雄关漫道真如铁”，40年发展至今则见“人间正道是沧桑”，而展望明天

一定会“长风破浪会有时”。

二、投身改革开放大潮，建功立业，发挥职能作用

没有一项事业，如改革开放之伟业如此呼唤律师；没有一个时代，如法治中国之新时代如此成就律师。中国律师从恢复创建的第一天起，就同改革开放同呼吸、与法治建设共命运。服务经济建设，参议政治建设，顾问文化建设，参与社会建设，投身生态文明建设，中国律师处处有形，时时有位，进而有为，力求有效。法治中国建设中，律师不是万能的，但没有律师却是万万不能的。

例如“一带一路”，法律先行，律师当先，正成为上上下下、里里外外、商界法界的通识。而今天我们欣赏的这些律师事务所，无不在大踏步地走向海外，为中国律师事务所的国际化勇做探路者。再如 2021 年两会后，39 名律师全国人大代表和政协委员，以及成千上万名执业律师，进工厂、上学校、入军营、赴农村，掀起宣讲《民法典》的高潮，发挥了律师不可或缺、无法替代的独特作用。

只有为国家改革开放保驾护航，只有与法治中国建设同频

共振，服务大局、服务民生，才能定准中国律师的方位，才能明确律师工作的航向。有的律师事务所就说，“与客户一同成长，在业务上不断深耕”，有的律师事务所则“以专业服务为客户创造最大价值”。在服务中奉献，在奉献中提升，我们的律师事务所踏着时代的节拍，日新月异地成长着。

三、加强律师队伍建设，德才兼备，推进基业长青

改革开放和法治建设，对中国律师而言，既是机遇也是挑战，既有压力山大更是动力无限。“打铁还需自身硬”。律师就是要有本事、靠得住、过得硬。党和政府始终关怀律师队伍建设，2007 年 4 月 26 日，习近平同志履新上海市委书记仅一个多月，就专程来上海律师协会调研，亲切接见首届“东方大律师”。总书记当年的谆谆嘱、殷殷情、切切意，令上海律师至今念念不忘、时时回响。

队伍建设，是事业发展的命脉，是基业长青的根基。对于这些律师事务所而言，几乎都把人才战略作为律师事务所发展的首要战略。有的律师事务所，“专业之星”璀璨、“希望之星”闪耀；有的则推进“人才国际化”战略，让年轻人“有负责任

的精英感”；更多的律师事务所把文化理念、管理模式、人才培养作为事务所发展的“黄金三角”予以“三足鼎立”。

四、着力律所文化培育，润物无声，保持昂扬正气

衡量一个行业的成熟度，可以把握两个标准。一个是规范、完善的自律规则体系，另一个是有底线、能包容的行业文化建设。一个具有近 40 年恢复并发展的历史，一个拥有逾 40 万成员的队伍，一个每年发展速度超过国家经济发展指标的行业，是迫切需要加强文化建设、培育职业精神的。有一句谚语说，当我们走得太快的时候，要停下来等一等我们的灵魂；另有学者说，我们的路走得太远太快，但忘记了为什么出发。因此，我们应倡导并践行“忠诚”“为民”“正义”“明法”“厚德”的价值观，当社会良心，做道德之师。

在文化建设方面，各家律师事务所独辟蹊径，百家争鸣，但其中却都贯穿着上述核心价值观。有的立志“做受人尊重和值得信赖的律师事务所”，有的则要求律师们要“做客户信任和信赖的律师”；有的律所行“学者风范，君子之道”，有的律所则是“贵族精神与江湖义气”的统一；有的律所推行“谦抑

厚重，和衷共济”，有的律所则倡导“牺牲精神”与“人合之道”；有的律所希望“开放性，无等级”，有的律所则信奉“提携文化”“师承传统”。还是瑞·达利欧在《原则》一书中写得到位：“一个机构就像一部机器，主要由两组部件构成：文化和人！”

五、完善律所自治管理，规范持续，营造律师家园

历史，总是在一些特殊年份给人们以汲取智慧、继续前行的力量。“1986”“2016”，这两个普通的数字对于中国律师却象征着重要的时间节点，串连起翻天覆地的30年。1986年中华全国律师协会成立，而30年后协会拥有了小平同志强调的具有标志性的30万名律师。

“三十而立”，在新的历史起点上，律师协会如何深化改革，以符合每年以10%增长的会员事业发展的期待，适应全面深化改革和法治中国建设的需求，律师协会理应做出深刻性的反思与前瞻性的抉择。而行业集中统一的认识就是，律师行业的管理基础在于律师事务所的管理，再进一步分析，律师事务所管理的重点是合伙人的管理，合伙人管理的关键是分配制度的安排。

从合伙制律师事务所诞生之日起，管理者们不间断地探索着符合自己所情的分配制度。诚如大家所言，“提成制”不是洪水猛兽，“公司制”也并非金丹妙药。问题的关键在于，合时、因事、应势。探索无止境，发展是关键；实践来检验，持续显效果。引人、留人、养人、用人，近悦远来、其乐融融，靠的是文化以及具体化的体制与机制、行为化的治理与规范。新故相推舒画卷，丹青妙手向翠峰。新形势下，律师事务所的管理和治理仍然需要我们下功夫、做文章、求突破、谋发展。

智合是一个有思考的机构，是一家有责任的媒体。其创始人洪祖运先生的经历和阅历，决定了智合的魅力与潜力。不过，我本人一直没有把洪总当“外人”——“业外人士”，我一直有个观点，律师行业也包括法律媒体人，这些法律媒体，特别是专业化的法律新媒体，在为律师事业发展鼓与呼的同时，也成长着自我、成就着自己。我只能说，洪总作为“业内人士”做了一份应为但难为的工作，做了一个应有但难得的贡献！

毛主席说过：“剧是必须从序幕开始的，但序幕还不是高潮。”实现中华民族伟大复兴的中国梦这场精彩大戏才刚刚拉开大幕。诗人艾青在 1978 年便写下了《光的赞歌》：“我们的心胸燃烧着希望，我们前进的道路铺满阳光……让我们从今天出发飞向明天，让我们把每个日子都当作新的起点。”

岁月不老，初心不变。对历史的最好纪念，就是创造新的历史。我们书写，我们总结，我们提炼，我们提升。中国的律师、中国的律师事务，一定会锲而不舍、一以贯之，时不我待、只争朝夕，再接再厉、再创佳绩！

（这是作者于2021年为智合研究院编著、法律出版社出版的《中国律所访谈：40周年纪念版》一书撰写的序言）

切实维护律师执业权，共建律检职业共同体

今年 5 月 25 日第十三届全国人民代表大会第三次会议上，张军检察长所做的《最高人民检察院工作报告》获得一次又一次热烈的掌声。作为一名律师，我特别关注报告中有关律师工作的内容。张军检察长的报告有 10 处提及并以专段强调律师，他特别指出："真诚尊重、依法维护律师执业权利。""检察机关真心欢迎、真诚信赖人民律师。"维护律师执业权利，人民检察院既依法，又真心，还用情，令我们人民律师既感动，更自豪！从法、心、情的角度，真正尊重、真心欢迎、真诚信赖律师，体现了法律职业共同体成员间的理解、

认同与协同，对营造良好的司法生态大有裨益！

同样，在去年的检察院工作报告中，张军检察长首次以专段6次提到律师，特别强调“尊重和保障律师执业权利”，体现了人民检察院对律师制度的尊重，对律师价值的认同，对律师执业的维护。早在张军同志担任司法部部长时，两会期间在人民大会堂“部长通道”接受媒体采访时就言：律师是法官、检察官和警察的朋友，“律师以自己的执业，提供了来自社会的监督，促进了社会公正”。

律师制度是现代法治国家的一项基本法律制度，是法治文明进步的重要标志。律师执业权利是当事人诉讼权利的延伸。律师执业权利的保障程度，关系到当事人合法权益能否得到有效维护，关系到司法制度能否得到完善和发展。尊重律师执业权利，就是尊重当事人的诉讼权利，就是尊重宪法和法律，就是尊重法治和人权。

党的十八届三中全会决定明确提出：“完善律师执业权利保障机制和违法违规执业惩戒制度，加强职业道德建设，发挥律师在依法维护公民和法人合法权益方面的重要作用。”

党的十八届四中全会进一步指出，中国律师是“法律服务队伍”，是社会主义“法治工作队伍”的重要组成部分，是全面推进依法治国的重要力量。

在中央全面依法治国工作会议上，我们注意到，习近平总书记在讲话中特别指出："要教育引导法律服务工作者坚持正确政治方向，依法依规诚信执业，认真履行社会责任。"

《中共中央关于制定国民经济和社会发展第十四个五年规划和二〇三五年远景目标的建议》中则明确：加快发展"法律服务等服务业"。

维护律师执业权利，发挥律师职能作用，推进律师事业发展，人民检察院责任重大，义不容辞，理应成为"贴心人""保护神"。

2015 年，最高人民法院、最高人民检察院、公安部、国家安全部、司法部联合发布《关于依法保障律师执业权利的规定》，对充分维护律师执业权利、切实保障律师功能作用，发挥了重要作用，尤其是在解决会见难、阅卷难、调查取证难等"老三难"方面，律师行业普遍反映，有进展，有起色。

然而，中华全国律师协会维权中心统计的数据显示，在过去的两年、在全国范围内，律师会见难的问题再次"卷土重来"，侵犯律师会见权的情况有所"回潮"，这一趋势在今年上半年伴随着疫情更加明显。各律师协会 2020 年上半年共收到维权申请 221 件，其中涉及会见权的 139 件，占 62.9%。2020 年 1~11 月，各地方律师协会维权中心共收到维权申请 428 件，其中涉及会见权的 225 件，占 52.6%；全国律师协会维权中心收到维权申请 10 件，其中涉及会见权 5 件，占 50%。

一方面，律师们对上述之难的客观上的问题如加强防疫的“理解度”在提升；同时，对监所等有关部门在技术上的努力如视频会见的“认可性”也在增强；另一方面，对办案机关主观上更为加剧的人为性把握的“抗拒性”越发激烈。在互联网与自媒体现状下，律师们的这种“抗拒性”被聚焦、被放大了，虽然普遍性的数字没有大幅提升，但特殊性的个案的影响力骤增，而且这种影响力在群体间有传染性，所以诉讼律师尤其是刑事律师的获得感有所下降。

大家说不是“会见”和“不会见”的问题，而是“及时”与“不及时”会见、“充分”与“不充分”会见的问题。会见的不及时、不充分本身就是对会见权的侵害，就像我们说迟到的正义不是正义，不及时、不充分的会见也不是会见权题中应有之义。

解决此问题，应该对症下药。“两高三部”（最高人民法院、最高人民检察院、公安部、国家安全部、司法部）已于2017年6月发布《关于办理刑事案件严格排除非法证据若干问题的规定》，建议由上述机关进一步完善这一制度，对于侵犯律师会见权期间所获取的犯罪嫌疑人的口供，应当予以排除，明确不能将其作为定案依据。

另外，随着司法体制改革，尤其是以庭审为中心的诉讼制度改革的推进，庭审实质化越来越受到关注，法庭上律师与检察官的对抗性无疑也在增强，法庭上“火药味”也日渐泛起。

因此“老三难”未消，“新三难”就是发问难、质证难、辩论难又起（2020 年 1~11 月，各地方律师协会收到的维权申请 428 件中，涉及人民法院的 88 件，占 20.56%）；而且，知情难、申请难、申诉难，律师业内称其为“不老不新又三难”，发生在律师执业的各个阶段，始终存在。

全国检察机关自去年 7 月至今年 1 月，开展了保障律师执业权利专项监督活动，将保障律师五个方面的执业权利作为监督重点，即会见权、通信权、阅卷权、调查取证权、人身权利，以及其他妨碍律师依法履行辩护、代理职责的情形。此专项督查活动受到广大律师衷心拥护，热烈响应，广大律师对其寄予厚望。律师们都特别期待最高人民检察院梳理典型案例，总结经典经验，提炼规律认识，从理论深度上、从立法高度上，进一步推进对律师执业权利的保障，从而发挥人民律师在推进司法公正、法治中国建设中的更大作用。

律师执业权是法定权利，是保障人权、防范冤假错案不可或缺、不可替代的重要因素。一方面，应该通过完善法律，特别是对刑事诉讼法和律师法进行修订的方式，充分保障律师的执业权利；另一方面，应该进一步深化司法体制改革，共同推进法治工作队伍建设，加强职业共同体的内部互动。与此同时，检察机关与律师队伍，密切合作，携手推进法治中国建设。

在完善立法方面，首先，进一步修订《刑事诉讼法》。应该在《刑事诉讼法》总则中进一步明确刑辩律师在刑事诉讼中的地位，直接规定："人民法院、人民检察院和公安机关进行刑事诉讼，应当分工负责、互相制约、互相配合，并充分发挥律师的辩护作用，以保证准确有效地执行法律。"

同时，进一步完善《律师法》。明确界定律师执业权的具体内容、行使方式、保障措施、救济手段、法律责任。而且，要将目前已经实施并行之有效的联席会议制度、应急处置机制、异地协同方式，以及律师协会作为维护律师执业权利的行业主体和职责权限，通过法律的形式予以明确和规范。

在增强互动方面，推动构建司法人员和律师，尤其是检察机关与律师队伍的"彼此尊重、平等相待，相互支持、相互监督，正当交往、良性互动"的新型关系。在这一关系中，司法机关尤其是检察机关处于矛盾的主要方面，应在构建这一关系中发挥主动权。

一是互动的职业规范。律师与检察官的职业规范是相通的，因而也可以是互动的，不仅应在制定与修订中互动，而且更应在实施与操作中互动。职业规范的相通性与互动性，更为两者间的互动机制的建立与完善提供了规则基础，还会使得这种互动更加规范、更加持续。

二是互动的规则制定。检察机关在制定司法规则时，应当制度性地安排律师全过程与全方位的参与。律师不仅是司法规则的被动遵守者，更应该是规则的参与制定者，从而成为规则的真正理解者、主动遵守者以及对当事人遵守规则的教育者与引导者。

三是互动的教育培训。律师协会培训中最受律师欢迎的就是检察官法官的讲课,以案释法,实践性强,可操作性强,互动性强。同样,律师给检察官讲课自然也非常独到、独特。不能互为师生,谈何职业共同?加强各级律师学院与检察官学院的业务培训互动，自然具有很强的现实性、必要性与可行性。

四是互动的提示警示。法官与律师应当“对视”，这种“对视”其实是相互监督、相互提示、相互警示。我们应当做好“律师眼中的法官”与“法官眼中的律师”这两篇大文章。

五是互动的任职安排。检察官辞职做律师显然不在此互动之列，不过也可考虑检察机关工作人员甚至是检察官来律协挂职，增强对律师行业的了解，强化检察机关与律师协会的互动。在这个互动中更重要的是，推进完善从优秀律师中选拔检察官的机制建设。

六是互动的评估评价。律师是司法活动的法定参与方，是司法过程的体验者。如同“审理者裁判”“裁判者负责”一样，“参与者评判”“体验者打分”理所应当，可以更大程度地解决闭门造车式、纸上谈兵式以及道听途说式、人云亦云式的评价，使得这种评判更具有亲历性、直接性、体验性，从而更直白、更精准，而且更系统、更全面，当然也更专业、更接近于公正。律师对检察官的评估与评价如此，反之亦然。

七是互动的权利保障。从律师的角度，要充分尊重并配合检察机关依法行使权利，以事实为根据，以法律为准绳，提出维护当事人合法权益的代理或辩护意见；而对于个别检察官违反法律侵害律师执业权益的行为，应当以正当的程序和形式反映诉求，救济权利。

八是互动的认知认可。相识，相知，相敬，相守，这是一个渐进的过程。过密易同流合污，过疏会反目成仇，互动有底线，互动有规矩，而相互认知、彼此认可是基础，可谓随心所欲而不逾矩。检察官应畅谈“我的检察梦”，律师应唱响“我的律师梦”；双方还应交流“我心中的律师”与“我心中的检察官”，从而在互动中提高，在交流中共进。

在携手合作方面，创新形式，加强协作，“法治专门队伍”与“法律服务工作者”共同推进全面依法治国。

一是创新完善生态环境公益诉讼机制。上周我在湖州参加了践行“绿水青山就是金山银山”理念第三届服务保障长江经济带发展检察论坛。检察机关按照张军检察长提出的“主动监督，智慧履职，铁面司法”的要求，为生态文明建设做了重大贡献。

例如，线索发现方面，检察机关成立了举报中心，并发挥了有效作用。同时，律师深入社会最基层，战斗在民间第一线，不仅能发现线索，而且能固定证据、理性分析，其所提供的线索更加精准，更加有效，检察机关可以充分发挥律师、律所、律协这一“消息树”“联络点”“信息网”的不可替代功能。

又如，技术支持保障方面，环境公益诉讼涵盖自然、技术、科学，涉及检测、鉴定、修复、恢复甚至是补植、复绿、土地开垦、增植放流、消除污染一系列专业问题。在运用政治智慧、法律智慧的同时，还应该添加一个技术智慧。律师队伍中包容了一批理工科背景的法律专业人士，集成性、复合性强，可以成为检察机关的“参谋者”“配合人”“外脑力”。

二是创新健全民营企业产权保护制度。近年来，最高人民检察院先后发布了《关于充分发挥检察职能依法保障和促进非公有制经济健康发展的意见》《关于充分履行检察职能加强产权司法保护的意见》《关于充分发挥职能作用营造保护企业家合法权益的法治环境支持企业家创新创业的通知》等文件。2018年11月，最高人民检察院又发布了《充分发挥检察职能为民营企业发展提供司法保障——检察机关办理涉民营企业案件有关法律政策问题解答》，进一步统一、规范涉民营企业案件的执法司法标准。

检察机关对涉案民营企业负责人依法“慎捕”“慎诉”，应当说是在执法的后端，还应该或者更应该在前端发挥作用，保障民营企业负责人“少犯”“不犯”。在预防犯罪方面，检察机关既义不容辞，又当仁不让。

最高人民检察院于2020年9月10日在深圳市宝安区召开“企业刑事合规与司法环境优化研讨会”，副检察长童建明指出：检察机关在做好指控证明犯罪的同时，要积极参与社会治理，助力依法开展刑事合规管理。准确把握涉企案件司法政策界限、改进办案方式方法。要把《民法典》中蕴含的产权保护理念贯彻到刑事司法中，尽量把对企业正常生产经营活动的负面影响降到最低。

检察机关正在努力探索企业刑事合规管理工作，构建企业刑事合规管理的检察工作机制，在国家法理体系和治理能力现代化进程中落实检察责任。在此过程中，律师是“同盟军”，是“一个战壕里的战友”。

例如，检察建议是纠防企业犯罪的主要司法手段之一。现行《人民检察院检察建议工作规定》已为检察机关向违法犯罪企业制发检察建议搭建了制度框架，该规定将检察建议分为五类，其中，社会治理检察建议的主要制发对象便是存在不健全管理制度和刑事犯罪风险的单位。

为此，律师可以和检察官前后衔接，共同发力，律师战斗在一线发挥服务功能，负责落实检察建议，助力企业及时有效防范化解风险，完善内部治理管理制度，而检察机关则在后台发挥司法职能，尤其是做好支持保障以及规则引领工作。

再如，合规不起诉改革试点。对符合条件的涉罪企业适用附条件不起诉制度前，应当对该企业的犯罪行为、危害结果、社会评价及内部合规建设等情况进行深入调查，针对专业性问题应当委托相关专业权威机构如律师事务所进行调查。而考验期满后的评估及提交合规整改报告，亦可交由律师办理。可以考虑参考破产管理人制度，建立由律师事务所担任合规监管人的制度，“有力推动民营企业筑牢守法合规经营底线”。

张军检察长在司法部部长任上时对我们律师说，要“严管、厚爱”。最近张检察长对民营企业说，要当好服务保障民营经济发展的“老娘舅”，“真严管、真厚爱，为真爱而管、为健康发展而罚”。我想，作为今天的最高人民检察院检察长，又作为曾经的司法部部长，您对律师队伍能不能叫作“最厚爱、最严管”，之所以最严管是因为最厚爱，正因为最厚爱于是乎最严管。

（这是作者于2020年12月25日在最高人民检察院检察长张军到全国律协召开的“深入学习贯彻习近平法治思想，加强检律协作；推动法律职业共同体建设，促进司法公正”座谈会上的发言）

一份满意的答卷

突如其来的新冠肺炎疫情是一场“大考”，也是一场“大战”；是“医疗之战”，也是“法律之战”。如同习近平总书记在中央全面依法治国委员会第三次会议上讲话强调的：“疫情防控越是到最吃劲的时候，越要坚持依法防控，在法治轨道上统筹推进各项防控工作，保障疫情防控工作顺利开展。”[1]

我们广大律师既是上“考场”，也是赴“战场”。医务工作者“万里赴戎机，关山度若飞”驰援武汉，我们虽人不能至，如医生护士们般上火线救死扶伤，却心向往之，在大后方摇旗呐喊，为这场全民战争、

1 参见《越是到最吃劲的时候，越要坚持依法防控》，载《人民日报》，http://theory.people.com.cn/n1/2020/0214/c40531-31586364.html。

总体战、阻击战，尽匹夫之责、献专业之技，以自己的一支笔、一页纸、一张屏，分析时事、解读法律、论证规则、传播政策，为政府、为企业、为个人，提供法律咨询，送上法律帮助，宣传法治精神，而所涉及的范围涵盖了政府职责、医疗教育、知识产权、财税金融、公司运营、劳动用工、民商合同、建工房产、对外贸易、法律责任等全领域热点、全过程难题。

在提供全方位法律服务的同时，广大律师响应司法部律师工作局、中华全国律师协会《关于在全国律师行业组织开展“我为疫情防控和促进经济社会发展建言献策”活动的通知》的号召，雷厉风行，扎扎实实，多角度举措提议，宽领域政策建言，高层次法律思考，充分发挥律师的专业功能和聪明才智，为党和政府疫情防控决策以及国家法律法规完善，述实情、谏真言、出实计、谋良策。

短短一个月的时间，570 多篇建议从四面八方如约而至，纷至沓来。它们的主人既有初出茅庐的年轻律师，也有身经百战的资深“大咖”，更有人大代表与政协委员。特别令人感动的是，不少湖北律师、武汉律师，身处“前线”，一手紧抓防控，一手发出“家书”“万金”；甚至身染新冠，甫一康复，即开动脑筋，提笔上书。这些活生生的事例充分说明，中国律师是一支过得硬的突击队伍、战斗队伍、人民队伍！“疾风知劲草，板荡识诚臣。”可以说，疫情赶考，广大律师交出了一份令人满意的答卷!

上述诸多建议，其内容涵盖了有关疫情防控相关法律制度完善、有关企业复工复产与促进经济社会发展、有关疫情期间律师行业发展与权益保障、有关疫情防控国际合作等诸多重点领域、焦点主题、堵点环节。特别是立法与修法的建议，有关野生动物保护法、传染病防治法、突发事件应对法的完善，有关生物安全法、紧急状态法的制定，准确性发现问题，针对性提出举措，充分体现了科学立法、民主立法、依法立法。

习近平总书记在统筹推进新冠肺炎疫情防控和经济社会发展工作部署会议上的讲话中强调："在确保疫情防控到位的前提下，推动非疫情防控重点地区企事业单位复工复产，恢复生产生活秩序。"[1]律师们急企业之所急，想企业之所想，行"雪中送炭"之举，对企业"燃眉之急"想尽千方百计。大家的许多建议，正是从劳动用工、财税支持、社会保障、融资并购、资金纾困、破产重整、营商环境、法律服务、争议解决等关键环节入手，实事求是，切中要害。

当然，时间紧任务重之下的急就章中，文笔或许不那么精练，观点也有可能存有争议，道理也不是完全精准充分，但无论如何，字里行间都闪烁着律师们的智慧、彰显着律师们的专业、浸润

1 参见《疫情防控到位　有序复工复产》，载人民网，http://health.people.com.cn/n1/2020/0226/c14739-31605147.html。

着律师们的情怀。在这样一个特别的春天里，却又“胜似春光”，“战地黄花分外香”。

“俏也不争春，只把春来报。待到山花烂漫时，她在丛中笑。”广大律师无须扬鞭，自奋疾蹄，将继续为打赢疫情防控阻击战、经济发展保卫战，决胜全面建成小康社会、决战脱贫攻坚，发挥应尽的作用、作出应有的贡献！

（这是作者为2020年第5期《中国律师》杂志撰写的卷首语）

谈论华东律师论坛，我们谈论什么？

今天的第十七届华东律师论坛，各路精英，纷至沓来，论剑浦江之滨，论道苏州河畔，论法洲际静安。华东律师论坛，是律师们业务交流的平台，是律师们才华展示的舞台，是法律人理念互动的讲台。

我特别注意到，一个个青春洋溢的面庞闪亮在现场，一篇篇活力四射的演讲即将激荡在会上。于是我想起我第一次参加华东律师论坛，好像是在 1994 年，地点一定是宁波东钱湖，其实那时它的名字还叫华东律师“片会”，我跟着上海律师协会的王文正老会长，还有李海歌、刘小禾两位大姐，坐着绿皮火车去参会。

我的一篇小文章还得了奖，并上台交流，于是这也进一步坚定了作为一名初出茅庐的年轻律师的我走专业化发展道路的信念。

犹记得十四年前的2005年，我刚刚成为上海律协会长，恰逢上海成为论坛东道主。我们专门邀请时任上海市高级人民法院滕一龙院长、时任上海高级人民法院副院长刘华（现任江苏省检察院检察长）光临，滕一龙院长作了题为“法官眼中的律师”的演讲，也由此拉开上海律师与法官建立良性互动关系，“组织上多往来，私下里慎交往”的序幕。

从昔日“小荷才露尖尖角，早有蜻蜓立上头”的华东律师片会，到如今“接天莲叶无穷碧，映日荷花别样红”的华东律师论坛，也昭示着华东律师未来事业的“潮平两岸阔，风正一帆悬”。我们在谈论华东律师论坛的时候，我们谈论什么？

首先，我们看到了“法律科技”。两周前“智合论坛2019——超越法律”的主题词之一就是“法律科技”，一周前阿里巴巴“2019科技法律创新峰会”名称直接写入了“法律科技”，本周一“律新社观察”主标题就是“未来的中国律所是怎样的？驰骋法律科技新蓝海”，十天后“世界律师大会”的主题也是“法律与科技”，今天上海交通大学凯原法学院季卫东教授“律师人工智能以及价格判断的元规则”依然让大家对教授如何解读“法律科技”充满了期待。

这两年律师们是不是都在琢磨一个问题，或者说是一个问题的两个方面，其中一个方面是法律服务如何服务智能时代；另一个方面是人工智能如何服务法律服务。

在一周前这个阿里巴巴“2019 科技法律创新峰会”上的致辞中，我引用了一本杂志上的这样一段话：君不见，会说话的 Re:scam 机器人、能思考的阿尔法狗、懂翻译的 TransnBox、可认图的图灵、懂情感的索菲亚、会驾驶的 MQ-1 捕食者无人机等 AI 正向全自动化、仿真模拟、独立思考领域全力拓展，颠覆传统认知是AI纵深发展的标志，不过也是一把双刃剑。而其中“深度伪造”（Deepfake）的滥用，或将成为违法犯罪的新洼地。

人民检察院早就布局“智慧检务”，人民法院则积极建设“智慧法院”；而就在两周前，司法部在南京举办“区块链 + 法治”论坛，并召开“数字法治、智慧司法”信息化建设应用推进会。相对而言，律师行业的科技基础设施相当落后，这需要我们法律人、科技人、法律科技人携手努力！

其次，我们看到了“营商环境”。一个月前，企业界和法律界都被新华通讯社发布的这个消息刷屏：“我国营商环境持续优化！”10 月 24 日世界银行发布“全球营商环境报告 2020”，中国在 190 个经济体中排名第 31 位，较去年提升 15 位。如此重大业绩，今天下午给我们演讲的上海市司法局罗培新副局长是核心参与人、直接贡献者；而且，上海不少律师也有幸在一定范围内、于一定时间段参与了此项工作。法治是最好的营商环境，律师服务又构成了法治的重要内容。我们在为当事人提供法律服务的同时，也在一举一动、一言一行、一纸一文对优化营商环境作着不可或缺、功不可没的贡献。

当然，大家也注意到，国际上说到中国营商环境，是世界银行给我们出题目、定标准、改考卷、评分数。我们同时还注意到，重庆市高级人民法院刚刚在全国率先发布《重庆法治化营商环境司法评估指数体系（2019）》，这是全国首例就法治化营商环境司法保护专门设置的评价体系，在营商环境法治评估方面亦属全国首例。于是我也在想，作为中国律师，我们应该琢磨并形成全方位、全过程法律服务版的“法治化营商环境法律服务指数体系”，并使之具有传播性、影响力、权威化。

还有，我们看到了“国际化发展”。经过四十年的不懈努力，中国律师事务所逐步形成专业化、规范化以及规模化、国际化的模式发展共识，也涌现出一批规模大所、专业强所、品牌名所。伴随着改革开放的进一步深化，律师事务所的治理方式与发展模式亦应与时俱进，顺势而为，不断优化。

我们理解，第一，中国律师事务所发展的国际化是一个“目标”，是律师事务所的发展方向之一。第二，国际化又是一个“指标”，是大所的标配、强所的必备。这些指标包括了海外执业机构、国际业务合伙人和律师团队、国际业务收入、国际市场影响（如排名）等。第三，国际化是一个“过程”，既是一个发展上的时间的进程，又是阶段性的整合的过程（如整合业务、对接境内、匹配发展）。第四，国际化是一个“手段”，是发展的手段，要和律师事务所现时的发展阶段相匹配，要和律师队伍的规模与专业现状相匹配，要有计划，有步骤，有落实。第五，国际化是一个“体系”，设机构，搞联营，入联盟，拉组织，行合并，建队伍，做业务“一个都不能少”，应该体现“八仙过海各显神通”，因所、因人，因时、因地，因情、因势，善打“组合拳”，创造新模式，占据制高点，掌握主动权。

应该说，在探索律师事务所国际化、规模化发展方面，华东律师既义不容辞，更当仁不让。为什么？这是因为，这里是律师服务的重点市场、律师执业的重要区域、律师队伍的重量层级。数据最能说明问题！以最新的全国律师人数 46 万计，华东律师人数接近 33%；以去年全年的全国律师行业业务收入约 1000 亿计，华东律师行业业务收入超过 55%。三分天下有其一，半壁江山在华东！这是一个什么样的比例、什么样的体量、什么样的分量、什么样的地位、什么样的责任啊！可谓中国律师发展之千斤重担，绝对乃中国律师队伍之压舱之石！

希望大家不忘初心、牢记使命，认真学习、深刻领会、扎实践行党的十九届四中全会精神，为坚持和完善中国特色社会主义制度、推进国家治理体系和治理能力现代化提供优质法律服务，作出中国律师应有的新业绩、大贡献。更期待今日之论坛，凭智者的碰撞，生智慧的星火，腾智能的火焰，为华东律师的发展争光，为中国律师的辉煌添彩。

（这是作者于 2019 年 11 月 30 日在第十七届华东律师论坛上的致辞）

法律科技的春天

非常高兴和荣幸参加今天的由阿里巴巴主办的“2019法律科技创新峰会”。我个人的理解，今天峰会的主题词有三个：一个是“科技创新”，另一个是“法律科技”，还有一个就是“服务能力”。于是我讲三层意思：科技创新的大潮铺天盖地，法律科技的相容不约而至，服务能力的增强时不我待。

说到科技创新，想到两个场景。布雷特·金，曾被Banking Exchange杂志称为“颠覆之王”，被《金融品牌》杂志评为“世界金融业最有影响力的人物”第一名，在其所著《智能浪潮：增强时代来临》这本书中描述：我们所探索的科技，例如人工智能、基因编辑、自动驾驶汽车、机器人、可穿戴设备和嵌入式计算等，将彻底重新定义人类的下一个时代。于是他将这一时代称为“增强智能时代”（Age of Augmented Intelligence）。他进一步探讨：机器人会抢走我们的工作吗？人工智能是危险到来的信号还是技术大发展的标志？我们将迎来的是人类的毁灭还是富足新时代？增强时代会带来什么改变，人类社会会受到怎样的影响？

另一个场景在《必然》一书中，凯文·凯利如此表达：在第三个千禧年的开端，人类首次把自己与一种巨大的事物相连。他把这个巨大的事物称为“霍洛斯”（holos），包含所有人的集体智能、所有机器的集体行为、自然界的智能相结合形成的整体以及出现在这个整体中的任何行为。它是人类有史以来最大的创造物，它将人工智能、机器人等所有技术深入地渗透进我们的生活。

的确，科技创新足以改变我们的生活。同样，科技也将渗入、浸入、融入人们与法律相关的生活，有关律师、有关法务、有关司法、有关法治，于细微关乎人们在民主、法治、公平、正义等方面日益增长的需求的实现方式，于宏观关乎国家治理体系与治理能力现代化的实现方式。

最近几年，我一直在琢磨一个问题，确切一点讲是一个问题的两个方面。第一个方面是法律服务如何服务智能时代；第二个方面是人工智能如何服务法律服务。

先说第一个，**法律服务如何服务智能时代。**人工智能是“人”吗？这是一个民法的问题。无人驾驶是不是“老司机”？这是一个交通法的疑问。人工智能犯罪，那谁是“罪犯”呢？这是一个刑法的问号。君不见，会说话的 Re:scam 机器人、能思考的阿尔法狗、懂翻译的 TransnBox、可认图的图灵、懂情感的索菲亚、会驾驶的 MQ-1 捕食者无人机等 AI 正向全自动化、仿真模拟、独立思考领域全力拓展，颠覆传统认知是 AI 纵深发展的标志，不过也是一把双刃剑。而其中“深度伪造”（Deepfake）的滥用，或将成为违法犯罪的新洼地。

再说第二个，**人工智能如何服务法律服务。**先说 AI 与医生吧。2019 年 11 月 22 日，由“知识分子”和北京大学健康医疗大数据国家研究院共同举办的“智慧医疗革命：潜力与挑战”论坛在北京大学医学部举行。中国工程院院士、清华大学临床医学院院长董家鸿认为：“在某些方面人工智能可以超过人，但在总体的智慧上，机器永远不可能超过人类。”“技术是服务于人的，人工智能的发展是为了为人类提供更好的健康服务。”“我们要认识到是医生的 AI，而不是 AI 医生。”

再说 AI 与律师。《科学》杂志两年前有一篇文章在网上至今也颇为走红，话说“智能机器人淘汰人工概率最大的 365 种职业”，律师和法官，很幸运地被并排列在第 38 位，被取代概率为 3.5%。当年 7 月，一款可以借助 AI 免费做法律指导的聊天机器人正式在全美 50 个州上线，开发者称其为“世界上首个机器人律师”，当然它的功能仅仅是帮助不懂法律的普通人写出符合格式要求的诉状。

如今，科技创新赋能法律服务已经成为共识。人民检察院正在布局“智慧检务”，人民法院则积极建设“智慧法院”；就在上周，司法部在南京举办“区块链＋法治”论坛，并召开“数字法治、智慧司法”信息化建设应用推进会。2017 年 7 月，在距今日会场所在地良渚数千里之外的贵阳，时任贵州高院院长孙潮和时任上海高院院长崔亚东，一展互联网大数据人工智能给人民法院带来的新风貌。我的理解就是，大数据审判系统一是有助于法官审案，提振审判工作效率；二是有助于法院管案，提高公开公正水平；三则有助于老百姓尤其是法律工作者判案（预判案件），提升便民服务的能级。

说了法检，再说律师。“智慧律所”“智能律师”的代表性人物日前刚刚在上海举办盛会——“智合论坛 2019——超越法律”。论坛上金句频出：“与过去相比，法律人应当超越法律本身，从更多维度看待法律领域的发展和未来趋势。”“法律科技不仅不会取代律师，还将为律师赋能，并提高律师的创收能力。”“法律科技已经成为必然趋势，并将必然改变律所的价值定位和营收模式。然而律师无需为此忧心，或者拒绝使用。因为，法律科技不会超越你，善用法律科技的人才会超越你。”

当然，相对而言，律师行业的科技基础设施相当落后，可是律师群体的创新理念却始终得领先。如此巨大反差所产生的剧烈碰撞，引发的将不是普通的变革，而是一场巨型的革命。今天，法律人、科技人、法律科技人的携手，无疑将引领这场革命的方向。

“不畏浮云遮望眼，自缘身在最高层。”未来已经开启，让我们勇往直前！布雷特·金说：“增强时代将给予我们人类前所未有的最大优势及潜能，但前提是我们要拥抱变革、转型和创新。做好准备，开启智能之路上的生活吧！”

1978 年 3 月，时任中国科学院院长郭沫若在全国科学大会闭幕式上发表书面讲话，即著名的《科学的春天》。他说：日出江花红胜火，春来江水绿如蓝。这是科学的春天！让我们张开双臂，热烈地拥抱这个春天吧！

2019 年 11 月，我们说：好雨知时节，当春乃发生。此刻，虽然是冬季，然而，这是法律科技的春天，让我们张开双臂，热烈地拥抱这个春天吧！

（这是作者于 2019 年 11 月 24 日在“2019 法律科技创新峰会”上的致辞）

“委员通道”的故事

今年全国两会期间，作为一名政协委员，我非常荣幸走上了“委员通道”。

3 月 9 日下午，第 2 场“委员通道”正式开启。本场通道上有 9 名政协委员，打头的是冯巩，压阵的是姚明。一前一后，一长一幼；一个是“君子动口”（说相声当然要用口），一个是“小人动手”（打篮球自然离不开手）。作为律师的我，还有一名著名医生，位处当中。这一安排也正应验了“通道”的本意：道出的是当下的民生，通向的是中国的未来！

冯巩委员一上场，自然引来大家的满面笑容，不过他可没高喊“我想死你们了”，而是以中国文艺志愿者协会主席的身份，把记者们的思绪带到了内蒙古科尔沁大草原。他动情地说：“每一次深入基层，我们都深切地感到，人民需要艺术，艺术也需要人民。我们文艺工作者只有不断地深入生活，扎根人民，感受到老百姓的酸甜苦辣和喜怒哀乐，才能创作出接地气、传得开、留得下的精品力作，才能不辜负新时代人民对美好生活的期望。”

我们总觉得冯巩历场无数，阅人无限，身经百战，临危不惧，每每属于“救场英雄”，可是面对数百名记者的长枪短炮，电视机前的朋友们都说，这次冯巩还真有点紧张……

与冯巩委员一起上场的是中央音乐学院教授刘月宁。刘教授长着一张“娃娃脸”，还有点“婴儿肥”，驻颜有术，看着像“80后”，其实为“60后”，早在20世纪70年代就是中国电影童星，仔细瞧还真有点秀兰·邓波儿的风采。她介绍说，5年来，中央音乐学院已经培养了来自13个国家19所著名大学的200多名师生。中国音乐已经从简单的“走出去”到了深层次的“走进去”。在和而不同、尊重与分享的前提下，音乐文化的交融拉近了世界各国人民的心，也使我们收获了很多美好和感动。

伴随着冯巩、刘月宁二人的华丽转身离场，赵家军委员和我就登台亮相了。

赵家军委员是山东省政协副主席、山东省立医院院长、著名内分泌专家。我们二人颇有缘分：他的名字中有“军”，我的名字中有“兵”；我们都是山东济宁人，他是邹城，我是泗水。邹城乃孟子故乡，难怪赵医生一身儒雅。他通道上的一句金句，两会期间流传甚广：“只有全民健康才有全民小康。”赵医生继续说：“没有农民的健康，我们乡村振兴战略也很难实现，当前要把医疗卫生工作的重点放到农村去。”

赵医生讲完后，我回答了《法制日报》记者张昊有关律师如何充分发挥作用的提问。说到最后的时候，联想到赵医生刚刚说到的医疗卫生工作重点要放到农村，我便与他互动了一下：“我们组织律师团，您来牵头医疗队，咱们携起手来，为精准脱贫和新农村建设，干实事、做贡献。”应该说这个互动效果还不错，事先通道组织者就希望我们更自然些，更生动些，有些配合就更好了。下场后全国政协主管部门的领导还在我们通道工作微信群里说：吕委员的互动效果非常好！

三分钟眨眼即过。排在我们后面上场的是三位少数民族委员：迪丽娜尔·阿布拉，新疆舞蹈家协会主席；扎西，西藏昌都市第一小学高级教师；廷·巴特尔，内蒙古锡林郭勒盟牧民。他们都结合自己的亲身经历，畅谈工作体会，抒发对人民的爱，对祖国的情。

迪丽娜尔委员说：“人民需要文艺，文艺也需要人民，今后文艺工作者要更多地到基层，到老百姓身边去，为他们服务、向他们学习，从他们身上汲取营养，创作出更多符合新时代的优秀作品。”

扎西委员说：“在西藏，农牧民子女享受义务教育‘三包’政策——包吃、包住、包学费，还有组团式教育援藏、内地西藏班等政策支持。如今在西藏广袤的基层，不管是县城、乡镇还是村庄，最漂亮、最好的建筑是学校。”

巴特尔委员说：“我担任党支部书记四十年，我们愿意把这个草原生态建设得更好。保护草场，喊破嗓子不如做出样子。现在我们的草场上已经有很多野生动物，像狍子、狐狸、獾子等。夏天一些鸟类也来草原上孵蛋，到冬季再返回南方。”

伴随着一阵掌声和喝彩声，高大的姚明委员和娇小的王艳霞委员闪亮登场。姚明绅士般地请王艳霞先自我介绍并回答提问。

王艳霞委员是北京冬奥组委体育部副部长，她说：“北京冬奥会举行恰逢中国春节期间，世界各国朋友相聚，可以感受中国传统佳节的文化氛围，贴春联、吃饺子、闹元宵，相信会收获全新的奥运经历和体验。有朋自远方来，不亦乐乎，我们会做好各方面的准备迎接朋友的到来，2022，让我们相约北京。”

终于轮到姚明！澎湃新闻记者运气不错，获准给姚明提问。姚明回答说：“在去年提案中，我们提出了‘小篮球’计划，希望推广小篮球，让更多青少年朋友参与。我们相信小篮球会带来一种不一样的体验，不仅仅是一种游戏，更重要的是令年轻人、青少年在集体球类运动中加强团队合作等一系列人格培养。中国需要在青少年活动当中加大开展‘小篮球’事业。相信做一件事情，需要日复一日、月复一月、年复一年地追踪、落实、做牢，使它产生长远的影响。”

如候场时全国政协新闻官所言，姚明是“自带流量”之人，只要往那里一站，就是新闻；无论开口说什么，都是大新闻。果然如此！

通道圆满结束，大会正式开始。两个半小时后回到驻地友谊宾馆，打开手机一瞧，不得了，信息已属“爆棚”。

尤其感谢律师同仁的关注与支持。3 月 9 日当晚中国律师微信公众号发布的“律师委员再次亮相委员通道，4 分钟直播说了啥心里话？”这篇报道，至今已获阅读量 1.8 万。

在此将通道上所说作一整理，敬请律师同仁们批评指正！

我是吕红兵，来自社会科学界别，国浩律师事务所律师。

谢谢您的提问。

我讲一个小案例吧。前几天，你们报纸报道了一名江苏律师的办案故事。这名律师坚守 13 年，历经法院一审、二审、两次再审，为一名小学校长和两名会计洗清了“贪污”冤情。

当人民法院作出无罪判决的时候，被告人哭着说：“是我的律师，每每在我心灰意冷的时候，让我振作了勇气！”

这名律师的话语平静却坚定：“无论时间多久，无论过程多么曲折，我一定要想办法，还他们清白，给他们尊严，给法律尊严！”

其实，这名律师只是成千上万名律师中的普通一员，这个案例却是我们律师为当事人合法权益仗义执言的生动写照。

有一位法律同行这样说：“我们办的不是案子，是他人的人生。”的确，一个案件的背后，就是一桩婚姻、一户家庭、一个人的自由、一家企业的未来！

大家经常说“初心”。律师的初心是什么？我想啊，就是作为当事人的代理人，以精湛的专业服务，维护当事人的合法权益；就是作为公平正义的守护者，与检察机关一起，各司其职，为人民法院作出公正裁判，提供事实和法律依据。特别是防范冤假错案，律师是司法机关最值得信赖的“同盟军”。

今年是新中国成立 70 周年，这位记者朋友刚刚提到，今年也是中国律师制度恢复 40 周年。1979 年的时候全国只有 212 名律师。小平同志说，中国现代化建设要有 30 万名律师。如今，我国律师人数已达 43 万，2022 年这一数字将突破 62 万。

总书记最近给我们法律工作者提出了要求：要“尽快建成覆盖全业务、全时空的法律服务网络”。律师干的，就是人民盼的。推进法治中国建设，律师不是万能的，但没有律师却是万万不能的。我们要走向“一带一路”，为中国企业“走出去”保驾护航，我们更要去学校、去社区、去农村，充分满足人民群众日益增长的法律服务需求。

刚才，赵院长在讲，我就在想：我们组织律师团，您来牵头医疗队，咱们携起手来，为精准脱贫和新农村建设，干实事、做贡献！

有句话说得好：心似莲开，清风自来。秉持法治信仰，坚守法律信念，我想啊，这样的律师一定会深受人民群众的信任、尊重和喜爱。

谢谢主持人，谢谢大家！

（这是作者于 2019 年 3 月为《中国律师》杂志撰写的专栏文章）

海上生明月，天涯共此时

在国务院台办法规局亲自指导下，由上海市台办直接支持，国浩律师事务所联手申港证券股份有限公司、上海海峡两岸法学研究中心推出的“海峡两岸青年创新创业法治论坛”，此刻盛大开幕。

第一，今天的论坛首先是贯彻落实中央31条惠台政策的具体举措，特别需要指出的是，本次论坛聚焦创新创业，也关注权益保障，长宁区人民法院金炼红副院长，还有国浩知名律师们，将就台商台资台胞的法律权益维护发表真知灼见。

第二，本次论坛是我国台湾地区“九合一”选举后，有关两岸创新创业的首次论坛。著名投资家、汉理资本董事长钱学锋积十数年风险投资的经验，向大家传授风投秘籍；特别令我们高兴的是，我国台湾地区六位青年创业者专程飞赴上海参加此次活动，给本次论坛增光添彩。

第三，本次论坛是习近平总书记在上海宣布上海证券交易所推出科创板后，第一次由两岸证券人、法律人联手推出的融资上市的研讨活动。申港证券刘华军总裁以及国际四大会计师之一的普华永道会计师合伙人庄浩，中国最大资产评估公司中企华总裁高文忠等，将就资本市场发展及科创板政策的推出，发表见解。

这将是一场思想大餐，也将是一次智慧盛宴，一定会令大家耳目一新，收获满满。今天的参会嘉宾，除了沪台两地创业者、创新家、企业家、金融家，还有十数位台籍上海律师。作为全国律师协会副会长，我想特别强调的是，目前在上海有 50 多位台籍执业律师，分布在 30 多家律师事务所，他们从事公司、证券、银行、家事、争议解决等方面的专业法律服务，取得了优异的成绩，获得了充分的尊重。中央的惠台政策，造福大陆，惠及我国台湾地区。正可谓“海上生明月，天涯共此时”。

同时令我们特别欣喜的是，来自华东政法大学和上海交通大学法学院的台籍学生，也受邀参加了我们的论坛，我们希望他们除了在学校如饥似渴学习之外，也张开怀抱接受社会的洗礼，感受上海国际化大都市的氛围，进而迅速成长、成才。正可谓“长江后浪推前浪，江山代有才人出”。

另外趁此机会我也向大家隆重推出全国人大代表、江西省律师协会副会长冯帆女士，她专程莅临论坛，给予指导。还有一位就是中央电视台国际频道著名主持人、制片人徐文华女士。20多年来，我们感知我国台湾地区的许多优秀节目出自她的深度报道和精心制作。

前天我在兰州，亲身体验沙尘压城、寒风扑面。我对朋友说：“江南无所有，聊赠一枝春。”而今天上海依然春意盎然，于是我说：国浩无所有，聊赠一份心。我们通过举办这样的论坛，向大家表达国浩律师事务所为海峡两岸企业家、创新创业者，提供优质高效法律服务的信心、决心和恒心。

“一年好景君须记，正是橙黄橘绿时。”预祝今天论坛圆满成功，期待来年两岸朋友再聚！

（这是作者于2018年11月29日在海峡两岸青年创新创业法治论坛上的致辞）

在服务新旧动能转换中实现律师业的新动能发展

非常感谢山东省律师协会苏波会长的邀请，使我又一次回到家乡，和老乡们欢聚一堂，其乐融融！正是："为什么我的眼中总是含着泪水，是因为我对这片土地爱得深沉。"

首先对齐鲁律师事务所15岁的生日，表示由衷的祝贺，深情的祝福！齐鲁大地，"齐鲁"不凡！我一直在想，不是什么所什么人都能叫、都敢叫、都会叫"齐鲁"二字的！因为此二字，大气、英气、霸气。《论语》有言："齐一变，至于鲁；鲁一变，至于道。"因此我想，"齐鲁"一变，天下大同啊！

今天论坛的主题是“新旧动能转换与法律服务创新”，这个主题新，这个主题准，这个主题好！毕竟我本人中学时物理学得不好，于是专门到百度上去查询了一下“动能”二字。所谓“动能”，就是指物体因运动而具有的能量，是能量的一种，它的国际单位制下单位是焦耳。因此我在想，今天的论坛，充斥着能量，充满了正能量，激励我们力争向上游，撸起袖子加油干！

从经济学上，新动能是指具有创新特点、领先特征的新技术、新产业、新业态、新模式；旧动能则是指低效率、低质量、高耗能、高污染的传统产业、传统行业、传统经营模式，于是，新旧动能转换便要求培育发展新动能，必须改造提升传统动能。大家注意是“转换”而不是“替代”，这说明新动能尚未完全形成，旧动能还在发挥作用。而在这个转换期，要稳妥续接，不能出现真空。当然，随着时间的推移，新动能也会退化为旧动能，因此我们要不断创新。而今天的论坛主题恰有“创新”二字，可见组织者的高瞻与远虑！

我又进一步学习了 2018 年 1 月 10 日国务院正式批复的《山东新旧动能转换综合试验区建设总体方案》。山东新旧动能转换综合试验区是党的十九大后获批的首个区域性国家发展战略，也是中国第一个以新旧动能转换为主题的区域发展战略。山东新旧动能转换综合试验区位于山东省全境，包括济南、青岛、烟台三大核心城市，十四个设区市的国家和省级经济技术开发区、高新技术产业开发区以及海关特殊监管区域，形成“三核引领、多点突破、融合互动”的新旧动能转换总体布局。

这是一个大手笔，这是一个大战略，这是一个大布局，这是一个大格局。对于拥有400余名律师、50多名合伙人，拥有青岛、烟台、潍坊、济宁、东营、枣庄、威海七家分所，业务遍布全国的齐鲁所而言，可谓重大利好，恰逢战略发展机遇期。而对于超过2万名律师、24家律所的山东律师队伍而言，更是机会难得，机不可失。“凡事预则立，不预则废”。我们律师行业，尤其是山东律师，特别是作为齐鲁大所的“齐鲁”律师，应该未雨绸缪，及时谋划，并落地生根，开花结果！

值得关注的是，刚才我们提到的“总体方案”。“总体方案”开篇便是“总体要求”：“坚持新发展理念，坚持质量第一、效益优先，以供给侧结构性改革为主线，以新技术、新产业、新业态、新模式为核心，以知识、技术、信息、数据等新生产要素为支撑，促进产业智慧化、智慧产业化、跨界融合化、品牌高端化。建设践行新发展理念的高地、推进供给侧结构性改革的高地、对接国家发展战略的高地、承接南北转型发展的高地。建成全国重要的新经济发展聚集地和东北亚地区极具活力的增长极，为促进全国新旧动能转换、建设现代化经济体系作出积极贡献。”

更值得关注的是，这一“总体要求”开宗明义即提“新发展理念”。各位肯定记忆犹新：今年 3 月全国人大通过的宪法修正案写入了“贯彻新发展理念”。在提交大会的宪法修正案说明中，有这样的表述：“创新、协调、绿色、开放、共享的新发展理念是党的十八大以来以习近平同志为核心的党中央推动我国经济发展实践的理论结晶，是习近平新时代中国特色社会主义经济思想的主要内容，必须长期坚持、不断丰富发展。把‘新发展理念’写入宪法，有利于从宪法上确认这一重要理论成果，更好发挥其在决胜全面建成小康社会，开启全面建设社会主义现代化国家新征程中对我国经济发展的重要指导作用。”

新发展理念，是从理论到实践的重大突破，对破解发展难题、增强发展动力、厚植发展优势，可谓意义重大。作为专业法律服务的提供者，我们律师行业应当学习并领会、理解与掌握这一理念，贯彻且落实于拓展业务和事业发展之中。

理念乃行动之指南。习近平总书记曾说：“发展理念是发展行动的先导，是发展思路、发展方向、发展着力点的集中体现……以发展理念转变引领发展方式转变。”[1] 同样，我们要牢固树立律师服务于发展大局，即服务于经济建设、政治建设、文化建设、

1 习近平于 2015 年 10 月 26 日在中国共产党第十八届中央委员会第五次全体会议上所作的《关于〈中共中央关于制定国民经济和社会发展第十三个五年规划的建议〉的说明》，载中共中央文献研究室编：《十八大以来重要文献选编（中）》，中央文献出版社 2016 年版。

社会建设、生态文明建设和党的建设的“服务观”，充分认识法律服务的“从属性”与“适应性”，深刻研究经济发展规律以及社会主义建设规律、人类社会发展规律，从而形成并优化法律服务的新理念、新思想、新战略，为在新时代深化改革开放、加快推进社会主义现代化建设提供优质高效的法律服务奠定基础。

当然，在充分认识并发挥法律服务规范性、保障性功能的同时，我们要进一步理解与把握法律服务的引领性与推动性价值。习近平总书记多次指出，建设中国特色社会主义法治体系，要“充分发挥立法的引领和推动作用”；要“做到重大改革于法有据”。[1]同样，法律服务的功能不仅是保驾护航，而且应该是推波助澜；不仅规范、保障，更有引领、推动。例如企业“走出去”，律师不是被动地跟着“走出去”，而是主动、率先研究“走出去”的法律制度与法治环境，引领并推动企业“走出去”，发挥“革命军中马前卒”的独特魅力。为此，我想谈两点思考，供各位批评指正。

1　参见《中共中央印发〈法治中国建设规划（2020 — 2025 年）〉》，载新华网，http://www.xinhuanet.com/politics/zywj/2021-01/10/c_1126966552.htm。

一、推进业务转型，为新旧动能转换提供优质高效法律服务

“问渠那得清如许，为有源头活水来。”在理念的“源头”转变的基础上，我们一定要推进服务业务的转型，求新寻变，“腾笼换鸟”，甚至“壮士断腕”，要有“沉舟侧畔千帆过”的勇气，以实现“病树前头万木春”的跨越。

例如，为创新发展保驾护航。

创新是引领发展的第一动力。律师为创新发展提供法律服务义不容辞。刚才的“总体要求”中就说到：“以新技术、新产业、新业态、新模式为核心，以知识、技术、信息、数据等新生产要素为支撑，促进产业智慧化、智慧产业化、跨界融合化、品牌高端化。”科技创新，使得我国知识产权律师迎来前所未有的发展良机。但是，我们不能只是局限在解决知识产权纠纷，而应向前端渗透到技术研发、向尖端伸展到技术交易、向外围挥发到技术垄断与壁垒解决等，提高为科技创新综合服务的能力。制度创新是创新的题中应有之义。目前法治政府建设步伐进一步加快，推行政府“权力清单”和“责任清单”制度有序进行，此制度创新过程，为律师深化政府法律顾问服务提供广

阔的天地。律师不仅担当政府的“顾问者”，而且经常是政府的“对立面”，见多识广，游刃有余，没有律师深入而全面的参与不足以使得“权力清单”明、“责任清单”晰，政府要用早、用足、用全、用好律师，律师要召之即来、来之能战、战之必胜，以真正维护人民利益、切实建成法治政府。

再如，为绿色发展推波助澜。

绿色是永续发展的必要条件。律师为绿色发展提供法律服务前途无量。在上述“总体方案”中说，所谓“三核引领”之核心济南，要“建设现代绿色智慧新城”。在此背景下，我们的环保律师应从目前侧重公益性向更大格局的绿色产业服务转型，不仅要“叫好”，更要“叫座”。我们要有服务生态文明建设的整体理念，融通一个个个案参与的服务点，形成一系列从制度设计高度的服务面。像节能减排目标的实现，在依赖科学技术创新的同时必须依靠法律制度创新，例如用能权、用水权、排污权、碳排放权交易制度、合同能源管理和合同节水管理制度等，正是国际已盛行、国内刚创设的制度性安排，均需要律师参与设计与实施推行。应该说，哪里有交易，哪里就有律师；不仅如此，哪里有律师，哪里就会成就交易。很显然，中国律师在“美丽中国”的大战场上定能大有可为。

二、推进模式转轨，在服务新旧动能转换中实现律师事业的新动能发展

经过多年的不懈努力，中国律师事务所逐步形成专业化、规模化的模式发展共识，也涌现出一批规模大所、专业强所、品牌名所。在服务新旧动能转换中，律师事务所的治理方式与发展模式亦应与时俱进，顺势而为，不断优化。山东省委书记刘家义说过：“新旧动能转换，说到底是一场涉及思想观念、生产方式、体制机制、工作模式等诸多方面深刻的革命性变革。”“面对新旧动能转换的新任务，党员干部本领上的短板、能力上的不足、知识上的弱项、视野上的局限，越来越突出地表现出来。”同样，在服务新旧动能转换中，我们律师也要补上本领的短板、填充能力的不足、强化知识的弱项、展开视野的局限。

律师事务所首先应关注“专业集约”。“专”与“大”的有机结合、“化学反应”，方能诞生“强”的基因。在更大的平台上，各个更专业的律师团队“集约化”为客户提供全方位、系统性法律服务，“多兵种”协力同心作战，这才是拥有事务所整体实力与战斗力的体现。可以这样说，“大兵团”服务的项目要求，倒逼我们的律师事务所整合内部资源、优化团队合作、

注重风险防范、强化治理结构、推进诚信建设。

律师事务所其次应强调“行业协同”。对于超大型法律服务项目，仅仅依靠律师团队的单兵作战往往事倍功半，而财务顾问、会计师事务所、资产评估机构、知识产权公司、公证处、鉴定人、税务师等在某些环节、某个方面不可或缺，在此过程中，律师事务所完全可以起到“牵头人”的作用，来相互支持、彼此配合，以事半功倍。

律师事务所再次应推进“系统集成”。整合理论研究、行业发展、产品研制、客户评价、市场维护、社会责任等法律服务的上下游，打通法律服务的全过程、理顺律师执业的全链条，强化前期的市场开发意识、深化后台的支持保障机制、优化中端的社会评价体系，以适应并引领层出不穷的新需要、变幻莫测的新现象、纷纭复杂的新课题。

古人朱熹有诗曰：“昨夜江边春水生，艨艟巨舰一毛轻。向来枉费推移力，此日中流自在行。”新旧动能转换，给律师行业发展提供了前所未有的发展契机。习近平总书记指出：“中华民族伟大复兴，绝不是轻轻松松、敲锣打鼓就能实现的。”[1] 刘家义书记也说道：“山东要走在前列，是口号喊不出来的，

1 习近平在2017年10月18日召开的中国共产党第十九次全国代表大会上的报告。参见《习近平：决胜全面建成小康社会　夺取新时代中国特色社会主义伟大胜利——在中国共产党第十九次全国代表大会上的报告》，载新华网，http://www.xinhuanet.com//politics/19cpcnc/2017-10/27/c_1121867529.htm。

是报表填不出来的，是总结写不出来的，只有靠实干。没有实事求是的态度，没有顽强拼搏的意志，再美好的蓝图也难以实现。我们要有胆量、勇气和信心，更要有务实、扎实、踏实的作风。”“要扑下身子、躬身前行，有的甚至就要一竿子插到底，拔出腿来两脚泥，勇当‘拼命三郎’‘施工队长’‘敢死队长’。”同样，律师事业的发展也是如此。在服务发展中实现自我发展，在自我发展的基础上更好地服务发展，以进入可持续的良性循环轨道，中国律师业定能在服务新旧动能转换中实现自我的新旧动能转换，达到法律服务的新境界。

今年 3 月，习近平总书记在人大会议闭幕会上引用朱熹夸赞我们家乡泗水的诗句：“等闲识得东风面，万紫千红总是春。”只要我们齐心协力，勠力同心，就会迎来律师事业万紫千红的美好明天，为实现“两个一百年”奋斗目标、实现中华民族伟大复兴的中国梦，再创伟业、又立新功！

（这是作者于 2018 年 7 月 7 日在山东省律师协会“新旧动能转换与法律服务创新”论坛上的发言）

聚焦·论道·行动

今天的“国浩法治论坛”，专家云集，论道北大，聚焦防范化解金融风险。这是“国浩法治论坛”第四季了，前三次我们关注并探讨中国城镇化建设、民主立法科学立法和“一带一路”倡议。多年来，我们不忘初心、牢记使命，始终围绕中心、服务大局，致力关注热点、推动重点、研究难点、化解堵点，为经济社会发展和法治建设添砖加瓦、贡献智慧。我想，这是国浩律师，也是中国律师，应负的责任，应有的担当！

习近平总书记为全面建成小康社会高屋建瓴、运筹帷幄部署了“三大攻坚战”，[1]李克强总理在今年全国两会上再次吹响“三大攻坚战”的号角。中国律师，包括国浩律师，义不容辞，理应挺枪跃马、冲锋陷阵，发挥律师不可替代的独到功能，作出律师不可或缺的特殊贡献！

防范化解金融风险，乃“三大攻坚战”之首要、之核心、之硬仗。黄奇帆同志在一次演讲中说：记得邓小平同志当年视察浦东，也就是1991年1月14日，大年初四，他说了一句话：“金融很重要，金融是现代经济的核心。金融搞好了，一招棋活，全盘皆活。上海过去是货币自由兑换的地方，今后也要这样搞，中国的金融要在世界上有地位，首先要从上海搞起。”王岐山同志也曾说过，“百业兴，则金融兴；百业稳，则金融稳”。

我们律师应该在金融建设包括防范化解金融风险战役中，无处不在，无时不有，无孔不入，无坚不摧，召之即来，来之能战，战之必胜，主动、积极、专业、全面、系统、持续地担当重任、发挥作用。既要有“会挽雕弓如满月，西北望，射天狼”的状态，也要有“黄沙百战穿金甲，不破楼兰终不还”的雄心。

例如，在严厉打击非法集资、金融诈骗等违法活动中，刑辩律师为犯罪嫌疑人和被告人提供辩护，维护秩序，保障人权。

---

1 参见《中央经济工作会议在北京举行 习近平李克强作重要讲话 张高丽栗战书汪洋王沪宁赵乐际韩正出席会议》，载《人民日报》2017年12月21日，第1版。

同时，为企业和金融机构提供刑事合规服务，完善风险防控机制和制度，不仅当“救火队”，更做好“消防员”。

又如，加快市场化、法治化债转股和企业兼并重组，这是商事律师的重头戏、主战场。处置僵尸企业尤其是通过收购兼并重组重整从而“化腐朽为神奇”，律师正是“设计者”，也是“工程师”。

再如，在加强金融机构风险内控过程中，律师应该与金融机构的法务、合规、风控、内审、纪检，以及审计师事务所并肩战斗、协同配合，成为金融机构风险内控的“战略合作伙伴”。

另有在强化金融监管统筹协调中律师作用也相当独特。金融创新的界限是法律法规，红线是法律规定的禁止性规范。律师战斗在法律服务第一线，工作于金融业务最前沿，对金融创新的理解以及法律界限的把握，可谓精准。对影子银行、互联网金融、金融控股公司等，本质理解到位，模式研究透彻，痛点把握准确，不仅可以为运营机构合法经营提供指导，而且可以为行政机关完善金融监管出谋划策。

还有在防范化解地方政府债务风险方面，律师担任政府法律顾问，为政府重大决策出具法律意见，担当重任，发挥功能。政府更应该用早、用足、用好律师。在法治政府建设中，律师是规范者、守护者和促进者。

磨璞为见玉，砺剑待生辉。今天的论坛，高手如云，精英荟萃。不仅高谈阔论，更是深接地气；不仅有顶层设计，更有脚踏实地。各位领导和专家的光临，之于今日之论坛，提升站位的高度，拓展视野的宽度，挖掘思考的深度，强化行动的力度。这是一场思想盛宴，这是一份精神大餐。期待着本次论坛的圆满成功！

（这是作者于2018年6月23日在第四届“国浩法治论坛｜防范化解重大金融风险：法治思维和法律服务”开幕式上的致辞）

初心史鉴，自信前行

日前出差，在机场书店偶遇律师朋友。聊起最近在看什么书，他笑而答曰：不瞒你说，最近看得最多的是党的十九大报告。细细想来，还真是这样！这几个月来，我几乎把党的十九大召开当日从网上下载打印出来的报告翻得纸角都磨损了！

反反复复学习了这么多遍报告，深深感觉这不仅从政治上而言是中国发展之纲领性文件，而且从历史视角看乃史诗般画卷，同时在笔法上字如玑珠，气势磅礴，堪称经典的语文教科书。

从一个报告、一份文件、一部文献、一本著作的系统性角度分析，一以贯之的精神、贯穿始终的红线，正是本次大会主题：不忘初心、牢记使命。

此前不久在我们事务所年会上向大家推荐了两本书，一本是2017年社科文献出版社出版，俄罗斯作家罗伊·麦德维杰夫所著全本《苏联的最后一年》。作者直接点题便道：“当苏联的政治体系将一个尚未做好掌舵准备的人推到风口浪尖时，苏联这艘被政治及经济‘风浪’冲击得千疮百孔的大船最终触礁是不可避免的了！”本书不仅有全景式的客观描述，而且难能可贵的是深刻剖析了苏联解体的原因。例如，反俄罗斯的民族主义、俄罗斯的分裂主义、冷战和西方施压、社会主义阵营的瓦解、戈尔巴乔夫和叶利钦的作用等。不过更为精辟的在这里：“苏联解体之前，国内并没有发生任何激烈的革命，也没有产生强大的意识形态和民族解放运动。国家的瓦解似乎是在众多微弱的冲击共同作用下而发生的，许多人当时认为，即便将所有这些冲击力结合起来，也不至于摧毁整个国家。”“研究苏联解体的性质和原因时，不能不考虑苏共消亡的原因。”“苏联原本是可以保留下来，甚至能够继续繁荣，但为此需要更为合理的领导，需要更为清楚地了解我们的国家和社会的实质，以及它所存在的内部矛盾。”

另一本是香港中文大学出版社2017年出版，美国前财长、高盛总裁保尔森所著《与中国打交道：亲历一个新经济大国的崛起》。保尔森不无感慨地说：“中国崛起为超级经济大国，肯定属于历史上最非凡的故事。”他也尖锐地分析道：“为将中国打造成现代化的超级大国，习近平主席制定了雄心勃勃全面多元的政策，这让美中关系变得更加重要，也更为复杂。面临一个在国际舞台上更加强势、在国内进行深远变化的中国，中美两国无论是日常交流还是长远合作，其挑战前所未有。”保尔森进一步分析：“当人们满足了自身的物质需求后，他们会有更多的期望。最终他们想对自身如何被治理有更大的发言权。我认为，对自由、生命、权利和幸福的向往与追求是普世的，是人类社会与生俱来的，而不仅仅是美国这个国家当初的创造者表达的愿望。”

两本书说的都是历史。从某种角度，《苏联的最后一年》是在反思，反思苏联与苏共如何灭亡；《与中国打交道》也是在反思，反思中国与中共如何崛起。

从上述引述的内容看，罗伊·麦德维杰夫与保尔森均不约而同地剖析了社会的主要矛盾问题，而前者更是进一步阐述了社会主义的目标与使命。他在书中写道：“我们的领导人不应盲目信奉思想，而是要时刻将它与实际情况相对照，对意识形态、对实践不断加以修正。不能只忙于实施专政与扩张，而不顾及提高国民的物质与精神生活水平，这才是社会主义的主要目标及使命所在。”

读到这里，实在是不由自主地再去翻阅十九大报告的精辟论断："中国特色社会主义进入新时代，我国社会主要矛盾已经转化为人民日益增长的美好生活需要和不平衡不充分的发展之间的矛盾。""人民美好生活需要日益广泛，不仅对物质文化生活提出了更高要求，而且在民主、法治、公平、正义、安全、环境等方面的要求日益增长。"我国"更加突出的问题是发展不平衡不充分，这已经成为满足人民日益增长的美好生活需要的主要制约因素"。"我们要在继续推动发展的基础上，着力解决好发展不平衡不充分问题，大力提升发展质量和效益，更好满足人民在经济、政治、文化、社会、生态等方面日益增长的需要，更好推动人的全面发展、社会全面进步。"

阅至此处，我也真是读出了"初心"二字！

初心是初衷，就是初愿；是宗旨，也是灵魂；是原点，又是目标；是方向，更是归宿。

我们顺着党的十九大报告，再感受一下中国共产党的初心："中国共产党人的初心和使命，就是为中国人民谋幸福，为中华民族谋复兴。这个初心和使命是激励中国共产党人不断前进的根本动力。全党同志一定要永远与人民同呼吸、共命运、心连心，永远把人民对美好生活的向往作为奋斗目标，以永不懈怠的精神状态和一往无前的奋斗姿态，继续朝着实现中华民族伟大复兴的宏伟目标奋勇前进。"

铿锵有力，掷地有声！振聋发聩，热血沸腾！

以“初心”二字追究苏共，其实也正是应验了这句话：忘了初心，难得始终！以“初心”二字检验中共，更是验证了这句话：不忘初心，方得始终！

刚才说的这两本书，不属于钱穆先生倡导读的五类书中的“消遣书”，值得仔细品味、掩卷冥思。也正是：“以铜为鉴，可以正衣冠；以人为鉴，可以知得失；以史为鉴，可以知兴替。”同样，听听他人话中的你，更客观；看看外人笔下的你，更冷静；读读别人书中的你，更自信！

更为自信，更应自信！也正是从这一角度，道路自信、理论自信、制度自信、文化自信，更值得也更应当坚定。正如中共中央党校主办的《学习时报》上专家所言：中国特色社会主义道路是实现社会主义现代化的必由之路，是创造人民美好生活的必由之路；中国特色社会主义理论体系是指导党和人民沿着中国特色社会主义道路实现中华民族伟大复兴的正确理论，是立于时代前沿、与时俱进的科学理论；中国特色社会主义制度是当代中国发展进步的根本制度保障，是具有鲜明中国特色、明显制度优势、强大自我完善能力的先进制度；同时，中国特色社会主义还是一种奠基于道路、理论和制度之上的文化创造与意义建构，这是中华文化的历史连续性、空间广延性和价值普遍性在当代中国充满生机活力的现实展现与意义拓展。

正是：牢记初心，守望初心，践行初心，自信前行，无问西东！

文末插入一段花絮：在今年 1 月底召开的全国司法厅（局）长会议的小组讨论会上，列席会议的山西律师张培义在发言中说道："我们律师要讲政治，要学习十九大报告，学习党和政府的文件，这里面有大量的政策、信息、方向，这些都是律师执业可以拓展的服务市场、可以抓住的业务机会。"张军同志笑着点头称是，并插话说："这就是我们律师的智慧啊！"的确，也正如古人所言：书中自有颜如玉，书中自有黄金屋。

（这是作者为 2018 年第 2 期《中国律师》杂志撰写的专栏文章）

风景这边独好

香山论坛今天隆重开幕，这是继去年“首届国浩民商事争议解决论坛——武夷山论坛”之后，国浩在争议解决领域的又一次盛会。我们要把“国浩民商事争议解决论坛”打造成为国浩法律服务领域的又一张亮丽的名片，于是近悦远来、高朋满座；坐而论道，知行合一！

今天有很多年轻律师参加论坛，借这个机会，我谈一下我的执业经历，谈一下对诉讼业务的理解。我讲三件事。

第一件事。1990 年律考、1991 年拿证、1992 年办案。我把我的第一次办案，就“硬生生”地奉献给了诉讼领域。1992年某日，上海三大主流报纸——《解放日报》《文汇报》《新民晚报》，同时登载了这样一个标题：“沪上争议标的最大的股票纠纷案在中院开庭”。最大标的是多少呢？200万元；而且是在中级人民法院开庭，那时上海还没有分一、二、三中院。案件的主题词是“透支”“倒卖”“平仓”，这也充分反映了20世纪90年代资本市场法律服务的特色。

第二件事。资本市场是国浩律师事务所的强项，如果律师具备了诉讼业务的功底、争议解决的功力、矛盾化解的功夫，那么我们资本市场法律服务能力无疑是如虎添翼。今天看到我们法律界的泰斗江平老师，这让我不禁想起1998年我们办过的一个影响相当大的并购案——“大港油田收购上市公司爱使股份”案。1998年6月26日，国浩律师集团事务所在人民大会堂成立，正是当天我接到了客户电话，希望尽快赶回上海，有个大事要办。随后的7月1日股市一开盘，大港油田即在二级市场大举进攻，“举牌”收购爱使股份。巧的是，时任美国总统克林顿也正是在7月1日访问上海证券交易所。大港油田收购上市公司爱使股份是敌意收购，既然是敌意，那就有争议，那就有纠纷。因此，我们当时所有的应对都是在思考如果诉讼怎么办？如列宁所说：政治斗争的最高形式是武装起义。在法律领域，争议争端的最高形式是提起诉讼，所以我们必须用诉讼思维来布局、谋划和准备。此次收购之战，上市公司章程规定的反收购条款有效与否，是核心要素。在北京职工之家饭店，我们举办过一次专家论证会，请了江平老师、王家福老师、王保树老师等大家泰斗，也请了顾功耘、叶林等中生代专家，还请了刘俊海等少壮派人士，对此案进行论证研究。大家异口同声、众口一词讲了两个多小时，最后江平教授两句话、两分钟做总结，一言九鼎、尘埃落定。虽然已经过去近20年了，江平老师总结的那两句话我至今记忆犹新、倒背如流：第一，《公司法》第4条关于股东权的规定是强制性规定。任何章程及合同条款不得与之相抵触或冲突。第二，《公司法》规定的股东权是固有权，不得以非法定的方式予以剥夺和限制。这次专家论证会特别是江平老师的两句精辟总结，吹响了并购之战胜利的冲锋号。

第三件事。明年1月我还有一个诉讼案要上阵，就是中国证监会投保中心以代理人身份代理投资人起诉上市公司虚假陈述第一案，届时，中国证监会投保中心副总经理徐明将和我联手出庭。

所以我一直说，非诉讼业务和诉讼业务需要密切结合、无缝链接，这样就能把资本市场、投融资领域法律服务做大做强，就能为企业和市场提供更优质、更全面、更精准的法律服务。我还一直说，如果律师业务是皇冠，那么诉讼业务就是皇冠上的明珠，而金融、证券、投资等专业性的诉讼业务，包括刑事、行政和民事诉讼业务，就是明珠上折射出的最亮的那道光。这道光，将使得国浩资本市场法律服务的品牌更加亮丽、更加艳丽。

这也是国浩每年举办民商事争议解决论坛的道理所在！

今天，我们请江老师（中国政法大学终身教授江平）指教，求王教授（中国政法大学民商经济法学院教授、博士生导师、商法研究所所长王涌）点拨，邀马法官（北京市第四中级人民法院民庭庭长马军）启迪，约高专家（北京市律师协会会长高子程）提醒。我们可谓有幸站在巨人的肩膀上前行。俗话说“师父领进门，修行在个人”“打铁还需自身硬”。国浩律师和律所要不断提升自身的业务水平和能力。如果把争议解决形容为一个系统，就像“微笑曲线”，那么“前端”是“市场”，我们要拓展市场；“终端”是“法院”，案子要提交法院去审判；“中端”是“客户”，要为客户提供优质服务；“顶端”是同事，律师事务所律师团队怎么去合作？“底端”就是底线，是纪律，即怎么做好风控？市场开拓，要靠品牌；法院接受，要凭技能；客户认可，要以专业；团队合作，要有共享；底线守住，要用风控、用案管。只有把这一系列的、全系统的工作都做好了，我们自身才能更硬、更强。

谈到“树品牌”，我经常对年轻人说一句话：品牌要从“个案”开始，这个“个案”可能是“大案”“要案”，我们应该把这个“大案”“要案”变成宣传法治、展示能力的“文案”“教案”，同时通过人大代表、政协委员使此“个案”成为“议案”“提案”，最终可能在国家层面变成“法案”。就像江平教授在“国浩法治论坛”上谈到的“律师不仅要有服务之道，还要有治国之道”，这也正是我们律师的一种情怀。

从一个案子出发，我们能不能总结出一篇文章，进而汇集一本书；通过国浩的微信公众号和官方网站进行宣传、发布，并经常参加论坛来分享业务经验，而且经办的重要项目能入选专业榜单。当然在此过程中最重要的是客户口碑，而口碑取决于我们自己一心为之。也就是，“一案、一文、一书、一号、一网、一会、一榜、一碑、一心”，我编了一个顺口溜：“一文一书一个案，一只公号一网站；一片用心一口碑，一榜有名一论坛”。通过这九个“一”，来打磨我们律师、业务团队以及整个国浩在争议解决法律服务领域的专业品牌。

“守底线”，用中纪委常说的话叫“制度加科技”。例如，我们要加强案管工作。最近我参加了“最高人民检察院案管人员业务竞赛”并担任评委。优胜选手们将案件管理工作概括为：“一个鸟（啄木鸟）、两个家（管家、专家）、三个部（参谋部、监察部、信息部）、四个兵（哨兵、巡逻兵、稽查兵、业务标兵）。”我们律师事务所也要不断加强我们的案管工作，全流程、全过程、全覆盖，这是管理，也是服务；是为了防范执业风险，更是为了提升业务质量。在这个方面，我们要进一步健全案管和风控制度，同时，不仅要依靠制度，而且要依靠科技，即提升大数据信息化水平。两个月前，我在最高人民法院参加了周强院长主持的关于网上公开裁判文书的会议。我在发言中就说，“奇文共欣赏，疑义相与析”，众目睽睽之下法官公正司法做不好也难。同时，“工欲善其事，必先利其器”，要进一步提高信息化能力。前段时间，贵州省高级人民法院孙潮院长专程来参加国浩上海办公室召开的“建立大数据审判系统”会议。我就说，大数据审判系统首先有助于法官“审案”，其次有助于法院“管案”，第三有助于老百姓尤其是律师的“判案”，即预判案子。因此，我们要练好“内功”，在制度、技术方面加大投入和研发，更好地守住“底线”，同时这本身也有助于促进“共享”。

“树品牌、守底线、促共享”，国浩的争议解决业务能力就会大大提升，我们的意见和建议就能为法官所接受、所认可，就能在客户中、在市场上留下应有的好口碑。

国浩争议解决论坛去年在武夷山举办，今年选址在香山。我把国浩争议解决业务能力的提升形容为“登山战略”。“咬定青山不放松”，脚踏实地往上登。就算我们有些成绩、有所成就，也不能放松自己，正所谓“莫言下岭便无难，赚得行人空喜欢，正入万山圈子里，一山放过一山拦”。“山高人为峰”，始终在路上。“踏遍青山人未老，风景这边独好”。让我们共同努力！

（这是作者于2016年11月20日在第二届国浩民商事争议解决论坛即“香山论坛”上的致辞）

聘书轻轻，职责重重

刚刚从杨雄市长手上接下聘书，神圣感油然而生。聘书轻轻，职责重重。能够被聘为上海市人民政府兼职法律顾问，可谓责任重大、使命光荣。在此谈四点体会，自勉，共勉。

一、提升格局

“普遍建立法律顾问制度”“积极推行政府法律顾问制度”，是党的十八届三中、四中全会的具体要求，是深入推进依法行政、加快建设法治政府的客观需求。我的理解，我们所服务的，不是一个一般的客户，不是一位普通的当事人，是一个肩负着全心全意为人民服务职责与使命的人民政府，是一个相对于人民利益而言没有任何私利的主体，因此我们的行为应无商业性、无功利心，而是多公益性、尽责任心，切实服务依法行政、切实服务公共利益、切实服务公平正义。

地位决定职责，视野关乎格局。我们要把握地位，明确职责，开阔视野，提升格局，增强政治意识、大局意识，真正做到如四中全会决定所说的在政府“制定重大行政决策、推进依法行政中发挥积极作用”，为政府“依法全面履行政府职能”、“健全依法决策机制”、“深化行政执法体制改革”、“坚持严格规范公正文明执法”和“全面推进政务公开”等内容提供优质、高效的服务，贡献职业法律人独特的应有贡献。

二、注重实战

政府法律事务，头绪众多、事务繁杂、涉及面广、时间紧急，新事项层出不穷、老问题盘根错节，其复杂性、专业性、艰难性对我们法律顾问提出了挑战。我想，应对挑战只有华山一条路，那就是依法、独立、专业。律师律师，以律为业、以法为师，解决法律问题只有凭借法律思维、依靠法律方式，把握法律规定的本质含义，运用法律规范的内在逻辑，努力做到游刃有余、使得问题迎刃而解。作为兼职法律顾问，其特殊优势在于独立，不仅应做到“会说”“能说”，而且更要做到“敢说”“愿说”，说“实话”，讲“真话”，独立思考、独立判断、独立担责。同时，各位教授专家及执业律师同属四中全会决定所界定的“法治工作队伍”，专业人士，专业意见，或许不全面，但一定很独到，避免政府决策偏听则暗，努力实现兼听则明。兼职法律顾问要做到不当“花瓶”，形同摆设，一片祥和；也不做“愤青”，处处反对、处处指责。而应当与专职政府法律顾问一起，塑造优秀的“法律顾问队伍”（四中全会决定语），成为政府的好参谋、好助手、好顾问。论语中说：“临事而惧”“好谋而成”。我想，这应该是我们的实战精神与担当。

三、忠实勤勉

市政府以聘任合同、工作任务书的方式，界定了我们兼职法律顾问的职责、权利、义务与责任。在合同期间、在履职过程中，兼职法律顾问的行为带有一定的“公务性”，理应更加忠实与勤勉。我们要做遵守法律、恪守道德的模范，两袖清风，清正廉洁，不谋私利，保守秘密，守住底线，不逾红线，只为政府依法行政负责，只为人民利益尽责。在“廉政”的同时，我们还应“勤政”，勤勉尽责，不仅“召之能来”“来之能战”，而且“主动行为”“能动作为”。了解政府，理解政府，建言政府，参谋政府，服务政府。既为政府法律风险防范“保驾护航”，也为政府科学决策发展“推波助澜”；既解决个案化解矛盾毕其功于一役，也提炼总结完善法规举一例而反三。“勤政”同时，还应“善政”。孔子说过，“从政”要“果”“达”“艺”，同样，我们为政府服务亦应果敢、通达、专业取胜。作为顾问，不仅可“问情”，而且更可“问计”，切实体现功能、发挥作用。

四、发挥合力

虽然说，我们是以个人名义受聘于政府，承担作为自然人的“无限连带责任”。其实，我们绝不是一个人在战斗。在工作中，我们要有“团队”精神、“队伍”意识，分工合作，齐心合力，同舟共济。一是“专”“律”合力。专家更显“高大上”，律师侧重“接地气”，专家与律师的合力则既“仰望天空”又“脚踏实地”，以实现系统性与可操作性的完美结合。二是“律”“所”合力。我们每一个律师所在的律师事务所，都是我们的工作后台、后援、后盾，集体智慧、团队结晶将在我们的工作中得以体现。三是“律”“会”合力。律师协会是“律师之家”，可以集合全行业力量解决疑难杂症，并共同凝聚上海律师行业的正能量为法治政府作贡献。四是“专”“兼”合力。人民政府“法制机构人员”，依四中全会决定所言，是“政府法律顾问队伍”的“主体”，上海市政府专职法律顾问团队是一支特别能战斗的队伍，有口皆碑、有目共睹。与我们相比，更能深刻体会政府的决策意图、意思表示、价值取向，与我们的相对独立性相得益彰，可谓“内外有别”，正因为有别，更需要“内外结合”，携手、协力、共建，以事半功倍、更有成效。

“好风凭借力，送我上青云。”我们将加强学习，深入实践，做好工作，为法治政府、为“四个全面”作出自己应有的贡献。不负众望，不辱使命！

（这是作者于 2015 年 8 月 28 日在上海市政府兼职法律顾问聘任仪式上的发言）

聚是一团火，散是满天星

谢谢大家的坚守！那么精彩的论坛，到现在才延时 15 分钟，可见大家讲短话、讲秩序、讲规范。参加那么多论坛，我知道最后的总结难免有一些画蛇添足之嫌。因此，我想用最简洁的语言作一下总结，希望不是“狗尾续貂”，而是锦上添花。

上午司法部老部长张福森同志作了讲话，周其仁和江平两位教授作了演讲。张部长可谓，高屋建瓴，简明扼要，一语中的；周其仁教授，则侃侃而谈，妙语连珠，谈笑风生；而江平教授，娓娓道来，语重心长，大师风范。如果说上午我们享受了一场思想盛宴，是一个华丽的大餐，饕餮的正餐的话，下午两场互动，则可以用一道道精美的点心来形容。特别是两位主旨演讲者，李肃总裁是口若悬河、滔滔不绝、观点独特；而刘桂明总编则是指点江山、纵横律政、笑傲国浩。刚才在演讲台上桂明依然是亮点，这个亮点不仅在于他的思想，也在于他的脑袋。上午见面时张部长说桂明你头发越来越少了，我说中国律师多了，他的头发少了。桂明为中国律师业发展真是操碎了心，吃的是正局级干部的饭，操的是司法部部长的心，干的是律师界非他莫属的活。用他自己刚才的话叫“别具一格”和“独树一帜”。

我觉得一天的论坛我们解决了三个问题。第一，“是什么”。城镇化？都市化？城市化？是“城”？是“镇”？是“市”？还是“化”？我想大家都应该有了自己的理解。第二，“为什么”。因为中国经济下一轮发展的引擎就是城镇化，而且城镇化在解决中国的二元结构中功不可没，这也是我国新一届领导班子执政的重要内容，即将召开的十八届三中全会，大家都认为可能对城镇化有重要的论述。第三，“怎么办”。产业怎么办？整合。金融怎么办？融资。法律怎么办？服务。我们律师更关注法律服务的怎么办。下午两场互动中，国浩七位合伙人加上其他各位嘉宾作了全面的解读，即经济转型、体制转轨、观念转变、管理转换、服务转化。在经济转型和体制转轨的背景下，我们必须观念转变、管理转换，从而实现服务转化。怎么转？我认为要处理好三大关系。一是执业和专业。我们不仅从一般执业的角度去服务城镇化，更重要的是我们要提升服务城镇化的专业水准。二是职业和事业。我们的服务不能仅从谋生（赚钱）的角度去理解，更要从履行社会责任的高度，关注、研究、服务城镇化。三是产业和行业。国浩要成为城镇化法律服务标准的制定者或者叫订制者，引领律师行业城镇化法律服务的进一步拓展。这应该成为我们的共识，我们要做客户的服务者、权利的维护者，更要做市场的规范者、法治的推进者。就像张部长说的，三大问题，立法、执法、服务。如立法，要依法制定城镇化规划，避免政府换届、规划变脸；如执法，要严格执行土地管理法规，保障粮食安全；如服务，律师要依法维护城镇化利益各方的合法权益。也像江平教授讲的，要处理好八大关系：维权和维稳、维稳和法治、公权和私权、自由和秩序、国家利益和公共利益、政府意志和人大意志、政府意志和社会意志、法律专业和道德勇气。他特别提到律师不仅要有法律专业，更应该有道德勇气，非常深刻。至于周其仁教授精彩的演讲，大家均有目共睹，我想给大家推荐一本书，今年9月中信出版社刚刚出版的周其仁教授的《城乡中国（上）》，对这本书提炼一句话就是："权利权力都需要正常逻辑的校准"，可谓落脚到法治中国、读得出律师服务。

所以我对本次论坛总结的两句话就是：**以法治手段和法律思维推进城市化，以律师社会责任和专业水准服务城镇化**。我想这应该就是我们今天论坛得出的结论。

最后我想再说一段话，作为我们本次论坛的闭幕词。今天的论坛说明，国浩举办这个论坛是成功的，国浩举办以城镇化为主题的论坛是成功的！第一，我们为什么要举办这样一个论坛？于宁主席在上午的开幕词中已做了全面的阐述，我只想说一句话：一个拥有十五年历史的机构，一定要有自己的文化，而文化的标志性符号可能很多，但是论坛这种形式或许不是最好，但肯定是最合适的标志性符号之一。我们要把“国浩法治论坛”打造成国浩文化的一个亮丽品牌。第二，为什么我们要举办以城镇化为主题的论坛？可以说当下我们有许多的话题可以论，比如国际并购、产业整合，比如律所管理，甚至资本市场。但我想我们关注的不仅是一个点，更应该是一个面，是一个平台，是一个舞台。在这个平台和舞台上，我们不仅展示国浩的文化，更能体现国浩的追求。什么追求？法治追求；不仅碰撞多元的观念，还要交流各方的智慧，即交流、交锋，最后形成共识，叫作交融。于是我们在选题过程中，要有政治的高度、经济的广度、法治的深度、服务的力度。所以我们选择了城镇化的法律服务这样一个主题，它不是一个洋题目，但肯定不是一个土题目，而是一个大题目、新题目，更是一个难题目，非常值得我们关注、研究、挖掘、服务，更能体现我们的社会责任。国浩五年前发布了国浩律师事务所社会责任报告，这是中国律师事务所第一个社会责任报告，大家可能也关注到上个月中华全国律师协会也发布了全行业社会责任报告。

青年联合会有一句话，聚是一团火，散是满天星。同样，今天我们相聚在这里，一起共商“国事”，即国家大事、国浩大事；明天我们又信心满满奔赴法律服务的最前线。祝国浩的明天更好！祝国家的明天更好！祝大家的明天更好！“国浩法治论坛”闭幕！

（这是作者于2013年11月在第一届“国浩法治论坛：中国城镇化发展与法治建设展望”上的总结与闭幕致辞，有删改）

“大律师”的摇篮

年前，我写过一篇文章，欢呼：我们终于“大学”啦！因为那年“华东政法学院”变成了“华东政法大学”。今天，我再次欢呼：我们又“学院”啦！因为今年我们拥有了“华东政法大学律师学院”。大学之大，我们不会只在乎大楼、在乎大树、在乎大门，更在乎大师。当然，大师的诞生可是要基于几代人的积淀，而现实的是，大学之大，在乎培养出更多优秀毕业生——就华政而言，正是“大法官”“大检察官”“大律师”，尤其是对律师学院而言，是应该也可以是“大律师”！

早在20世纪90年代末期，上海诞生了第一批优秀青年律师，十人之中竟有五位毕业于华政，包括律师界公认的银行专业律师刘大力（也是咱们律师学院的特聘院长之一），也包括“战时上法庭，闲时著文章”而写有长篇小说《大律师》一书的曹海燕（也是上海滩大律师郑传本的真传弟子）。21 世纪初，上海律师协会又评出了第二届优秀青年律师，华政的同学仍然占有绝对比例，如乔文骏（也是咱们律师学院的特聘院长之一）、王嵘、丁伟晓、刘维等“60 末 70 初”青年才俊。而 2007 年首届“东方大律师”中，华政校友段祺华、钱丽萍、游闽键脱颖而出，获此殊荣。值得一提的是，他们三人各有其独特一面：段祺华，突出一个“外”字，上海乃至中国涉外法律服务的优秀代表；钱丽萍，突出一个“女”字，上海 3000 多名女律师在十名东方大律师中的“独苗”；而游闽键，则突出一个“新”字，十名东方大律师中年纪最小，最有活力和潜力者。时任上海市委书记习近平同志百忙中接见了十名东方大律师，时任市委副书记刘云耕同志不仅亲笔题写“东方大律师”五个大字，而且为他们颁发获奖证书。

作为首届“东方大律师”组织委员会的负责人之一，在当时的盛大颁奖晚会上，我作了一个“为东方大律师喝彩”的主题发言，当天第一句便是：今夜星光灿烂，大律师从东方走来……我当时还专门写了一篇《如何提炼和弘扬东方大律师精神》的短文。我写道：忠实客户、勤勉尽责的职业精神，勤奋学习、精益求精的专业理念，追求公正、维护法治的事业属性，引领队伍、甘当楷模的榜样气质，构成了东方大律师的精神内核，从而充实了上海律师的核心价值体系。仔细回味，这些精神不正是我们在华政润物无声中潜移默化沉淀而成的吗？

昨夜的星光依然灿烂，今夜的星光更加灿烂。期待我们的律师学院，成为大律师的摇篮；期待明日之星，更加光彩灿烂。

（这是作者于2012年10月在华东政法大学律师学院成立仪式上的致辞）

我们为什么要评选“东方大律师”

律师，作为向社会提供法律服务的执业人员，其职业性质决定了他应当成为一名社会活动家，至少，他必须是一个名人。

当人们感叹于本应知名的科学家事实上的无名与本应无名的歌星事实上的知名时，其实发出这种感叹的人们已不自觉地走入了一个误区。科学家的职业决定了他就应该是默默无闻的，因为他面对的本来就是呆板的实验室和枯燥的数据，而不事张扬与一丝不苟本来就是他应当具备的基本风格；歌星的职业决定了他就应该是人所共知的，因为他面对的本来就是喧嚣的舞台与欢呼的人群，而青春亮丽与楚楚动人本来就是他应当具有的基本素质。

同样，律师面对的是求法若渴的芸芸众生，而以振臂高呼的仗义执言来为民解忧正是他的基本工作，因此，他必须为人所知，让人记住，引人注目；他必须全方位、深层次地介入社会，成为一名追求公平正义价值的社会活动家。正是：春江水暖鸭先知，社会百态问律师。

可以说，律师的这种社会形象是公众维护自身合法权益的首要选择，也是司法公正的重要保障，一句话，是法治国家的基本内涵。律师，已不再是“国家干部”，其所固有的社会化属性更为社会大众所接受、所拥戴，特别是在平民百姓们蒙受冤屈的时候，律师应成为百姓与政府沟通的纽带、桥梁，成为化解社会矛盾的“软着陆”地带，对维护社会稳定具有特殊的作用。“有问题，找律师”“有官司，找律师”“有冤屈，找律师”……都应成为老百姓们最基本的观念与意识，可以毫不夸张地说，“找我的律师去”，这是人们法律意识提高、社会文明程度提高的表现。信仰法律的标志之一就应是信仰律师。

当然，律师“名”与“家”的概念并不意味着律师可以不择手段地追逐名利。可以说，这种“名”与“家”是一种形象、一种内涵、一种观念、一种寄托。“形象”者，即律师在社会上就应义不容辞地承担起追求正义与公正价值的使命；“内涵”

者，即律师的社会地位与执业特点决定了律师必须出名，应当成家；“观念”者，即百姓在法律上有难时的第一反应就是找律师，而不是找市长、找总理、找政府；“寄托”者，即正因为律师的最高价值代表了正义与公正，他将成为社会公众安居乐业、权益保障的精神力量。可以说，这种“名”与“家”不应成为私利、私欲、金钱、贪婪、腐败、糜烂的手段甚至捷径，因此律师的“名”与“家”不应通过商业广告、有偿新闻、自吹自擂、诋毁同行等不正当甚至违法方式来造就，而是靠优质、规范、效率的法律服务博得当事人的交口赞誉，靠为人真诚、刚直不阿、威武不屈、贫贱不移、富贵不淫赢得大众的一致好评，一句话，靠作为一名社会主义国家律师的尊严树自己的“名”、成自己的“家”。

当然，有了“名”成了“家”的律师会觉得很苦、很累、很痛、很冤，但行为举止却更加谨慎、虚心、自省、小心翼翼，一点也不敢太放肆、太张狂、太潇洒、越雷池一步，唯恐玷污了这个“名”与“家”，于是更加精心呵护、潜心造化，继而奋力向前，永不满足，日渐成为一名人民放心、国家需要的好律师。

近年来，上海律师事业发展很快，上海律师队伍在上海经济建设和构建和谐社会中的作用日益凸显。为进一步扩大上海律师的社会影响，充分反映上海律师在构建和谐社会中的作用，并使上海律师的评优活动规范化、社会化、制度化，在 2006 年律师代表大会上，我们决定开展评选“2005~2006 年度上海市优秀律师”的活动，并决定今后每两年开展一次。现在，我们将上海市优秀律师命名为“东方大律师”。“东方大律师”既反映上海城市的独特定位，又突出了优秀律师标准的内涵。“东方大律师”应浓缩上海优秀律师的最基本和最全面的品质，那就是：在律师执业过程中，能以“三个代表”重要思想为指导，自觉践行社会主义荣辱观和社会主义法治理念，恪守职业道德和执业纪律，认真执行党和国家的路线方针政策，为构建社会主义和谐社会、维护社会稳定、促进司法公正作出突出贡献，在业内和社会中受到较高赞誉，并具备下列条件之一：

1. 努力维护社会公平和正义，维护法律的尊严和正确实施，促进司法公正，在刑事辩护、诉讼代理、法律援助或非诉讼法律服务等方面做出突出成绩的；

2. 积极为社会主义市场经济建设提供法律服务，在社会主义市场经济体制的建立和完善中做出突出成绩的；

3. 主动参与立法，积极参政议政，在为政府提供法律服务、促进政府依法决策、依法行政工作中做出突出成绩的；

4. 自觉宣传党和国家的方针政策，积极传播法治精神，在普及法律知识、促进公民学法、守法的自觉性和法律意识的提高、在参与社会公益活动和服务社区工作中做出突出成绩的；

5. 注重律师业务研究，具有相当的理论造诣，在运用法学理论解决律师实务、办案实践中遇到的问题，加强行业管理、推进律师业务发展中做出突出成绩的。

通过评优活动，外树律师形象，内强律师素质，向社会广泛宣传在依法治国、维护社会稳定且专业化方面业绩显著的优秀律师群体，使社会各界和广大人民群众更加了解和支持律师工作，为律师依法执业创造更好的社会环境；同时组织优秀律师编撰专业著作，在律师业务培训中承担授课任务，充分发挥其在专业领域中的领军、示范作用，着力打造一支与上海国际化大都市相匹配的律师队伍。

本次评选宣传活动体现以下特点：

一是业内认可与社会认可相结合。市司法局与律师协会制定了评选条件，同时在沪上主要媒体上开展“我心目中的优秀律师”的征文活动，并从中提炼出社会认可的优秀律师素质和特点，充实到评选条件中去。同时，在评选委员会组成中，既有业内法官、检察官和律师，也有人大代表、政协委员、专家学者等社会人士。

二是权威性与群众性相结合。市委政法委、市委宣传部的领导担任本次评选宣传活动的名誉主任，组委会成员都是有关单位领导同志；本次活动评选出的是“上海市优秀律师”，体现的是一项全市性的活动，而不仅仅是律师行业内部的活动；同时，评委会成员来自社会各界，而且有媒体代表参加，体现广泛性。评选活动由评委会确认 30 名候选人后，向社会推介和宣传，由社会投票，最终再由评委会终评出优秀律师。

三是重过程与重宣传相结合。评选工作由沪上各大媒体作为主办单位之一，并请媒体记者参与评委会。同时，评选活动持续 8 个月左右，这个持续的过程也是一个宣传的过程，而且在评选活动结束后宣传工作并未结束，将对优秀律师进一步“聚焦”，充分宣传律师在构建社会主义和谐社会中的作用，展示上海律师的群体风采。

四是领导重视与行业行动相结合。对律师的评优宣传工作，市委副书记刘云耕同志历来非常重视。2006 年 3 月 17 日，刘云耕同志率市委政法委、市委宣传部、市高院、检察院等领导到上海律协视察，并召开“培养、造就和宣传上海优秀律师”专题研究会议。刘云耕同志特别指出：律师的地位和作用越来越重要，构建社会主义和谐社会的核心内容中，民主法治、公平正义……每一项都与律师有关系，加强律师队伍建设，对上海的和谐、稳定和法治化进程至关重要。刘云耕同志不仅亲自为评委会成员颁发聘书，而且题写了“东方大律师”五个大字。在 2007 年律师代表大会上，市委常委、市委政法委书记吴志明同志宣读了获得“东方大律师”称号的十位律师名单，刘云耕同志等向十位首届“东方大律师”颁发了证书；而在“东方大律师”颁奖晚会上，刘云耕、吴志明、周禹鹏、俞云波、滕一龙、吴光裕、蔡旭敏、于宁等领导又为十位“东方大律师”颁发了奖杯。

“东方大律师”评选宣传活动刚刚完成了一届，好评不断，大获成功；上海律师外树形象、内强素质的活动，早已开始，永续前行……

（这是作者于2007年12月为上海市律师协会、东方法治文化研究中心主编的《东方大律师》一书所作的后记）

㊁

人物：

每一张

个体的面孔，

都是在

倾情刻画

这支队伍的

耀眼群像

为海南自贸港法治建设立功立德立言

首先祝贺中改院[1]三十周岁生日！

三十而立，立功、立德、立言，以言为功，功高成德，迟福林[2]院长腹笥丰盈，著作等身，正是：改革先锋谁堪任，智库楷模唯属君。

中改院立足海南、服务海南；胸怀祖国，放眼世界。以家国情怀，执着精神，情系国之大者。今日海南，国之大者首要乃自贸港建设，此为海南大事，更是国

1 中改院，即中国（海南）改革发展研究院，是中国著名的改革智库之一。

2 迟福林，系第十一、十二届全国政协委员，中国经济体制改革研究会副会长，中国行政体制改革研究会副会长，曾获"孙冶方经济科学奖"。

家要务，功在当代，利在千秋。正因如此，国浩与中改院一拍即合、水到渠成，携手并肩，致力海南自贸港法律研究，推进海南自贸港立法完善。

融智库之仰望天空与律师之脚踏实地，密切配合，无缝链接，不仅是观点的中转站，而且更是思想的反应炉，定能产生强大的智慧凝聚力，创作出更多更好的法律产品。

事实的确如此，我们的合作，已经为战斗在第一线的律师们提供理论基础与体系支撑，如今天我们马上发布的法律“汇编”；我们的合作，也已经为我们担任人大代表、政协委员的律师们履行职责提供了思路引领与智力支持，如我本人在全国政协会议上提交的有关自贸港法的建议取材于迟院长领衔团队的研究成果。更重要的是，这些合作产品、这些研究成果，对自贸法治建设发挥了积极作用，从不同角度、在各个层面，全面而系统、深刻而长远。

今日之论坛，是中国今年6月“营造自由贸易港法治环境主题研讨会”的重量版、升级版，而今天论坛主题正是自贸港法治建设的重要内容、核心方面、关键环节，即立法体系与司法服务。而发言嘉宾既有高层领导，高屋建瓴；也有专家学者，专业独到；既有中国法律工作者，深接地气；也有海外资深大律师，国际格局。上下呼应，内外结合，左右贯穿，系统闭合，一定会碰出思想的火花，提升观念的水准，为自贸港法治建设建言献策，发挥智慧，贡献力量。

作为一名法律工作者，我想特别强调一点：应充分发挥律师在科学立法、民主立法中的重要作用。知屋漏者在宇下，知政失者在草野。律师执业在法治实践的第一线，正是“春江水暖鸭先知”。律师作为独立且专业的第三方的广泛而深入的参与，不可或缺，不能替代。一是律师的独立性将更大程度地解决立法工作当中的部门化倾向，二是律师的专业性将更大程度地提高立法的工作质量，三是律师的组织性将更大程度地汇聚一个行业的智慧为立法提供服务。在实践中，律师事务所、律师协会以第三方身份参与地方性法规草案起草的工作已有多例，正如火如荼广泛展开，定能为法治建设添砖加瓦。

“晴空一鹤排云上，便引诗情到碧霄。”预祝论坛圆满成功，恭祝各位嘉宾身体健康！

（这是作者于2021年11月1日在“海南自由贸易港法治建设论坛”上的致辞）

VUCA 时代法律人的初心与使命

今天智合论坛主题设定的场景是乌卡（VUCA，动荡 volatility、不定 uncertainty、复杂 complexity、混沌 ambiguity）时代。其实这也是我们面对的客观现实！

“秦朔朋友圈”里有篇文章在分析这一现象时就说，事实上如今全世界都不知如何去回应这种复杂混乱的现实，放到个人身上就是千回百转柳暗花明，以及悲喜剧之间的往返跑。年末又临，许多人在微信朋友圈上引用了纳兰性德的这句诗，来表达欲说还休的心境：“我是人间惆怅客，知君何事泪纵横，断肠声里忆平生。”

突然想起邓紫棋演唱、汪峰作词作曲的一首最近几年很红的歌中的几句词儿：如何存在？变为何物？去向何处？一连三个问号！但我想，今天一整天的高谈阔论，激扬文字，经过许多逗号、分号、省略号，最后一定是一个感叹号。

这个感叹号之前，首先应该有“力量”两个字。总有一些因素使我们茫然，但总有一种力量让我们坚定，于是我们不会迷失航向。同时，这个感叹号之前应该有“精神”两个字。总有一些理由使我们懈怠，但总有一种精神让我们振作，于是我们继续奋力前行。还是习近平总书记说得好：“我们现在所处的，是一个船到中流浪更急、人到半山路更陡的时候，是一个愈进愈难、愈进愈险而又不进则退、非进不可的时候。”[1]

这种力量与精神，发乎交流，出于交锋，源自交融。而智合创造的正是交流的契机，营造的正是交锋的氛围，打造的正是交融的舞台。作为一名法律人，我们感谢智合 CEO 洪祖运先生作为法律人和媒体人的执着，作为“泛法律人”和“泛媒体人”的开拓。以下发言谈不上总结致辞，只是我的学习体会。

第一，“不畏浮云遮望眼，自缘身在最高层”：站位的高度！

最高人民检察院原副检察长张穹、最高人民法院原副院长江必新，既是大检察官、大法官，更是大学者、大学问家。乌卡

1 参见《庆祝改革开放 40 周年大会在京隆重举行　习近平发表重要讲话》，载新华网，http://www.xinhuanet.com/politics/leaders/2018-12/18/c_1123871854.htm。

时代的法治应对，以习近平法治思想为指引，既有“大道至简”“程序多元”的世界观，亦含“分类施策”“缓急切换”的方法论，让我们增添了应对风险的预见性，增强了面对风险的坚定力，而这正是法治的力量，法治建设的题中应有之义。

第二，“潮平两岸阔，风正一帆悬”：借鉴的宽度！

米歇尔·沃克（Michele Wucker）的主题词是“机遇”，她给我们描绘与刻画的灰犀牛，令人爱恨交加、喜忧参半。《灰犀牛：如何应对大概率危机》，是习近平总书记书架上的书。本书推荐者中有一位叫诺瑞娜·赫兹的，对此不无感慨地说：“如果黑天鹅理论让人感到绝望的话，那么灰犀牛理论能让我们明白，我们有能力解决危机。在这部原创性著作中，米歇尔·沃克让我认识到：在危机到来时，保持头脑清醒，做正确的应对对策是十分重要的。”

在我们这个大会议室的门口一侧，有蚂蚁、蝴蝶、灰犀牛、灰天鹅的图片形象，栩栩如生，意味深长。其实我觉得，还应有一个红天鹅。

去年有一本书《红天鹅：中国独特的治理和制度创新》，作者是德国人韩博天（Sebastian Heilmann）。本书导言的题目就是《中国决策过程与政治体制的韧性》。他说：“纳西姆·塔勒布曾把那些挑战传统认知的事件称之为黑天鹅，本书则把中国独特的国家治理方式视为红色的天鹅，通过剖析这个红天鹅，我们得以反思比较这种传统的理念和模式。”

同样，法律服务机构的发展，专业服务机构的发展，也是要造就体制和制度的红天鹅，这是我们应对灰犀牛、防范黑天鹅的必要之策、重要之举。

第三，“问渠那得清如许，为有源头活水来”：创造的力度！

没有创新就没有活水。专业机构的能力提升，需要创新；法学院校的教育突破，也需要创新。会计师、评估师、投行家、法学家、大律师的对话，唇枪舌剑，金句频现，如大珠小珠落玉盘。大家的共识应该是：挑战不断，创新不止，升级不息。

第四，“咬定青山不放松，立根原在破岩中”：破局的锐度！

破局要的是角度、锐力，咬定、立住、切入。

日本盛产匠人，匠人有“三字经”：守破离。守：坚守，守正。守正才能创新，守正才能出奇。破：突破，破局。如齐白石所言：学我者生，似我者死。离：不是离经叛道，更非背信弃义，而是站在巨人肩膀上的更上一层楼。

律师事业的发展需要有规模大所、专业强所、品牌名所，三足鼎立，三箭齐发。习近平总书记说：“中国共产党是世界上最大的政党，大就要有大的样子。”[1] 同样，规模大所也应有

---

1 参见新华社《习近平总书记在十九届中共中央政治局常委同中外记者见面时的讲话（新华网文字实录）》，转引自中共中央党校网 2017 年 10 月 25 日，https://www.ccps.gov.cn/zt/sjdtbzt/sjdtt/201812/t20181210_115738.shtml。

“大的样子”，要发挥示范作用与引领功能，携手中、小机构，共创美好未来。

党的十九届五中全会通过的《中共中央关于制定国民经济和社会发展第十四个五年规划和二〇三五年远景目标的建议》在“加快发展现代产业体系，推动经济体系优化升级”一节中强调“加快发展现代服务业”。其中特别指出：“推动各类市场主体参与服务供给”，加快发展“法律服务等服务业”；“加快推进服务业数字化”；“推进服务业标准化、品牌化建设”。我们也注意到，在中央全面依法治国工作会议上，习近平总书记在讲话中特别指出：“要教育引导法律服务工作者坚持正确政治方向，依法依规诚信执业，认真履行社会责任。”[1]

第五，“赤橙黄绿青蓝紫，谁持彩练当空舞”：思考的深度！

北京大学周其仁教授畅谈“如何理解中国经济面临着大变局？”大变局，一定会体现为瞬间变幻与变换的赤橙黄绿青蓝紫。以快制快，还是以静制动？需要审时度势，深度思考，知行合一。

变幻的现实，莫测的时代，正可谓，百年未有之大变局，还是毛主席概括得好：“四海翻腾云水怒，五洲震荡风雷急。”同样，我们是不是要像毛主席说的一样，有“红雨随心翻作浪，

1 习近平在中央全面依法治国工作会议上的讲话。参见《习近平在中央全面依法治国工作会议上强调 坚定不移走中国特色社会主义法治道路 为全面建设社会主义现代化国家提供有力法治保障》，载《人民日报》2020 年 11 月 18 日，第 1 版。

青山着意化为桥”的豪迈，有“可上九天揽月，可下五洋捉鳖”的雄心，有“冷眼向洋看世界，热风吹雨洒江天”的定力！

定力是佛家用语，放在今天我们说，定力是一种清醒的判断力、果断的决策力、坚定的执行力、超凡的自控力。其实说大了，定力是一种意志、一种品质、一种境界；说小了，就是一种心情、一种心态。正所谓心宽如海、心静如水、心明如月、心坚如钢。如郑板桥诗云：“千磨万击还坚劲，任尔东西南北风。”如毛主席所书：“不管风吹雨打，胜似闲庭信步。”

最后我想引用今天论坛大屏幕上不时闪现的几个词来作为尾声，那就是，以“VUCA”应对“VUCA”。后一个“VUCA”，当然是指动荡(volatility)、不定(uncertainty)、复杂(complexity)、混沌(ambiguity)，而前一个“VUCA”，则是说愿景(vision)、认知(understanding)、勇气(courage)、行动(action)。

今日之论坛，谈笑皆鸿儒，往来无白丁。浓墨重彩，精英荟萃。群情激昂，挥斥方遒。阿里有“1111”，智合有“1212”。期待每年，“1212”，你来了没有?

（这是作者于2020年12月12日在智合新媒体2020“乌卡时代的专业创新”论坛上的闭幕致辞）

青扬时代·国浩新力量

今天是一个特殊的日子。对于国浩的青年律师来讲，可谓三喜临门！一是我们喜迎五四青年节，二是国浩集团青年律师工作委员会闪亮登场，三是“青扬时代·国浩新力量”主题活动盛大举行。

120 年前，梁启超撰写《少年中国说》：“少年智则国智，少年富则国富，少年强则国强，少年独立则国独立，少年自由则国自由，少年进步则国进步……红日初升，其道大光。河出伏流，一泻汪洋。潜龙腾渊，鳞爪飞扬。乳虎啸谷，百兽震惶。鹰隼试翼，风尘翕张。奇花初胎，矞矞皇皇。干将发硎，有作其芒。天戴其苍，地履其黄。纵有千古，横有八荒。前途似海，来日方长。

美哉，我少年中国，与天不老！壮哉，我中国少年，与国无疆！”

63 年前的 1957 年，毛泽东同志说：“世界是你们的，也是我们的，但是归根结底是你们的。你们青年人朝气蓬勃，正在兴旺时期，好像早晨八九点钟的太阳。希望寄托在你们身上。”而就在昨天，习近平总书记指出：“青春由磨砺而出彩，人生因奋斗而升华。”[1]

于国浩而言，今天大家是年轻突击队，是青年近卫军，是事业接班人。而明日则一定会成长为中坚力量、中流砥柱、忠实队伍！正是：青年律师强则国浩律师强，年轻律师优则国浩事业优。

长期以来，我们重视青年律师的培养、培训与培育。对于年轻的管理者，我们将其送到剑桥大学商学院，培训领导力工程；而青年涉外法律人才，则远赴斯坦福大学，强化跨境并购法律服务能力；我们层层选拔革命事业接班人，让他们走入北大校园去聆听大师的声音。我们为青年律师的成长、成才与成就，搭建平台，创造机会，强化服务。一批又一批年轻的优秀律师，争先恐后、前赴后继、茁壮成长。在国浩的大平台上，青年律师就是“星”，明星；在国浩的大舞台上，年轻律师就是“角”，主角。何冰在献给新一代青年的宣言片《后浪》中说：“一个

1　参见《习近平寄语新时代青年强调　坚定理想信念站稳人民立场　练就过硬本领投身强国伟业：向全国各族青年致以节日的祝贺和诚挚的问候》，载《人民日报》2020 年 5 月 4 日，第 1 版。

国家最好看的风景，就是这个国家的年轻人。”同样，国浩最好看的风景，就是国浩的年轻人。

国浩青年律师工作委员会的成立，是国浩青年律师工作的里程碑，将开启国浩青年事业发展的新时代。这一委员会凝聚精英、汇集人才、团结先进，一定能为国浩青年律师工作注入活力，为国浩律师事业发展增光添彩。今天的线上，我与车捷律师属于“前浪”，我们的所有出发点和归宿点就是推着你们这些“后浪”们向前进。

习近平总书记曾经语重心长地说到过“三个人”：主动走近青年、倾听青年，做青年朋友的知心人；真情关心青年、关爱青年，做青年工作的热心人；悉心教育青年、引导青年，做青年群众的引路人。[1]放在今天我们这里，针对我们青工委，也相当合适，非常针对，极其受用。今天微信朋友圈中都在转发董卿朗读的这首小诗：“当我们拥有它的时候，我们并没有读懂它，而当我们读懂它的时候，它却早已远去……青春是用来奋斗的，不是用来挥霍的……”此刻我想起唐人郑谷的《为人题》：“泪湿孤鸾晓镜昏，近来方解惜青春。杏花杨柳年年好，不忍回看旧写真。”

青春，与其说是生理年龄，不如说是一种精神状态。我们

1 习近平在纪念五四运动100周年大会上发表的重要讲话，参见《习近平：尊重青年天性、倾听青年意见　做青年朋友的知心人》，载新华网，http://www.xinhuanet.com//video/2019-04/30/c_1210123238.htm。

期待年轻人激扬青春，成熟者永葆青春，过来人焕发青春。青春理想，青春活力，青春奋斗，是中国精神和中国力量的生命力所在。同样，青春理想，青春活力，青春奋斗，也将推动和激荡着国浩律师事业青春常在，基业长青！奔涌吧，后浪！奋斗吧，青春！

（这是作者于2020年5月4日在国浩律师事务所青年律师工作委员会成立仪式上的致辞）

为这本“红皮书”喝彩

《没法不爱》，是完整记录中国律界公益实践的首本专著，是律新社创办五年庆典的献礼力作。这本书的封面是红色的，我想因为它是由中国律师以真心写成、律新社用真情著就。于是，这本书堪称名副其实的“中国律界公益红皮书”！

《没法不爱》，这个名字真好。我理解，这里的“法”有四层含义。首先是“办法”的“法”，即没有办法压抑的爱、无法控制自己的爱，这是激情燃烧使然，这是情怀驱动使然。其次是“章法”的“法”，这种爱是有章法的、成体系的，有思考、有行动，有聚焦、有升华。与其说是奉献他人，不如说是造就自己；与其说是发挥作用，不如说是践行使命。再次这也是"法律"的"法"，《律师法》所说的"三个维护"，富含律师的职能和作用，强调律师的责任和使命。而这种责任和使命，正是对"公平正义"的大爱。最后这个"法"也是一种"效法"，《没法不爱》所讲述的一个个爱的故事，值得我们所有律师去学习，值得整个律师行业去弘扬，从而使得律师队伍更具有温情、律师行业更能够长青。

疫情当下，我们可以在"没法不爱"中加一个"更"字：没法不更爱！突如其来的疫情，无疑给我们律师来了一场愿不愿奉献爱、可不可展现爱、能不能弘扬爱的大考。回一回首、复一复盘、总一总结，可以这样说，律师们交出了一张漂亮的答卷。可谓："危难时刻见真情，沧海横流显本色。"

此番战"疫"，是"医疗之战"，也是"法律之战"。就像习近平总书记在中央全面依法治国委员会第三次会议上的讲话强调的："疫情防控越是到最吃劲的时候，越要坚持依法防控，在法治轨道上统筹推进各项防控工作，保障疫情防控工作顺利开展。"[1]而我们广大律师，乃匹夫有责，当义不容辞，定横刀立马，以立功，且立言，而立德。

一方面，作为社会的一个组织、国家的一个公民，律所与

1 参见《越是到最吃劲的时候，越要坚持依法防控》，载《人民日报》，http://theory.people.com.cn/n1/2020/0214/c40531-31586364.html。

律师们为疫区捐资助药；另一方面，向自己行业在武汉的同仁们送上温暖，并也以这种温度互助整个律师行业。而且，律师人大代表政协委员们，从不同角度、以独特视角，为党和政府依法抗“疫”建言献策。与此同时，作为法律人，律师们虽不能如医务工作者上火线攻城拔寨，然奋起在大后方摇旗呐喊，以自己的一支笔、一页纸、一张屏，分析时事、解读法律、论证规则、传播政策，为政府、为企业、为个人，提供律师咨询，送上法律帮助，宣传法治精神，字里行间闪烁着律师的智慧、彰显着律师的专长、浸润着律师的情怀。

感谢律新社，感谢王凤梅！他们是中国律界公益的关注者、记录者、研究者，同时又是中国媒界公益的探索者、实践者、建设者。他们是媒体人，也是法律人；是法律媒体人，也是媒体法律人。当我们说到中国律师行业的时候，不应仅仅强调46万名律师，还应该特别提及为46万名律师鼓与呼的法律媒体人，这是中国律师事业赖以发展与发达的不可或缺者、无法替代人。正是：“不要人夸好颜色，只留清气满乾坤。”

祝愿这本“中国律界公益红皮书”，一路飘“红”，“红”得发紫，千“红”万紫！

（这是作者于2020年4月9日在律新社《没法不爱》新书发布会上的致辞）

服务进博会，融入长三角

国浩律师事务所非常荣幸与华东政法大学律师学院、澳大利亚上海总商会联合举办“2019进博会中澳法律服务论坛”。这是我们与华东政法大学、澳大利亚上海总商会继2016年10月14日在华政校园举办“中澳自贸协定与中国企业走出去”论坛后，时隔三年再一次携手举办的主题会议。我还记得在上一次论坛的午餐会上，中国人民的老朋友鲍勃·霍克先生专门做了“投资澳洲，商机无限”的精彩演讲。

今天，我再一次来到35年前第一次跨进校门的母校，倍感激动，感慨万千。在此，也特别祝贺母校复校40周年！

接下来，我们将非常荣幸地聆听到上海市政协周汉民副主席的演讲。我在许多重大场合倾听过周副主席的数次讲演，每一次都脑洞大开，受益匪浅。今天我们将一起欣赏并享受他的睿智、激情和高屋建瓴。周副主席的题目是“长三角一体化高质量发展的法律思考”，我个人理解，长三角一体化是国家战略，于上海而言，是上海建设全球城市自我发展的需要，也是践行国家战略的要求。同样，国浩律师事务所作为有影响力的法律服务机构，也要以己所长，服务国家之需。今天我们的律师除了来自上海，还有不少从南京、苏州、杭州、宁波等地赶来。服务国家战略，国浩义不容辞！

今天，我们还会聆听上海市司法局罗培新副局长有关“营商环境评估”的演讲。最近几天企业界和法律界都被新华通讯社发布的这个消息刷屏：“我国营商环境持续优化！”10月24日世界银行发布“全球营商环境报告2020”，中国在190个经济体中排名第31位，较去年提升15位。如此重大业绩，我透露一个秘密，培新副局长是核心参与人、直接贡献者。国浩律师也有幸在一定范围内、于一定时间段参与了此项工作。大家都说法治是最好的营商环境，而律师服务又构成了法治的重要内容，不可或缺、功不可没。我们在为当事人提供法律服务的同时，也在一举一动、一言一行、一纸一文中对优化营商环境作出着贡献。

众所周知，进博会即将再次拉开大幕，习近平主席将作重要演讲。在进博会召开前夕举办主题词为进博会的论坛，可谓借东风、逢其时。今天论坛的特点是小范围、高层次、国际性、网络化。期待着我们的这个论坛对进博会的成功做出微薄贡献。我一直记得周汉民副主席今年在给新任全国政协委员培训班讲课时所强调的，进博会的成就不仅仅在于多少的贸易数额，还在于进博会为世界经济发展贡献的思想。而承载和传播这一思想的平台正是论坛，今天我们的论坛是“虹桥国际经济论坛”的外围，属于进博会“1+4”[1]+n 的 n 之一吧，但正是因为有繁星点点，才构成众星捧月的美好格局。

（这是作者于 2019 年 10 月 31 日在“2019 进博会中澳法律服务论坛”上的致辞）

1　“1+4”：“2019 上海城市推介大会”以“拥抱进博，共享未来”为主题，以“1+4”为框架进行：“1”代表上海总体营商环境和投资政策推介；“4”代表四个专题板块：浦东新区、自贸区临港新片区、虹桥商务区、张江国家自主创新示范区。

今朝风华正茂，明日挥斥方遒

非常高兴参加中南财经政法大学中意学院开学典礼，并与老师和同学们相见！走进中南财经政法大学校园，我倍感亲切。35 年前我来到与中南政法学院同属司法部五院校之一的华东政法学院，开始了我在该学院 9 年的学习和工作经历。毕业后回母校，我们说的最多的一句话就是，“为什么我的眼中常含泪水，是因为我对这片土地爱得深沉”。

同时，非常荣幸国浩律师事务所与中意学院签约，并与在世界法学界享有盛名的罗马第一大学法学院教授们相会！正可谓：“有缘千里来相会。”我知道，作为意大利前司法部部长的迪利贝托先生，既是一名政治家，更是一名法学家。8年前我还去过迪利贝托先生的家乡卡利亚里，在那里有一家中国上市公司建立的太阳能电站项目。

国浩律师事务所是中国最大的法律服务机构之一，是境内外投融资尤其是资本市场最为专业的法律服务提供者，也是一家关注并践行社会责任的律师事务所。国浩目前在海内外拥有32个办公室、3000多名员工，其中包括2000多名律师、近500名合伙人。设立20多年来，我们致力培养、打造一只专业的涉外法律服务队伍，目前已经在斯坦福大学、剑桥大学、利兹大学以及北京大学开办“跨境并购”“领导力工程”“中英法律人才”“英才教育”等培训项目。

今天我们和中意学院的合作，将为国浩培养学贯中西尤其是专业罗马法人才，创造机会、创新形式；并通过我们的实践，形成可复制可推广的模式，为中国律师行业输送优秀涉外法律专业人士提供更好的平台，拓展更大的空间。

同时，我们也希望通过中意学院、罗马第一大学法学院，与意大利的律师事务所建立更紧密的战略性合作关系。2017年7月，国浩牵头发起了“一带一路”法律服务协作体，有22个国家和地区的34家律师事务所成为首批成员，其中包括意大利的两家法律服务机构（CMS Italy、Chiomenti law Firm）。我们期待通过与意大利律师事务所的战略合作，为中国企业“走出去”、走进意大利，提供全方位、系统化、综合性的法律服务，为共建“一带一路”，为两国经贸合作，作出中国律师应有的贡献。

今天非常高兴见到了那么多年轻而优秀的学子们。国浩不少律师就出自这个校园，集团执行合伙人、福建省律师协会会长于宁杰，还有在座的国浩长沙办公室负责人罗峥，就是其中的优秀代表。国浩的每一个办公室，都可以成为你们接触世界、了解社会的实习基地，国浩的每一个合伙人，都可以成为你们增长见识、学习本领的人生师傅。国浩愿意在大家成长、成才、成功的人生道路上助你们一臂之力，并成为你们漫漫长路上永远的朋友。

刚才在校园看到横幅上有两句话，正好信手拈来送给同学们：今朝风华正茂惜博文明理之机遇，明日挥斥方遒展厚德济世之胸怀。祝中意学院越办越好！祝老师同学教学相长！

（这是作者于2019年9月4日在中南财经政法大学中意学院2019年开学典礼上的致辞）

政协双周座谈，聚焦著作权法

“双周协商座谈会”已经成为全国政协的“名牌栏目”。每次会议，政协主席亲自主持，副主席相应到场。主题鲜明，准备充分，论证系统，气氛活跃，影响甚大。

今年 5 月 13 日“双周协商座谈会”的议题是“《著作权法》的修订”。主持会议的汪洋主席谈笑风生，引经据典。他开宗明义：“著作权法是知识产权领域支柱性法律，对促进精神文化产品创造和传播、提高全民族科学文化素养、加快建设创新型国家具有重要意义。”“要深入领会习近平总书记关于加强知识产权保护的重要论述，坚持以人民为中心的发展思想，妥善处理好著作权创造保护运用的关系，构建新时代中国特色著作权制度。”

汪永清副主席做了主题发言。毕竟是法律科班出身，他的发言既系统，又透彻。他首先论述了修法需要处理好的几个关系：著作权创造保护运用的关系，立足中国实际与借鉴国际通行做法的关系，修法“好一些”与“快一些”的关系。然后特别强调了这次修法关注的重点问题和基础性制度：一是明晰著作权权利界定，二是完善著作权限制制度，三是明确技术措施的法律地位，四是创新著作权集体管理制度，五是建立著作权自愿登记制度，六是防止利用著作权不当谋利，七是加大侵权责任，八是高度重视中华传统文化的保护和传承。

司法部赵大程副部长则代表司法部介绍了目前立法与修法情况。他首先说：我国出台了《著作权法》《著作权法实施条例》等1部法律和6部行政法规，以及若干部门规章和司法解释，《刑法》也对侵犯著作权的犯罪行为规定了刑事责任，这些共同构成了比较完备的著作权保护法律体系。然后他重点强调：一是随着新技术的高速发展和应用，一些规定有必要根据实践需要进一步完善。二是实践中维权成本较高、赔偿数额较低，有必要增加侵权成本、加大惩罚力度。三是有必要与我国加入的国际条约及《民法总则》等法律进一步做好衔接。到底是法律功底深厚，赵部长接下来几乎对每名委员的提问都有问必答且令人满意。

十二名委员和两名专家学者依次发言。阎晓宏委员曾担任国家新闻出版广电总局副局长，他率先发言：目前我国著作权集体管理存在的问题主要是发展不平衡，著作权集体管理组织尚缺乏权威和公信力，收费和分配的科学性、透明度有待提高。建议建立适度竞争的集体管理制度，并由国家直接管理集体管理机构，制定收费标准，收取并发放使用费用。

戴红兵委员是广西高院副院长，他建议扩充人格权内容和优化财产权类型。建议在现有发表权、署名权、修改权、保护作品完整权等四项基础上，赋予作者在一定条件下收回已发表作品的权利；建议适当弱化复制权地位，建立以传播权为中心的网络时代著作权保护机制。

张勤委员原为中国科协副主席，他建议明确行政机关执法的民事执法和公权执法两种性质不同的执法方式，以及何种情况适用何种执法的判别标准。对法院终审判决拒不执行的，应视为危害社会公共秩序，可考虑允许当事人申请行政机关采用公权执法方式强制执行。

李前光委员是中国文联副主席，他注意到2001年《著作权法》修订增加了教科书和广播电视等法定许可规定，使得教科书的编辑出版成本降低，惠及教育事业。但由于这项制度缺乏对著作权人应有的权利保障机制，使出版社逃避了法律规定其为权利人署名、付酬的责任，这一尴尬现实应予改变。

陈崎嵘委员曾担任中国作家协会副主席，他强调文博业是一个特殊形态的艺术领域，其复制、数字化和衍生品的著作权是一种特殊形态的权利。应深入研究文博业与著作权之间的法律关联，确立文博业著作权立法的基本思路和重要原则，将文博业正式列入著作权法范畴。

刘宁委员是中国社科院文学研究所专家，她从另外一个视角看这次修法：我国民族之间的文化交流是民族大团结的重要纽带，著作权人依法可以将其民间文学艺术作品向专门机构进行备案，但鉴于民间文学的共享性、开放性、变异性，一定要对备案资格做特别说明，有效防止恶意备案的发生。

"张威"这个名字太常见了，可是他的笔名"唐家三少"在网络文学圈却是一字千金。他建议著作权登记制度应与商标法衔接，对权利人进行跨界保护。著作权登记相比于商标申请要方便得多，对于权利人来说如能将二者统筹考虑必定会对许多知名作品的商标权进行更好的保护。

李汉宇委员是一名前执业律师，现贵州政协副主席，他说："我在调研时发现，因为价格越来越贵，拨款有限，大学图书馆中的新书很少。"他建议著作权使用要便利化，避免人民群众买不到、买不起优秀作品，高校、科研院所查不到、用不了学术论文的情况发生。

刘筱敏委员是中国科学院文献情报中心专家，她三句话不离本行：截至2018年年底，我国数字阅读用户总量已经达到4.32亿，人均数字阅读量达12.4本。建议对从事科学研究、教育教学、不具有商业性质的提取作品内容进行大数据分析的科研机构、高等院校给予保护。

吴汉东教授是中南财经政法大学原校长，我国顶级的知识产权法学专家。他强调应做到：高质量版权创造，促进版权文化创新和版权产业发展；高效益版权运用，促进版权文化传播、满足人民群众文化需求；高标准版权保护，建立遏制侵权的长效机制、营造有利于版权产业发展的法治环境。

陈锦川法官是北京知识产权法院副院长，战斗在知识产权审判第一线。他分析道：随着互联网发展出现了时间戳、区块链、浮水印等证据形式，法院在查明事实、认定证据时了解证据载体的技术含义及可能存在的技术缺陷难度增大。对此，应尽快出台意见统一裁判标准。

我发言的题目是“我国《著作权法》修订中国际立法的启示与借鉴”，被安排在最后一个发言。我说：

“互联网发展早已改变了作品创作和传播方式，许多国家和地区纷纷立法或修法调整著作权规制，以适应新时代新形势新趋势。我国目前对著作权法的修订，具有对接互联网发展趋势与对接国际著作权法立法和修法趋势的双重主动性，一方面应展示将改革开放进行到底的决心，增强国际各界对中国保护知识产权认识的信心，另一方面应展示中国为人类文明贡献中国智慧和中国方案的能力和实力，并反映我国作为发展中国家以适度对价交流、获取最优智力成果的诉求。在此过程中，充分借鉴国际著作权法立法修法的经验和教训颇为重要。

例如，欧盟《数字单一市场版权指令》。其一个焦点是‘为新闻出版物创设邻接权’（‘链接税’），即要求互联网平台使用新闻出版物应向出版商付费，以保护新闻出版商利益。另一个是加强‘在线分享平台责任’，即在线内容分享服务提供者允许用户访问其用户上传的版权作品行为被界定为‘向公众传播行为’，此举表明欧盟率先弃用‘避风港原则’，强化分享平台的版权责任。目前我国确立的是平台‘通知与移除规则’，上述规定将增加分享平台的审核过滤义务，确立其直接的法律责任，不利于互联网平台发展。建议对此审慎评估立法效果、进一步观察国际司法实践后再作判断。

再如日本的《著作权法》修正案。其新设的‘灵活的权利限制’条款是一重点，即如果互联网公司对著作的使用‘不侵害著作权所有者利益’或‘对所有权的损害程度轻微’，就可不经所有者允许直接使用。显然，日本修法方向与欧盟《数字单一市场版权指令》的出台形成强烈对比，前者为促进互联网产业发展弱化著作权人权益保护；后者则立足于对著作权人保护大幅增加互联网企业的成本与责任。作为一种启示与借鉴，在我国发展现阶段对两者的立法或修法内容均不宜直接吸纳。

另外就是美国的《音乐现代化法案》。其中‘制作录音制品法定许可’延伸至互联网环境的改革引人注目，并对我们具有参考意义。建议将我国现有的‘制作录音制品法定许可’扩展到对网络传播权的许可，而作为对价相关平台则应支付公允费用。具体许可费率应依市场化标准确定，并宜在实施细则中明确，上述美国制度中的计算方法与议价程序等技术性规定均可充分借鉴。”

九点整准时开始的座谈会，不知觉间已经进行了三个小时。汪洋主席宣布座谈会结束，会场一片掌声响起……

（这是作者于 2019 年 7 月为《中国律师》杂志撰写的专栏文章）

志之所趋，无远弗届

我们一直说，国浩的愿景是成为中国最大的法律服务机构之一。这里的“大”，其实讲的就是“规模化”。规模化不仅应该包含律师人数、机构家数、收入字数之大，还应包括业务范围之大、服务领域之广。新时代中国经济社会发展需要的法律供给，人民生活日益增长需求的法律服务，都应该能够适应并足以满足。这也就是习近平总书记给我们法律工作者提出的要求：“尽快建成覆盖全业务、全时空的法律服务网络！”[1]

---

1 参见《习近平在中央政法工作会议上强调　全面深入做好新时代政法各项工作　促进社会公平正义保障人民安居乐业》，载央视网，http://tv.cctv.com/2019/01/16/VIDEy1i90klyE1VnOWPOayHO190116.shtml。

显然，刑事法律服务也应该成为我们的基础领域、主打业务、核心品牌。我国《律师法》明确规定，律师要“维护当事人合法权益，维护法律正确实施，维护社会公平正义”，而刑事律师最能够且最充分彰显律师的这一本质属性。维护当事人合法权益，保障人权，防范冤假错案，刑事律师必不可缺，功不可没。刑事律师从“个案”，尤其是“要案”“大案”中，总结普遍性现象，可以形成宣传法治的“文案”，而又提炼规律性认识，通过人大代表、政协委员成为“议案”“提案”，最终成为完善法治的“法案”，莫不善莫大焉，对维护社会公平正义而言不是理论的、灰色的，而是实践的、长青的，这也正是刑事律师的成功之道。

或许我本人留给大家的印象是只从事资本市场法律服务，其实 1988 年我在当时的上海市第四律师事务所实习的时候，跟着老师办的就是刑事案件。1991 年留校任教经济法并担任兼职律师，也常接触经济类刑案。后来从事专职律师，开始并逐渐以证券业务为主了。最近几年，颇有点“归真返璞”的味道。犹如“踏遍青山人未老，风景这边独好”。三年前全国律师协会会长班子分工，我被安排负责律师维权工作，律师维权事件几乎都发生在诉讼领域，而其中绝大部分又涉及刑事案件。不了解“刑势”，不掌握“刑事”，不关注“刑辩”，谈何维权？何以维权？所以我一直给大家说，这几年我一直向刑法刑诉法教授、刑事律师们学习，跟着大家去研讨会，跟着大家去看守所，跟着大家去上法庭。

自然，这两年我在全国政协的提案也少不了刑事主题。去年的《关于加强刑辩律师队伍建设，充分发挥刑辩律师作用的建议》《关于建立律师协会作为第三方机构对人民法院工作进行评价机制的建议》，今年的《关于深化“捕诉合一”制度改革，保障辩护律师执业权利，切实维护司法公正的提案》《关于切实解决律师“会见难”的提案》《关于为民营企业发展提供良好司法环境的提案》，都关乎以庭审为中心的诉讼制度改革以及刑事律师的执业权利保障。

2015年国浩举办首届争议解决论坛，武夷山上精英论道、高手亮剑。当时我说过这样的一句话：我们要重视律师的争议解决业务，如果说法律服务是一顶皇冠，那么诉讼业务无异于皇冠上的那串明珠，而刑事辩护就是明珠上折射出的最亮的那道光。

国浩刑事业务委员会暨法律研究中心主任刘鑫，过去的资深大法官、今天的刑辩大律师，嘱我为国浩《刑事法律通讯》写几句话。正好今天一大早飞南宁参加全国律师行业党委的党建调研，于是在飞机上拉拉杂杂地写了这些内容。“春秋多佳日，登高赋新诗。”虽然是在万米高空所书，也不见得“高水准”，不过还算“高效率”，提前完稿。我也希望我们国浩的刑事律师们，惜时如金，只争朝夕，否则，“青春虚度无所成，白首衔悲亦何及”。大家坚定信心，齐心协力，早日打响国浩的刑事法律服务品牌，把“那道光”射得更亮、射得更远。亦正可谓：“志之所趋，无远弗届。”

（这是作者于2019年6月为国浩律师事务所首期《刑事法律通讯》撰写的“首席寄语”）

让读书成为习惯

今年9月9日是毛泽东同志逝世42周年的纪念日。此日恰逢周日，国浩律师学院组织的“国浩新人训练营”上午开营，来自境内外二十八个办公室的国浩新人参加了培训。学习并借鉴毛泽东同志《论十大关系》，我做了题为“新律师锦囊——论十大关系”的发言。这十大关系包括：“我”与职业、与组织、与合伙人、与同事、与客户、与金钱、与读书、与写作、与家人、与自己的关系。在说到“我”与读书的关系时，我谈到了孔子、王阳明，谈到了姚明、龙应台。

其实，说到读书，最值得我们学习的，还是毛泽东；最值得我们践行的，也还是毛泽东的读书生活！当天晚上，我们几个在沪全国政协委员接待了来自广东的一位政协委员后，我便匆匆回家，把自己关在书房里，重温有关毛泽东与读书的几本老书。首先是30年前买的这本书——《毛泽东的读书生活》，龚育之、逄先知、石仲泉编写、邓小平亲自题写书名、由生活·读书·新知三联书店于1986年9月出版。

书中开篇是逄先知先生的《博览群书的革命家——毛泽东读书生活我见我闻》，文中写道："毛泽东是伟大的革命家，也是学识渊博的学问家。孜孜不息的读书生活伴随着毛泽东的一生，和他的革命生涯紧紧地连在一起。"

"读书生活"与"革命生涯"，概括得可谓精辟！这也就是王阳明先生讲的"知行合一"、毛泽东主席自己常说的"学以致用"啊。

应当说，毛泽东读书的范围十分广泛，从社会科学到自然科学，从马列主义著作到西方资产阶级著作，从古代的到近代的，从中国的到外国的，包括哲学、经济学、政治、军事、文学、历史、地理、自然科学、技术科学等方面的书籍以及各类杂书。就哲学来说，不但读基本原理，也读中外哲学思想史，还读逻辑学、美学、宗教、哲学，等等。

我们法律人特别关注毛泽东是不是也读法律方面的书籍，他不是自己也对斯诺说他是和尚打伞——"无法无天"嘛。但其实毛泽东对法律方面的书籍也颇感兴趣，尤其是在制定五四宪法的时候。他当时给中央写过一封信，要求大家读宪法方面的书籍。他开出的书单就包括苏联宪法、苏俄宪法，东欧诸国宪法、德国法国宪法，等等。

逄先知书中回忆道：毛泽东有一个习惯，每到一个地方，必先做两方面的调查。一是向人做调查，询问当地的政治、经济、文化、人民生活等现实情况；一是向书本做调查，了解当地的历史情况、地理沿革、文物掌故、风土人情以及古人写的有关当地的诗文。

《风雅毛泽东》（辽宁人民出版社出版，刘继兴著）一书中，就有毛泽东去湖南郴州的故事。毛泽东在专列上就问当地领导，郴州有个“三绝碑”知否，当地领导新来乍到，主席便娓娓道来：宋代词人秦观被削职流放至郴州，写下《踏莎行·郴州旅舍》一词，“雾失楼台，月迷津渡，桃源望断无寻处？可堪孤馆闭春寒，杜鹃声里斜阳暮。驿寄梅花，鱼传尺素，砌成此恨无重数。郴江本自绕郴山，为谁流下潇湘去？”苏东坡喜爱这首词，抄在自己的扇子上并附上跋语：“少游已矣，虽万人何赎？”后来书法家米芾将秦词苏跋写下，于是宋朝以“秦观词、东坡跋、米芾笔”谓之“三绝”，该三绝碑就在郴州苏仙岭上。

师哲在他的回忆录《在历史巨人身边》（九州出版社，2015 年 2 月版）中也讲到这样一个令其叹服之事。他初到延安首见主席，主席问“你是哪里人？”“韩城人。”“那你和司马迁是同乡。”毛主席又说，“龙门也在韩城县境内，禹门三级浪，平地一声雷。韩城还有一个黄龙山。”师哲说：“小时候听年长的人说黄龙山是土匪窝子。”毛主席笑道：“杨虎城将军也是黄龙山上毕业的。”师哲在此书中感叹，毛主席明达开朗，学识渊博，思路开阔，博古通今；对一切事物总是以严肃认真的科学态度，勤学好问，调查研究，遇事寻根究源，弄个彻底明白，绝不浅尝辄止；理论联系实际，经验丰富，对事物了如指掌，这也是他永远立于不败之地的奥秘所在。

前面说到，毛泽东读的书和他的革命是密切相关的，这也应该是他爱读、熟读、反复读鲁迅著作的重要原因吧。《毛泽东的读书生活》中，有徐中远的《读鲁迅著作》一文。毛泽东经常运用鲁迅杂文中的思想和言论阐明自己的观点，表明自己的主张，例如在《论鲁迅》讲话中，他用鲁迅《论“费厄泼赖”应该缓行》一文中的“打落水狗”的思想来教育人们，号召广大人民群众学习和发扬鲁迅“打落水狗”的革命精神，说“现在日本帝国主义这条疯狗还没有被我们打下水，我们要一直打到他不能翻身，退出中国国境为止”。

我书橱中藏有人民文学出版社 2005 年 11 月版的十八卷本《鲁迅全集》，于是马上去翻阅《论“费厄泼赖”应该缓行》一文，该文写于 1925 年 12 月 29 日，就在首卷首篇《坟》中。重读一遍，振聋发聩！

物以类聚，人以群分；言传身教，从者云集。毛主席的秘书田家英也是一个大读书人和大学问家。我又找出《毛泽东和他的秘书田家英》（1989 年 12 月由中央文献出版社出版）延伸阅读。田家英之女在书中回忆：父亲曾以“十年京兆一书生，爱书爱字不爱名；一饭膏粱颇不薄，惭愧万家百姓心”的诗句表达自己的心志。作者最后写道：一个 13 岁的少年在昏暗的油灯下全神贯注地读书，床边挂的对联写着“走遍天下路，读尽世上书”；一个 16 岁的爱国青年背着一部他心爱的《康熙字典》走在奔赴革命圣地延安的征途上；一个 19 岁的“小教员”在延安马列学院的讲台上侃侃而谈，讲述着中国现代史；一位 26 岁的共产党员来到毛主席身边，作为伟大领袖的秘书，开始了刻苦学习、忘我工作的新篇章……

毛泽东的读书习惯几乎渗透到他生活和工作的各个方面，尤其对工作是有很大促进的。《毛泽东的读书生活》书中写道：1958 年，刘少奇曾以唐朝诗人贺知章《回乡偶书》一诗（“少小离家老大回，乡音未改鬓毛衰。儿童相见不相识，笑问客从何处来？”）作为古代官吏禁带家属的例证，毛泽东则不以为然，为查明此事，不仅翻阅了《全唐诗话》等书，还特地查阅了《旧唐书》列传的贺知章传，发现贺传中并无不带家属的记载，于是写信给刘少奇陈述自己的看法。

人如其字，人似其书。读书识人，读书鉴人。《风雅毛泽东》

一书中就描述了这样一件事。王洪文上调北京工作后，毛泽东让他读《刘盆子传》。因为该传为古文，颇为深奥，王洪文实在不识不懂。有一次回上海，便让人讲解给他听。刘盆子是一个15岁的放牛娃，由于有点皇室血统，通过摸彩的方式登上皇帝的宝座，这是东汉和西汉之间发生的一段奇事。历史往往有惊人的相似之处，据说王洪文的经历在某些方面和刘盆子很像，从小也放过牛、养过猪，在吉林的田野里干过农活。所以毛泽东特意从后汉书中挑出了放牛娃刘盆子的传记让王洪文阅读，无非提醒他：以刘盆子的资历、能力和社会地位是不行的，只是依仗着刘氏宗室这一条摸彩摸到了皇帝的宝座；你要有自知之明，如果不学习上进，结果也会像刘盆子那样，即使身居高位，仍然不务正业，最后将以失败为告终。无可奈何花落去，毛泽东的担心不幸变成了现实，王洪文终于变成了刘盆子，成为在历史上昙花一现的悲剧人物。

尤其值得我们学习的是，毛泽东重视书本知识，也重视实际知识；既提倡读“有字之书”，也提倡读“无字之书”，他历来反对死读书，读死书。读无字的书，即向社会学习，向实际学习，向群众学习。毛泽东认为，社会和自然界是一个大学校，那里面的东西——无字的书，多得很，学之不尽，取之不竭。

陈晋在他的《论毛泽东札记》（生活·读书·新知三联书店2009年9月第一版）中有这样的精辟论述：毛泽东一方面有“我

注六经”的素养训练和学术精神，同时又有“六经注我”的现实眼光和个性追求。对一般老百姓来讲，读不读书属于一种靠兴趣和追求来决定的可有可无的选择；对学问家来说，读书大概就是一种别无选择的职业习惯；而就政治家而言，则很难说了。中外历史上也不是没有粗通文墨或不通文墨，乃至轻慢书籍的政治家，不过这样的政治家大多只是称雄一时，人亡政息。大体说来，贯通古今、识见深远，而能从精神品格和行为信念上影响后世的出色政治家，多半是靠读书的。毛泽东之读书，可以说不是靠兴趣来支配的可有可无的选择，而是与他的生活、工作、事业、理想密不可分的别无选择的习惯！

是啊，我们都应该让读书成为生活与工作的习惯，成为我们生活与工作的一部分。不知觉间，9 月 9 日即将过去，9 月 10 日的钟声即将敲响。掩卷冥思，夜难以寐。谨以此文，致敬毛泽东！谨以此读，学习毛泽东的读书生活！

（这是作者为 2018 年第 9 期《中国律师》杂志撰写的专栏文章）

书读不完

八月季，读书季、多读书季！因为近 15 年来的每年八月，是上海书展：“书香中国”；“爱读书，爱生活”！读书人有一特点，就是对刚刚收入囊中的书爱不释手，一发不可收拾，不过夜一气呵成读之。我亦如此，只是初读时囫囵吞枣，待闲时再细细品味之。于是无论如何，八月读书最多。

一

汗流浃背拎回一袋子书，不假思索还是先读这一本——《毛泽东论中国历史人物：从轩辕黄帝到孙中山》，上海书店出版社 2018 年 5 月第一版，作者盛巽昌。

毛泽东 1941 年在《改造我们的学习》中就指出：“从孔夫子到孙中山，我们应当给以总结继承这一份遗产。”30 年后，他又一次提出：“从孔夫子到孙中山，从乌龟壳（甲骨文）到现在，都要进行研究、总结，要有知识。”

作者书中直言：“中华历史上下五千年，日月行天，江海经地，现有毛泽东公开所评说的中国历史人物，自黄帝至孙中山，就有 300 余人。”作者又说：“这是 20 世纪一位伟大政治家对自己国家的历史人物的定性、定位。千秋功罪，谁人曾与评说？他虽是一家之见，却真实反映了毛泽东深厚的传统文化底蕴和伟大的巨人胸襟，读后令人铭感五中，久久回味。”

以我的理解，这是从伟人的视角、于领袖的高度、用政治家的眼光、以文学家的语言，讲述、解读、评论历史人物，可谓假古说今、借古讽今、以古喻今，也令人深思、发人深省、使人睿明。既是读史（被评说的历史人物），更是阅人（评说者毛泽东本人）；或者更进一步说，与其说是读史，倒不如说是阅人。想至此，颇有意思，试举几例。

先说说孔子。如我这般年纪之人，均熟知“批林批孔”，这可是毛主席亲自发动的运动。他曾有诗给郭沫若，《读“封建论”呈郭老》：“劝君少骂秦始皇，焚坑事件要商量。祖龙魂死业犹在，孔学名高实秕糠。百代多行秦政治，‘十批’不是好文章。

熟读唐人‘封建论’，莫从子厚返文王。”“孔学名高实秕糠”，这可是毛主席对孔子的评价！毛主席还说过，“孔夫子是讲空话的”。对孔子及其孔学，毛主席的观点可是旗帜鲜明，贬之又贬。有作家评论曰，“文化大革命”前夕和“文化大革命”中，毛泽东喜欢用孔子来衬托秦始皇，也就是说贬低孔子以抬高秦始皇，于是他对孔子的评价也越来越低，直至全面否定。

屈原则是毛泽东最喜爱的人物之一。1961 年秋天，毛主席曾写一首七绝《屈原》：“屈子当年赋楚骚，手中握有杀人刀。艾萧太盛椒兰少，一跃冲向万里涛。”1959 年的庐山会议上，毛主席说：“骚体是有民主色彩的，属于浪漫主义流派，对腐败的统治者投以批判的匕首，屈原高居上游。”对毛主席而言，喜欢屈原，其实是喜欢屈原身上所体现的斗争精神吧。

毛泽东的革命性养成了他的“翻案”风格，例如他一生中从来没有停止过为曹操“翻案”。世对曹操历有“治世之能臣，乱世之奸雄”之评价，元明以来他在历史小说评话和戏剧舞台上几乎都被说成油白脸的奸臣。对此，毛主席却不认同，早年的时候他（“毛润之”）与罗章龙（“纵宇一郎”）作《过魏都》联诗一首：横槊赋诗意飞扬（宇），自明本志好文章（润）。萧条异代西田墓（润），铜雀荒沦落夕阳（宇）。毛主席后来在他的《浪淘沙·北戴河》中也写下“魏武挥鞭，东临碣石有遗篇”，以赞曹操。爱屋及乌，毛主席对曹操的《龟虽寿》体现的浓厚唯物观与进取人生观尤为欣赏，据说他曾抄录五次，送给过林彪、胡乔木、邓小平，还有日本前首相石桥湛山等人。

“李杜”是毛主席“老生常谈”“常谈常新”的“姊妹篇”。毛泽东诗词中常常引用杜诗文字，如：“横扫千军如卷席”，来自《醉歌行》中“笔阵独扫千人军”；“惟余莽莽”，源于《对雨》中“莽莽天涯雨”；“落花时节读华章”，化于《江南逢李龟年》之“落花时节又逢君”；“莫道昆明池水浅”，来自《秋兴八首》的“昆明池水汉时功”；“飒爽英姿五尺枪”，引自《丹青引赠曹将军霸》中“英姿飒爽来酣战”；“歌未竟，东方白”，则与《东屯月夜》的“日转东方白”有关。不过总体而言，毛泽东还是“扬李抑杜”的。应该说，这是特定年代、特殊心境、特别用意所致。“大跃进”时代可谓热火朝天、万马奔腾，而杜甫诸多诗词与此场景并不匹配、难以相容，如“牵衣顿足拦道哭，哭声直上干云霄……君不见青海头，古来白骨无人收。新鬼烦冤旧鬼哭，天阴雨湿声啾啾”。

二

话题从“历史频道”转到“财经频道”，再说一本新书——《贸易打造的世界：1400 年至今的社会、文化与世界经济》，作者为美国学者彭慕兰（Kenneth Pomeranz）、史蒂文·托皮克（Steven Topik），译者分别为中国台湾地区和大陆学者黄中宪、吴莉苇，世纪文景文化传播公司出品、上海人民出版社出版发行（2018年第1版）。

作者开篇先用一个故事阐明了自己的主题：访问大英博物馆，看到了两件文物。一件是在非洲馆的来自埃塞俄比亚一个基督教堂的圣坛服装，年代大约为1700年，这件衣服的料子是中国的丝绸，但是由来自也门的犹太织工制造。另一件来自关于毛泽东事迹的展览，展出了一款墨西哥银圆，铸造于1896年，之后在中国的一个通商口岸有个中国商人在这块银圆上打下自己的印记，表明他以个人的声誉担保这块银圆的重量和成色。又过了一段时间，这块银圆被印上了"全世界工人阶级联合起来"的字样，变成了在中国共产党早期的一个革命根据地里流通的货币。

作者继续娓娓道来：穆斯林和基督徒先后到也门的红海港口摩卡购买咖啡，也促成白银流入东方。赴麦加朝圣的信徒将喝咖啡的嗜好从摩洛哥、埃及传到波斯、印度、爪哇、奥斯曼帝国，最后法国国王路易十四在其举办的社交聚会上，将这一穆斯林饮料介绍给他的天主教贵族，他们以中国瓷器啜饮加了糖的咖啡，然后来根弗吉尼亚香烟，享受吞云吐雾之趣，而加在咖啡里的糖，产自非洲大西洋岛屿圣多美岛上的奴隶种植园。有些贵族更爱喝巧克力，英格兰人则渐渐爱上中国茶。巧克力是阿兹特克帝国的贵族饮料，非常珍贵，因而可可豆甚至被当货币来用，而在西伯利亚，中国茶叶也变成货币……

如同我们常说的“以案释法”，作者是在以讲故事的方式阐述他的道理。商品本身有其“社会生命”，在这“社会生命”里，商品的意义、用处、价值不断在改变；供应与需求，由具有爱、恨、瘾性的人通过文化力量来决定，而非由具体化的“市场力量”决定。全球化的过程，并非一直是由经济主导，政治、文化因素有时也扮演主导角色。不管是好或坏，本土的体制的确影响全球网络渗透的程度。全球化之所以在较富裕的国家遭到排斥，有一部分源于服务、生产两个领域越来越常见的外包安排，激起较富国从业人员的敌意，而这敌意往往还掺杂了对移民沙文主义式的怀疑，激发出反国际主义的民族主义情绪。

作者最后说，未来会带给这个由贸易所打造的世界什么样的风貌，我们将只能静观其变。也或者，我们可以有更积极的作为，而不只是旁观。19 世纪第一次工业革命震动世界时，马克思说了这么一句有先见之明的话：“哲学家们只是用不同的方式解释世界，而问题在于改变世界。”

三

让我们的评书再转到“人文频道”——韦力的《觅书记》。

作者是著名藏书家，收藏古籍逾10万册，被认为是中国民间收藏古善本最多的人，著有《觅诗记》《觅宗记》，另与安妮宝贝合著了《古书之美》。

以我的目光，《觅书记》是一本真正的集读书、行路、阅人于一体的作品，书中附之200余张善本古籍书影，配有近300张作者实地探访的祠堂、故居、碑石、墓冢照片，对46位文章大家作出点评与剖析，可谓觅书、探路、评人！

46位大家有孙子、庄子、韩非子，也有韩愈、“三苏”、范仲淹，还有徐霞客、金圣叹、姚鼐……在此，我独说说我们一位“吕家人”：吕不韦，及其《吕氏春秋》。

吕不韦是《吕氏春秋》的主编，对此历来有人表示怀疑，认为这本书实际是吕不韦的门客所编，最终署其名字而已。不过司马迁说过：“文王拘而演周易，仲尼厄而作春秋。屈原放逐，乃赋离骚。左丘失明，厥有国语。孙子膑脚，兵法修列。不韦放逐，世传吕览。韩非囚秦，说难孤愤。诗三百篇，大抵贤圣发愤之所作也。”依此而言，司马迁认可吕不韦是《吕氏春秋》的作者。有学者认为，吕不韦乃一商人，怎么可能有如此广博的学识，编这么一部传世大作呢？而司马迁则认为，吕不韦同时也是位读书人，总编《吕氏春秋》亦属正常。

钱穆先生在他的研究中就曾分析，《吕氏春秋》“春、夏、秋、冬共12纪，每一纪各有五组文章，所讲述的次序均不得先后调换。又如八览的每一览，各有八组；六论的每论，各有六组，都是各类叙述安排有序而不能调乱的”。他的结论就是：诸子各家的古代散文，“其中《庄子》和《吕氏春秋》在文体上是较为精进的”。这一分析，无疑也奠定了这本书在诸子百家著作中的地位！

作者书中讲述，曾专门去位于河南省偃师市首阳山镇南蔡庄大冢头村东的吕不韦墓勘访，结果扑了个空，后费尽周折终于在偃师市第一高级中学校园内觅到。有人告知，吕不韦墓以前至少比现在大三倍，“文化大革命”中不断有人取土，使得墓丘越变越小，后来解放军在此驻军，将墓园改了门，再后来又圈在了学校院内云云。作者感叹，几十年间就有如此变化，真希望时间就此凝固。

四

对了，“法律频道”也有不少新书。像这本《改变美国·25个最高法院判例》，加里·罗斯（Garyl Rose）著，华东政法大学博士李明倩译，上海人民出版社2018年6月第1版。书中有不少法律人耳熟能详的判例和规范，如尼尔诉明尼苏达州案阐释的“报刊批评的自由”；马普诉俄亥俄州案确立的“非法获取的证据不算数”；米兰达诉亚利桑那州案告诉我们的“你有权保持沉默”；美利坚合众国诉尼克松案反映的“水门事件背后的权力斗争”；布什诉戈尔案所述的“总统选战输赢听大法官的”故事……

五

几本“新人新书”也不错，如陆灏的《不愧三餐》、毛尖的《一寸灰》，均由中信出版社出版。前者书名取自陈老莲的“略翻书数则，便不愧三餐”；后者书名则源于李商隐的“一寸相思一寸灰”。当然，“老书新版”如同“老树发芽”，亦呈情趣。上海文艺出版社在书展上推出两本“老人”“老款”之“新书”：废名（原名冯文炳，做过周作人的学生，也做过汤一介、汪曾祺的老师）的《少时读书》、金克木的《书读完了》，此四本书最适合出差时飞机上阅读了。

其实，书怎能读得完？书读不完！人在，书在；一路走来，一路读吧……

（这是作者为 2018 年第 8 期《中国律师》杂志撰写的专栏文章）

祝福 FO

“好雨知时节，当春乃发生”。“殷勤昨夜三更雨，又得浮生半日凉”。

在我的印象中，谭芳总是如当春的三更雨，播撒在祖国的大地，为家事法律服务需求者，送上一片片清凉。今天是谭芳律师，是 FO 律所大喜的日子，我说三句话，两句感受，一句祝福。

第一句话，谭芳是中国家事法律服务的优秀标杆。作为一个行业人，尤其是作为曾经的上海行业管理与服务的工作者，我特别感谢谭芳，还有其他几位上海律师，撑起了家事法律服务的大旗，全国有权威性，国际有影响力。我一直说，一个人，一辈子，最好无关刑事，可能偶发商事，但一定离不开家事。家事法律服务，前景广阔，前途无量！

第二句话，谭芳是上海女律师参政议政的先进典范。谭芳是位律师，也是位女性律师，在参政议政、履行社会责任方面作出了不懈的努力，取得了丰硕的成果，收获了相当的影响。这是一代律师，尤其是一代女律师的作为，可喜可贺，可敬可嘉！

今天FO闪亮登场，盛大揭幕。记得在上海律师代表大会期间，谭芳告诉我，要创立一家新的机构，说叫作FO。我马上想到了UFO。我说就是“你服了吗？”这里有两层含义，一个含义就是，你，获得谭芳的服务了吗？这个可以有！另一个含义就是，你，信服谭芳的服务了吗？这个一定有！

青春正当时，谭芳再启程！祝福谭芳！祝福FO！

［这是作者于2018年5月在埃孚欧（FO）律师事务所开业典礼上的致辞］

见贤者说

“兵心玉壶”专栏的主题是“读书行路和遇人”，前 3 期说了“读书”，今天就谈谈“遇人”吧。

初任全国政协委员，非常荣幸地被编在社科界别第 32 组。俗话说，不见不知道，一见吓一跳；不识不打紧，一识不得了！我们这个小组，可谓大家汇聚、大师云集。

且不说最高人民法院、最高人民检察院、公安部等政法口的法律专家，单就是政治学家、经济学家、历史学家、文学家、民族宗教学家、军事科学家等，也是应有尽有。

在讨论全国政协章程修正案、宪法修正案的时候，对其中关键的某句话出自何处、何人所说、何时所讲，便会有党史专家一一点透，并把背景情况、演变历程通通释明，使得大家知其然，更知其所以然。

见贤思齐，于是在讨论政协章程修正案的时候，我也斗胆地对一个字提出了异议。就是草案中有表述“新的社会阶层、新的经济阶层也是社会主义建设者”，在小组讨论时我就说，为什么要加这个“也”字呢？章程是规范性很强的法律性文件，与讲话还是应该有所区别的。讲到此处，大家也不禁赞同。几天后，组长同志传达章程修正案讨论中的采纳之处，特别说，“也”字被拿掉了，大家欣慰地会心笑之。

这次两会讨论监察法草案，很多代表和委员提出的具体意见，不少也都为最终的法律所吸收和采纳。例如保障当事人的合法权益，这一原则写进了总则；再如对留置场所应依国家有关规定监督；还有监察机关经调查对没有证据证明被调查人存在违法犯罪行为的，除应当撤销案件外，还应一并通知被调查人所在单位；等等。

由此联想到2012年全国两会前，我作为“基层人民群众代表”走进中南海与温家宝总理面对面的往事。会前我被通知专程到司法部阅读政府工作报告征求意见稿，我注意到文中对法律服务相关内容并未有提及。在座谈中，我向总理汇报了中国律师定位和法律服务功能，发言 10 分钟，总理回应 5 分钟，强调律师要为人民服务。3 月 5 日全国人民代表大会开幕当天，从收音机中我听到了总理铿锵有力的这句话：“加强法律服务和法律援助。”我当然知道，这不是我一个人建议的结果，但当面陈情直言也确有效果，同时这更体现了党和政府对群众意见的关注与重视。

由此我又想起 2012 年 5 月上海市第十次党代会召开前的一件事。时任上海市委书记俞正声主持座谈会征求工作报告意见，时任上海市委常委的秘书长丁薛祥、组织部部长李希均在会。我在发言中就说，工作报告征求意见稿中，对上海这个城市的定位，其定语上已经有“经济活跃”“文化繁荣”“社会和谐”“人民幸福”等表达，但还应加上“法治完善”；另外我还谈到，俞书记讲过的党员干部尤其是领导干部要“敬畏组织、敬畏人民、敬畏法律、敬畏舆论”被写进工作报告，但应规范表达，包括规范排序，应把“敬畏人民”放在最前面，此后依次为“敬畏法律”“敬畏组织”“敬畏舆论”。座谈中也有同志提出，“舆论”本身在自媒体互联网大背景下也应值得仔细辨别，是不是予以“敬畏”也可再斟酌。我是那一届的党代表，在俞书记 5 月 18 日正式作报告时，我特别注意到，上海这个“社会主义现代化国际大都市”的定语中，有了“法治完善”；同时在报告中强调了三个敬畏，而且依次表达为“敬畏人民、敬畏法律、敬畏组织”。

说到这儿，也想起政协会议召开前新委员培训班上全国政协领导讲的话，政协委员“不求说了算，但求说了对”。从这一角度，我们作为专业法律人士，是要说合乎法律、准乎法理的话语。同时，律师工作于社会生活第一线，战斗在法律服务最前沿，“知屋漏者在宇下，知政失者在草野”，还应说合乎民情、准乎常理的话语。

“三人行，必有我师焉”。与长者、智者相交，学习到的不仅是知识、文化，更重要的是思考问题的角度、方法。例如在讨论宪法修正案的时候，很多专家不仅仅是从立法技术、机制体制角度去思考，更多的是立足世界格局、把握历史方位的分析和探讨。很多问题放在历史、现实和未来的方位上考虑，置于中国、世界、国际的格局中分析，便会有更准确的判断、更深刻的理解。亦正是：“不畏浮云遮望眼，只缘身在最高层。”

有一位老领导，可谓高屋建瓴。小组发言总是一语中的，言简意赅，又总是引经据典，行云流水。在谈到成就大事要不怕责难、无所畏惧、敢于担当时，他便引用《道德经》所言，“受国之垢，是谓社稷主；受国不祥，是为天下王”，于是令人豁然开朗。

大会期间，前前后后有七八次全组人员一起乘坐大巴车去人民大会堂开会。途中半个钟头，正是我贴身向这位老领导学习、请教之时。我们二人坐在大巴车最后一排，不论说到什么话题，他总是可以吟诵《易经》《大学》《论语》中经典名句对应之、论证之。我也算背得出几句“论语”，偶尔后语与之前言相结，谈笑风生，其乐融融，不亦乐乎。

某日谈及我的一个提案中提到的诚信，说起社会主义核心价值观，也正好长安街上写着这十二句话的大牌子从眼前一晃而过，我说对此总是背不准确、说不完整，领导便说，我有“十二曰”，讲来给你听听：

曰富强：心气足。

曰民主：存人异。

曰文明：言行宜。

曰和谐：尊中道。

曰自由：守规矩。

曰平等：修自尊。

曰公正：去偏狭。

曰法治：重典常。

曰爱国：聚能量。

曰敬业：升人格。

曰诚信：固守善。

曰友善：积余庆。

以如此接地气的言语阐述如此高大上的口号可谓一绝，令人叹为观止。如此表达则能让我们的公民听上去不再是口号，而是能入耳、入脑、入心地可接受、可操作的指引和要求。

例如“自由”。自我自由的前提是遵守公共秩序，不守规矩则必受惩处，遑论自由。这也正是我们所说的宪法原则，行使自己权利的同时，必须履行相关的义务，不得损害他人的权利。

又如“敬业”。职业上没有贵贱之分，每一份职业都可以做到极致，敬业是对职业的尊重和敬畏，是人生价值的实现，是自我人格的升华。

再如“文明”。文明本身是一个形而上的表达，但又必须体现在一言一行、一举一动甚至一颦一笑之中才有意义。其实在这里又很简单，那就是“宜”，要“合适”，言语合适、举止合适，于是便达到“文明”。

还有“诚信”。固守善，方诚信。深以为然。孔子说：“圣人，吾不得而见之矣；得见君子者，斯可矣”“善人，吾不得而见之矣；得见有恒者，斯可矣”。孔子的时代，圣人尚未出世，于是能见到君子也算心满意足了。同样，善人也难看到，于是能有几个“有恒者”即始终保持有一定操守的人也算不错了。可见，能固守善，成为善人，要有相当修为，也属凤毛麟角。也正因为如此，守善、为善、向善、扬善，便成为天下君子努力不懈的方向，立人、达人、成人、善人，也正是君子孜孜以求的境界。

“太棒了！太棒了！”和我们同坐后排的委员袁爱平律师一边对这“十二曰”点赞，一边也忙不迭地拿出笔和本儿，把“十二曰”统统给记了下来。

明媚阳光透过车窗洒在脸上，只觉得有太多太多的东西值得去学习。便突然想起朱熹这首诗来：“少年易老学难成，一寸光阴不可轻。未觉池塘春草梦，阶前梧叶已秋声。”

（这是作者为2018年第4期《中国律师》杂志撰写的专栏文章）

苦寒磨砺，方筑方圆

朱树英律师是上海杰出律师的典型性代表，是中国知名律师的标杆性人物。值得一提的是，2007 年他荣获上海首届“东方大律师”称号，受到时任上海市委书记习近平同志的亲切接见。

在“东方大律师”颁奖典礼上，评委会送给他这样的颁奖词：“他不是建筑师，却为一系列著名的建筑夯下了不可撼动的坚实地基，筑起了不可逾越的坚固围墙。一枚枚建设功臣的勋章，佩戴在蓝天。建筑和房地产业崛起的风景线，留下了他勤勉的足迹。出身木匠的大律师，踏踏实实、一尺一寸地为这座城市的建设上梁立柱。他本身就是法治的一根合格的栋梁。

正是因为他的从未退缩，我们的社会才如此和谐安宁。”而他自己在答词中说：“律师其实就是一个建设者，在建设和谐社会的队伍里，好律师，更应该是一名优秀的建设者。”

的确，朱树英律师是法治中国的建设者，是律师事业的奋斗者。建设着、年轻着，于是“40”后的他（出生于 1949 年）看上去犹如“40”后（最多 49 岁的样子）；奋斗着、幸福着，于是他总是在阳光灿烂的日子里过着无比幸福的生活。

我记得在那天的颁奖典礼上，时任上海律师协会会长的我也代表主办方有这样一段致词：“10 位东方大律师，其所从事的专业领域迥然不同，其办案风格也各有特点，但其中体现的目标价值与本质属性却殊途同归、一脉相承。在他们身上，我们看到了忠实客户、勤勉尽责的职业精神，我们看到了勤奋学习、精益求精的专业理念，我们看到了追求公正、维护法治的事业属性，我们看到了引领队伍、甘当楷模的榜样气质。这些都构成了东方大律师的精神内核，从而充实了上海律师的核心价值体系。”

有时候，“东方大律师”被人们称作“海派律师”的优秀代表。而其中，朱树英律师显然突出性更强。“海派律师”具有更多的“工匠型律师”的特质，目标明确，一以贯之；精益求精，一丝不苟；勤学苦练，不舍昼夜；坚守专业，创新突破；著书立说，传道授业。

今天首发的《律师演讲技能提升之道》《律师写作技能提

升之道》这两部专著，正是凝聚着朱树英律师多年心血的实践之道、经验之谈、专业之作。我一直给我们的年轻律师们说，朱树英律师是我见到过的中国最勤奋的律师之一。他总是登飞机时一张白纸铺开，下飞机后一篇文章成就，可谓高效率，也可谓高水平（毕竟是在万米高空之上写成）。

演讲与写作，乃律师之基本功。而基础不牢，地动山摇。无此基础，上台阶、上档次、上层楼，无疑是纸上谈兵、空中楼阁。也正是演讲与写作的基本功底，使得律师群体中有普通与优秀之别、优秀与杰出之分、杰出与卓越之异，也使得律师工作成为一个始终努力、永续学习、终身奋斗的专业职业。

每一次演讲、每一份写作，是我们律师的工作、是我们律师的作品、是我们律师的成果。正因为是工作，于是必须专业勤勉；正因为是作品，于是必须精心塑造；正因为是成果，于是必须提炼总结。每一次演讲、每一份写作，是立言，为维护当事人的合法权益；是立德，为维护法律的正确实施；是立功，为维护社会的公平正义！

“宝剑锋从磨砺出，梅花香自苦寒来。”朱树英律师的书，朱树英律师的行，朱树英律师的成，都告诉我们：无论是律师演讲技能提升之道，还是律师写作技能提升之道，均离不开一个字：勤！

“纸上得来终觉浅，绝知此事要躬行。”读好朱树英律师的书，听完刘桂明总编的言，还是一定要开始做一件事：行！

希望我们律师们的每一次演讲，都那么言之有物、了然于胸、铿锵有声；期待我们律师的每一份写作，都那么胸有成竹、烂熟于心、下笔有神！

（这是作者于2018年2月28日在上海建纬律师事务所《苦寒磨砺筑方圆》一书首发式上的致辞）

上路吧，带着TA……

这学期在给华东政法大学律师学院的新生们讲课，小黄同学说，让我给大家推荐一本书。于是我略加思索就说，法学院的同学们多读一些法学类书籍，自然不在话下，而且也一定大有老师们推荐，我还是举荐一本有关“人生励志”的、可以读一辈子的书吧，其实，这也不是一本生僻之书，那便是《论语》。

我手边以前有三本《论语》。一本是中华书局版杨伯峻先生的《论语译注》，放在包中，随身携带，随手翻阅；另一本是北京联合出版公司版的《天下归仁·王蒙说〈论语〉》，搁在办公桌上，午饭前后偶尔读之；还有一本是上海三联书店版邹憬的《论语译注》，躺在我家卧室的床头柜里，总是在临睡前，再瞄它那么几眼。这些年又多了几本，如著名学者何新先生的《何新品〈论语〉：大而化之谓之圣》和青年学者秋风先生的《〈论语〉大义浅说》，再有就是钱穆先生的《论语新解》、南怀瑾先生的《论语别裁》。

读了几十年的《论语》，越读越觉得活得明白，却有时又越感到人生亦多反复，或许正因如此，才会越要读下去，于是它也便成了可以读一辈子的书。如颜渊在《论语》中对孔子的“喟然”感叹：“仰之弥高，钻之弥坚。瞻之在前，忽焉在后。夫子循循善诱人，博我以文，约我以礼，欲罢不能。既竭吾才，如有所立卓尔。虽欲从之，末由也已。”

是呀，“博我以文，约我以礼，欲罢不能”！《论语》之中，既没有“黄金屋”，也不见“颜如玉”，然而愈发读之，更加懂得人的内心才是真正的“黄金屋”，于是也便使得自我外化“颜如玉”。

这里，有做人成仁之理，有交友处事之道，有为政为君之德，有学而习之之术，无疑为经典绝伦之大百科全书。其理博大精深，其言娓娓道来，如朋友交流交锋，似长者语重心长，是君子循循善诱；示历史波澜壮阔之画卷，诉春秋国礼民仪之风情，散千年杏坛袅袅之书香。

譬如“学习”。

整部《论语》开篇即曰：“学而时习之，不亦说乎？”应当说，

"快乐学习"之说贯穿《论语》始终，孔子继续说："知之者不如好之者，好之者不如乐之者。"

当然，孔子也不忘记谆谆告诫学生们："知之为知之，不知为不知，是知也。"自然，孔子更多告诉我们他的"学习体会"："学而不思则罔，思而不学则殆""温故而知新，可以为师矣"。

孔子眼中的学习是系统的，也是有目标的："志于道，据于德，依于仁，游于艺"，"子以四教：文、行、忠、信"。他的教学方式亦非常科学："不愤不启，不悱不发。举一隅不以三隅反，则不复也。"

作为导师，孔子也常常"自省"："默而识之，学而不厌，诲人不倦，何有于我哉？""德之不修，学之不讲，闻义不能徙，不善不能改，是吾忧也。"其果然楷模也！

譬如"做人"。

《论语》中记载了曾子这句我们耳熟能详的话："吾日三省吾身——为人谋而不忠乎？与朋友交而不信乎？传不习乎？"作为孔子的著名学生，果然得其所教。

为人处世，信誉为本。孔子早就说过："人而无信，不知其可也。大车无輗，小车无軏，其何以行之哉？"

《论语》中，"君子"二字是用得最多的词汇之一，孔子理解的君子是什么呢？"君子怀德，小人怀土；君子怀刑，小人怀惠”；“君子喻于义，小人喻于利”；“君子欲讷于言而敏于行”；“君子周而不比，小人比而不周”；“女为君子儒，无为小人儒”；“君子坦荡荡，小人长戚戚”。

人无完人，要向贤人学习，故子曰：“见贤思齐焉，见不贤而内自省也。”甚至孔子对自己的学生也大加赞赏并学习之：“贤哉，回也！一箪食，一瓢饮，在陋巷，人不堪其忧，回也不改其乐。贤哉，回也！”然后，孔子也进一步表达了自己的情怀：“饭疏食饮水，曲肱而枕之，乐亦在其中矣。不义而富且贵，于我如浮云。”

视不义之富贵为浮云的同时，孔子更加强调做人为“仁”。他说：“克己复礼为仁。一日克己复礼，天下归仁焉。为仁由己，而由人乎哉？”他的学生曾子更是挥发道：“士不可以不弘毅，任重而道远。仁以为己任，不亦重乎？死而后已，不亦远乎？”

譬如“交友”。

孔子早就说过：“有朋自远方来，不亦乐乎？”他的学生曾子亦云：“与朋友交而不信乎？”可见，交友开心，交友重信。

在交友中，贵在知人，于是孔子说：“不患人之不己知，患不知人也。”

交友亦有道，故子游曰：“事君数，斯辱矣；朋友数，斯疏矣。”曾子则提出：“君子以文会友，以友辅仁。”孔子也说：“可与共学，未可与适道；可与适道，未可与立；可与立，未可与权。”

好友，自然是学习的对象，于是孔子便说：“三人行，必有我师焉：择其善者而从之，其不善者而改之。”而且，对于朋友，孔子总是“成人之美”：“君子成人之美，不成人之恶。”

不过，孔子择友还是有选择的：“不得中行而与之，必也狂狷乎！狂者进取，狷者有所不为也。”

譬如“为政”。

众所周知，孔子推崇以德治国。“为政以德，譬如北辰，居其所而众星共之。”他进一步阐述道：“道之以政，齐之以刑，民免而无耻；道之以德，齐之以礼，有耻且格。”

为政需要人才，孔子看中的是“果”“达”“艺”。季康子问：“仲由可使从政也与？”子曰：“由也果，于从政乎何有？”曰：“赐也可使从政也与？”曰：“赐也达，于从政乎何有？”曰：“求也可使从政也与？”曰：“求也艺，于从政乎何有？”在孔子眼中，仲由果敢决断、端木赐通情达理、冉求多才多艺，都是治国理政的好手！

当然，推行德治要施“仁政”。子贡向孔子请教说：“如有博施于民而能济众，何如？可谓仁乎？”孔子就说：“何事于仁？必也圣乎！尧舜其犹病诸！夫仁者，己欲立而立人，己欲达而达人。能近取譬，可谓仁之方也已。”

施仁政，要以人为本，有一个小例子可见孔子的这一思想：“厩焚。子退朝，曰：伤人乎？不问马。”

交朋取信，为政亦然。子贡问政，子曰：“足食，足兵，民信之矣。”子贡曰：“必不得已而去，于斯三者何先？”曰：“去兵。”子贡曰：“必不得已而去，于斯二者何先？”曰：“去食。自古皆有死，民无信不立。”此言振耳发聩，于今启示亦颇大。

当然，孔子除了强调当政者的“信”，也特别讲究当政者的“正”。他说：“政者，正也。子帅以正，孰敢不正？”“其身正，不令而行；其身不正，虽令不从。”真是一针见血啊！

譬如，譬如，还有一系列的譬如……这正是《论语》的魅力，如滔滔江水，绵延不绝。有时更觉得，《论语》中诸多名言，浸润心田，荡涤灵魂，塑造人格；放之四海而皆准，历之千年弥足新。一如习近平总书记所言：中华文化源远流长，积淀着中华民族最深层的精神追求，代表着中华民族独特的精神标识，为中华民族生生不息、发展壮大提供了丰厚滋养。[1] 所以，如我一开始说的，这正是一本足以读一辈子的书吧。

---

1 习近平在中共中央政治局就培育和弘扬社会主义核心价值观、弘扬中华传统美德进行第十三次集体学习上的讲话。参见《习近平：把培育和弘扬社会主义核心价值观作为凝魂聚气强基固本的基础工程》，载《人民日报》2014 年 2 月 26 日，第 1 版。

古人云，读万卷书，行万里路。我想说，朋友们，上路吧，带一本《论语》！

（这是作者为2018年第1期《中国律师》杂志撰写的专栏文章）

君子之和，相悦未来

现代化国际大都市的发展，法治完善正是其题中应有之义，而完善的法治没有律师的广泛参与是万万不能的。因此我们说，上海这座城市，应该拥有世界一流的律所、必须具备中国超一流的律师。

大家都在学习党的十九大报告，报告中说："中国特色社会主义进入新时代，我国社会主要矛盾已经转化为人民日益增长的美好生活需要和不平衡不充分的发展之间的矛盾"，"人民美好生活需要日益广泛，不仅对物质文化生活提出了更高要求，而且在民主、法治、公平、正义、安全、环境等方面的要求日益增长"。

从这一角度分析，人民群众日益增长的法律服务需求与律师业不平衡不充分发展之间的矛盾，显然也成为中国特色社会主义进入新时代后，我国律师事业发展面临的主要矛盾。新时代的中国律师必须适应、回应，必须服务、满足，而且必须引领人民群众在上述有关法治方面的美好需求、合理诉求和理性要求。因此，新时代需要更多的规模大所、专业强所、品牌名所，而之于上海，则更迫切呼唤一批规模大所。

这个规模大所的基础是大。律师人数要多、办公面积要大、业务收入要高、执业平台要广、客户资源要厚，不唯 GDP，但要 GDP。

这个规模大所的本质是强。首要的是合伙人及其团队凝聚力和战斗力强，强在市场拓展、强在执业能力、强在团队建设、强在协同作战。

这个规模大所的形象是优。那就是社会知名度好、行业美誉度佳，敢于承担社会责任，善于投身参政议政，先于担当法律援助，优于倾心慈善公益。

这个规模大所的关键是新。扑面而来的互联网大数据人工智能时代为我们律师执业提供了千载难逢的机遇，更提出了前所未有的挑战，规模大所更应勇于潮头，率先示范，创新发展。

君子之和，相悦未来！

新时代，新君悦，新形象，新发展，新业绩！

（这是作者于 2017 年 11 月 28 日在君悦律师事务所庆祝重组设立典礼上的发言）

苔花如米小，也学牡丹开

今年全国两会上，最高人民检察院工作报告的赞成票又创新高。曹建明检察长在报告中强调，“按照习近平总书记关于政治过硬、业务过硬、责任过硬、纪律过硬、作风过硬的要求，努力建设一支信念坚定、司法为民、敢于担当、清正廉洁的检察队伍”。同时又具体描述到，要“全面制定并实施检察机关业务岗位素质能力基本标准”。对此，笔者曾亲身领略过检察官的整体风采。去年十月底，最高人民检察院举办首届全国案管业务大赛，我有幸作为评委参加，近距离感受到了“案管人”的素质与能力。

在上台点评时，我便谈到，“案管”开会，群英荟萃。

如饕餮盛宴，实精神联欢。一天时间，40名选手，你方唱罢我登场，大珠小珠落玉盘。或娓娓道来，或铿锵有力。十分钟，既汇报，又答辩。汇报，图文并茂；答辩，言之有理；环环紧扣，重点突出，观点鲜明，亮点频频。台上一分钟，台下十年功。扎实的功底、牢固的基础、养成的素质，尽在其中。展示的是案管队伍的风采，体现的是案管干部的实力，表达的是案管工作的作为。

正可谓听君一席话，胜读十年书。过去总觉得对检察工作了解不少，其实贴近观摩，方知案管工作如此之重要！正是：规范司法，意义重大；案件管理，不可或缺；作用发挥，空间无限。案管工作的价值在于：强化内部监督，规范司法行为，促进司法公开，推进司法公正，最终就是“让人民群众在每一个司法案件中都能感受到公平正义”。

而在比赛场上，年轻的检察官们几乎是用诗一般的语言来描述他们钟爱的案管工作的：一个“鸟”：啄木鸟；二个“家”：管家、专家；三个“部”：参谋部、监察部、信息部；四个“眼”：安全猫眼、智慧天眼、锐力鹰眼、群众亮眼；五个“兵”：值勤的哨兵、日常的巡逻兵、铁面的稽查兵、精细的信息兵，最后成为业务标兵。

除了精准的“业务”描述，选手们说的还有更好的，那便是“情怀”。我们评委们听到了青年人的“初心”、感受到了检察工作者的“热爱”、读出了第一代案管人的“情怀”。有选手说：

今天在这里一起交流经验，碰撞火花，而明天将回到工作岗位，继续心爱的案管工作。正可谓“聚是一团火，散是满天星”，不忘初心，砥砺前行！

网上有句话说：人生每天都是现场直播，无法重来。有一位电影演员也说过：表演是一项遗憾的艺术。同样，比赛也是现场直播、竞技也是遗憾的艺术。相对而言，选手们的表达在汇报环节比答辩环节更流畅些。首先这是客观反映，案管同志以深思熟虑、厚积薄发为风格，毕竟汇报的内容已反复思考过；其次这也情有可原，毕竟案管同志不是出庭人员，出庭公诉在于“口”，口若悬河、唇枪舌剑；而案管人员强调的是“眼”，眼观四路、一针见血，“监督”嘛！当然，如各位选手反复强调的：“打铁还需自身硬”。如果案管同仁的迅速反应能力、综合思考能力、语言表达能力、答辩抗辩能力俱佳，虽不必然成为有位选手所说的“万能钥匙”“全科大夫”，却也是“多面手”，但是离检察队伍中的“排头兵”“领头军”却更近了！

当天下午的比赛，主持人提问的是案管人员的素质问题。虽仁者见仁、智者见智，却也异曲同工、殊途同归。我在点评时，也提炼了一下，一是有本事，二是靠得住，三是肯干事，四是过得硬。有本事说的是“能”，靠得住说的是“德”，肯干事说的是“勤”，过得硬说的是“廉”。德才兼备、勤勉尽责、清正廉洁，这就应该是案管人的形象与素质。

四十名检察官参赛，花落十家：十位选手荣膺“标兵”！有一位女标兵引用了清朝袁枚的一句诗：“苔花如米小，也学牡丹开。”我也不禁接了一句：“一花独放不是春，百花齐放春满园。”让“案管之花”引领“检察之花”怒放，从而使得“法治之花”盛开。为此，案管人，大家努力；检察人，一起努力；法律职业人，共同努力！

（这是作者为 2017 年第 4 期《中国律师》杂志撰写的文章）

为“小蜜蜂”喝彩

几乎是含着泪，一口气，读完了这份由 A4 纸正反面打印的 318 页的稿子——《邹碧华传》[1]，眼泪不仅打湿了稿纸，也随着该书作者严剑漪送来“伴读”的巧克力被吞进肚子！

虽不敢言这是一部最出色的人物传记，但我至少说这是我近年来读到的一本最出色的人物传记，当然首先是“人物”出色，同时非常重要的是“传记”出色。

与其说是我在读剑漪的文字，不如说我是在听剑漪的诉说。剑漪用她那柔美的声音，娓娓道来一个个

1　上海市高级人民法院编写，严剑漪执笔：《邹碧华传》，上海人民出版社 2015 年版。

碧华的故事。听着听着，碧华的高大形象便跃然纸上，如放电影一般，音容笑貌，活灵活现，而这时，剑漪的朗诵又成为画外声，声情并茂，字字入心……一个活生生的男儿，一个铁铮铮的法官，一个大写的党员！

二

剑漪的笔下有情：

……村前的老樟树、被舅舅救起的那口池塘、头发花白的外婆、满眼的金黄色稻田，邹碧华高兴地拉着唐海琳的手，滔滔不绝地说着。

唐海琳被眼前的这个男人感动了。

“我很喜欢这里，山清水秀，人也朴实。”唐海琳看着邹碧华，邹碧华像个孩子般地笑了。

纯朴的山村散发着宁静的美。吃晚饭时，许贻菊看着大儿子带回来的女友满心欢喜。

“来，喝点汤！”许贻菊开心地把鸡汤舀到了唐海琳的碗里。

“天哪，这是天下最好喝的汤了！”唐海琳喝了一口，由衷地赞叹道……

剑漪的声中讲理：

……整个会场里的人都屏息了。第一次，有这样一个院长用这样的视角和他们的心灵沟通。

“心理学上有一个‘荷塘效应’。”邹碧华扳起手指说道，“讲的是荷塘里有一片叶子，第 2 天变成两片，第 3 天变成四片，以此类推，一个月后荷塘里铺满了叶子。请问第 25 天时荷塘里有多少片荷叶？”

有多少片？所有的人都看着他。

“我们可以倒推，第 30 天 100%，那么第 29 天 50%，推算下来第 25 天时是三十二分之一。从第 1 天到形成三十二分之一，一共用了足足 25 天才达到荷塘的一个小小角落。而从第 25 天到第 30 天把荷塘铺满，只需要短短 5 天！”

邹碧华的右手摊开着：“5 天！我们很多人积累了很长时间，行百里者半九十，但最后却放弃了，只剩 5 天的时候放弃了，很可惜！我们要执着，要有持续改善的理念，每天都要有进步的目标，积小胜为大胜，把每一件简单的事做好就是不简单，把每一件平凡的事做好就是不平凡！”

全场的人都被邹碧华的一席话说得沸腾起来，一种久违的热情在会场内燃烧……

剑漪的画中论法：

……“立明，非法证据排除规则这块内容我们要认认真真抓起来，这是新刑事诉讼制度下，在证据规则和人权保障方面的一个重要机制。”他和徐立明商量。

徐立明有些惊讶，邹碧华居然能够在这么短的分管时间内抓住“关键点”，敏锐度可见一斑。

很快，上海高院刑二庭开始着手编写有关非法证据排除规则如何适用的规范性文件，同时，针对高院二审维持、报最高法院核准的死刑案件，刑庭法官一改过去只有律师或被告人提出申请时才去审查被告人供述是否涉及非法取证的做法，改为主动审查被告人的供述过程，并且在审查结束后由法官在审理报告中写明情况，作为一个确定事项向审委会报告……

剑漪的笔锋穿透半世纪，从外婆家村头的大樟树小溪旁写起，一个小娃娃长大成人；

剑漪的声音绵延近万里，从外滩边福州路的法庭一直说到大洋彼岸的美国联邦司法中心，一名大法官横空出世；

剑漪的画面扫描上百人，从亲密无间的北大室友到最最普通的上访人员还有诸多心心相印的法院同仁，一位好党员口口相传。

这是一个成功男人的成长史！

这是一名专业法官的奋斗史！

这是一位优秀党员的光荣史！

成长时有泪，奋斗里有汗，光荣中有血，直至以生命相抵，却壮志未酬。

二

剑漪是法院人、法律人，也是新闻人、文化人，她知法院、懂法律，也悉新闻、精文化，所以才能以记者的笔法、以作家的情怀，把法官写好、把法院写真、把法律写准。

剑漪更是碧华的同事、同仁、同道，有对碧华作为法院领导的敬重，有对碧华作为法律专家的敬仰，有对碧华作为一种“现象”的敬畏。如此写来，视角多重；这般道来，素材多元；这样画出，立体丰满。于是，碧华“新时期公正为民好法官、敢于担当好干部”的“高大上”形象，“立”在我们面前；碧华真性情好男儿、真博学专业人的“接地气”风采，“活”在读者眼中。

佩服看似柔弱的剑漪，其笔法有如此张力；佩服文文静静的剑漪，其情怀有如此澎湃；佩服见人便笑的剑漪，其个性有如此刚烈。

俗话说，画人难，画熟人更难。同样，写人难，写熟人更难。而且，写专业人难上加难。不仅要写人、写事，而且要于人与事间体现其从事的专业、表达其为之奋斗的事业。对于法律专业人的传记，同作为法律人的读者，当然会带着审慎甚至挑剔的眼光去读，在为其故事所感动的同时，也要为其故事所承载的法治理想而感慨，更要为其法治理想所奉献的法治事业而感怀。剑漪所写之处，不仅以一个又一个的故事将碧华形象再现，而且更能透过这些故事来体现他的理想与信念，给读者以精神层面的激励，让我们掩卷深思，为自己充满正能量。

写模范人物，为英雄立传，往往又容易闭门造车，拔苗为“高大全”，虽可敬仰，却难以服众，不接地气。如颜渊描述的孔子，“仰之弥高，钻之弥坚”“瞻之在前，忽焉在后”，虽博大精深，却难以捉摸，空然叹之，无从学习。不过在剑漪笔下，碧华不仅可敬，而且可亲，于是可学。书中的碧华，或相濡以沫的丈夫，或慈爱无比的父亲，或阳光可爱的大男孩，或循循善诱的导师，或公正判案的法官，或锐意改革的院长，或严以律己的领导，或尊重律师的法律职业人……从碧华去世后老百姓心中的“邹碧华现象”，到书中可读的“邹碧华故事”，直至提炼成足以传承的“邹碧华精神”。

《人民日报》郝洪记者是报告团成员，她在题为《法治“燃灯者”》的报告中说道：“邹碧华求学、从业岁月，正是中国法治建设求新求变的年代。亲历这段流金岁月，感受到法治前行者笃志革新、砥砺奋进，法治理想和信仰渐渐融入邹碧华的血液。”可以这样说，碧华是自己的，更是这个时代的，是这个新时代的，正因如此，他的身上折射出时代的特质，体现了时代的变迁，回应了时代的需求。

剑漪的可敬之处，或者说这本书的可贵之处，正是透过碧华短暂的一生，史诗般描述了改革开放和法治中国的大历史。涓涓细流，却不失见微知著，文字背后的格局彰显恢弘。

如北大求学，正是改革初启、开放方兴；如逐梦上海，正是“南巡”之后，万象更新；而美国求学，正体现我国改革开放的深化进程；至于碧华为之献身的司法改革，正是法治中国建设不可或缺的重中之重。

改革开放的大时代造就了碧华的成功，碧华的成功也融于法治中国大背景。可以这样说，碧华成长的每一个节点，都彰显时代发展的烙印；时代变迁的每一个进程，都留有碧华奋进的足迹。在这里，碧华不仅仅是一个人，他足以代表了一群人，甚至一代人。

三

作为一名律师，也作为碧华生前好友，我本人非常荣幸地成为由中组部、中宣部、中政委、最高法院、上海市委联合组织的“邹碧华同志先进事迹报告团”成员，自今年春节假后第一日在上海友谊会堂为上海政法干警作首场报告至今，我们已经作了大大小小三十几场报告。在此过程中，也荣幸地与剑漪一路同行。

有几次，海琳因为身体原因不能作报告，剑漪便代海琳，讲述“一个妻子眼中碧华的故事”，同样如泣如诉，动人心扉，同样成为报告的“感情篇”“催泪弹”。我们甚至说，拍电影、演话剧时，就由剑漪扮演海琳好啦，神形兼备，无与伦比。

每每巡回报告，剑漪白天与我们并肩战斗，或场上报告，或场外采访；当夜深人静之时，她便又打开电脑，续写碧华的故事，让嗒嗒之声相伴到黎明；而第二天早上我们奔赴另一个千里之外的城市时，她又精神抖擞，笑容可掬，谈笑风生。

记得在今年年初的上海两会前，上海高院崔亚东院长带队来市政协听取委员对法院工作报告的建议，我在会上发言中建议，弘扬邹碧华精神，是不是也得有“五个一工程”，即一个会（报告会）、一篇文（报告文学）、一本书、一部影（电影）、一出剧（话剧）。这不，我们报告团的足迹已遍及大江南北，文汇报记者江胜信的报告文学也广为传颂，剧作家方兴东撰写的电影剧本亦近尾声，沪剧版“燃灯者”在碧华离世一周年之际马上唱响，而剑漪的这本书，正散发着阵阵书香，即将闪亮登场。

四

斯人已逝，可我们为什么还要甚至更要纪念邹碧华？在今年7月22日由中宣部和最高法院举办的“邹碧华精神研讨会”上，我在发言中说道：

从邹碧华身上，我们分明深切地感受到了一份情怀，这个时代最为需要的，却又是最为缺失的，甚至每个人都认为是最为重要的，却几乎许多人都怯于追求直至懒于提及、羞于提及的那份情怀，那就是：理想与信念！

活在当下于是就事论事的匆忙之中，物欲横流因此随波逐流的放任之下，坐而论道却又背道而驰的矛盾之处，唯独理想与信念在许多人的心中丧失了应有的位置，迷茫、迷失，淡漠、淡忘，沉寂、沉失。邹碧华的骤然离去，瞬间放电般释放的那种正能量，触动了许多人的心灵深处，让我们看到了自己的“小我”，乃至于这个“小世界”“小时代”。

于是我在想，纪念碧华同志，传扬碧华精神，从而光大理想与信念，这不正是我们对碧华最好的追思吗？

今年4月在我们巡回报告团从成都飞上海途中，我在手机上写了几句话，发给了剑漪和我们的团员们：

穿过大半个中国，江西省、广东省、山东省、北京市、内蒙古、山西省、四川省，东西南北遍及。十万余干部群众百姓受益者，七场报告会，场场泪洒。“燃灯者”碧华精神，公正为民好法官、敢于担当好干部。感动、感慨、感怀，燃烧自己、照亮他人，光明永存。为“时代楷模”点赞！

飞越近万里苍穹，杏花湿木棉暖杨柳爽沙尘暴扬草原风梅花寒芙蓉热，春夏秋冬历尽。十一名法官记者律师报告团，五位演讲者，时时激扬。“小蜜蜂”无我情怀，团结友爱好集体，追求卓越好团队。传递、传播、传承，只有逗号，或者分号，没有句号。向“巡回报告”喝彩！

剑漪不正是辛劳着却又丰收着的“小蜜蜂”吗？

致敬剑漪，做了一件功德无量却义不容辞、当仁不让的事！

（这是作者于2015年11月26日在世纪出版集团上海人民出版社《邹碧华传》出版座谈会上的发言）

为走在希望田野上的江西律师喝彩

今天，江西省第六次律师代表大会隆重开幕，我谨代表中华全国律师协会、代表王俊峰会长，向大会表示热烈的祝贺！向到会的律师代表，并通过你们向全省四千名执业律师致以崇高的敬意和诚挚的问候！

近年来，在江西省委省政府和省司法厅的正确领导下，在省人大、政协、人民法院、检察院以及公安、国安等政法机关的关心支持下，江西律师工作取得了显著成绩，律师队伍持续健康发展，服务能力和服务水平大幅度提升。广大律师坚持围绕中心、服务大局，创新服务模式，积极服务江西经济社会发展，努力为人民群众提供优质高效的法律服务。在此过程中，江西省律师协会的建设不断加强，行业规范不断完善，行业管理水平不断提升，江西律师工作很多方面走在全国前列，对全国律师行业起到示范作用。

昨天晚上因为飞机晚点，我到达宾馆时已经凌晨两点，连夜拜读了江西省律协方世扬会长的工作报告，感到非常振奋。截至去年年底，江西有4000多名执业律师，有385家律师事务所，业务收入近4亿元，比六年前均有大幅度增长。在江西律师业的发展当中，特别是近几年，以方世扬为会长的理事会作出了不懈努力，秘书处班子的辛苦工作、全体代表的共同参与、司法厅历任领导的英明领导，共同构筑了江西律师业发展的正能量，也赢得了全国律师行业的尊重。为此，我对江西律师业多年来的发展，表示由衷的敬佩。

"雄关漫道真如铁，而今迈步从头越"。当前我国律师工作面临着新的形势和任务，党的十八届三中全会决定作出了全面深化改革的部署，四中全会吹响了全面推进依法治国的号角。习近平总书记多次阐述社会主义法治建设的重大理论和实践问题，指明了法治建设的方向，丰富和发展了社会主义法治理论，为全面推进依法治国、加快建设社会主义法治国家提供了强大的思想理论武器，可以说，这标志着我国社会主义法治建设进入了一个新的阶段。我们广大律师要认真学习习近平总书记系列讲话重要精神，深刻认识和准确把握党的十八届三中全会、四中全会赋予律师工作的重大历史机遇，以律师工作的职能作用推进国家治理体系和治理能力现代化，为全面深化改革创造良好的法治环境，同时，推进我们律师事业本身更上一层楼。接下来我想谈三个方面的建议和体会：

一、努力为全面深化改革和经济社会发展提供优质高效的法律服务

江西律师要紧紧围绕全面深化改革的总目标和总要求，认真研究江西经济、政治、文化、社会和生态文明建设对律师法律服务的新要求、新期待，努力为江西乃至全国全面深化改革提供优质高效的法律服务。比如，我们要围绕发挥市场在资源配置当中的决定性作用，积极拓展环境保护、企业改制、金融证券、保险财税等法律服务领域，加强知识产权保护、新型城镇化建设法律服务，创新涉外法律服务工作。再比如，我们要围绕平安中国、法治中国建设，坚持把维护社会大局稳定作为基本任务，把促进社会公平正义作为核心价值追求，把保障人民安居乐业作为根本目标。又比如，我们要推进普遍建立法律顾问制度，建立健全党委、政府、企业、社会组织、社区和公

民个人法律顾问制度，为全面从严治党、为政府依法行政、为企业防范经营风险、为新型社区建设等，提供全方位的法律服务。在这方面，我特别注意到，早在去年 7 月，省委省政府就在全国率先组建了法律顾问团，我们律师在其中占有重要地位。还比如，我们要围绕服务和保障民生，加强律师公益法律服务，加快建立健全符合江西实际、覆盖城乡、惠及全民的公共法律服务体系，不断满足人民群众基本法律服务需求。最后我还强调一点，律师要主动、科学地参与司法体制改革，在建立以审判为中心的诉讼制度过程中发挥积极作用。最近人民日报有文章说："让律师说话，让法律更有尊严。"我们要努力与法院、检察院共建法律职业共同体，在维护司法公正中发挥不可或缺的作用。这些所有的领域，都对我们提出了挑战，同时也是重大的发展机遇。

二、努力为改革完善律师制度发挥不可替代的作用、作出应有的贡献

党的十八届三中全会决定对律师制度发展与改革提出明确的要求，我想大家都耳熟能详，甚至是倒背如流的，就是 56 个字，加上标点符号一共 59 个字格，那就是："完善律师执业权利保

障机制和违法违规执业惩戒制度，加强职业道德建设，发挥律师在依法维护公民和法人合法权益方面的重要作用。”据统计，党的十八届四中全会决定提到“律师”有29处，用了四个“队伍”，一是“社会主义法治工作队伍”，二是“法治专门队伍”，三是“法律服务队伍”，四是“律师队伍”。很显然，律师队伍是上述三个队伍的重要力量。而且，这四个队伍都是有定语的，也就是说，党和人民对这四个队伍是有要求的，即社会主义法治工作队伍要忠于党、忠于国家、忠于人民、忠于法律；法治专门队伍要正规化、专业化、职业化；法律服务队伍要走中国特色社会主义法治道路；律师队伍要实现优势互补、结构合理。党的如此重要的文件，对律师工作有那么多文字的表述，前所未有，充分体现了当前中国律师的价值和功能。我们要全面、准确、完整地把握律师的本质属性。从法律的角度，律师就是“三个维护”，《律师法》有明确的规定，即：维护当事人合法权益，维护法律的正确实施，维护社会公平正义；从社会的角度，律师事务所是社会组织，具有反映诉求、提供服务、规范行为的社会功能，这是党的十六届四中全会的明确要求；从经济的角度，律师行业是现代服务业，是专业服务业。我们要始终把握律师的本质属性和律师制度改革的要义，按照中央和司法部的统一部署积极推进律师制度改革。

三、努力在加强律师职业道德建设、诚信建设、律师行业文化建设方面走在全国前列

律师行风建设关系到律师队伍和律师事业的健康发展，我们要把以诚信建设为重点的律师行风建设摆在更加突出的地位。按照政治过硬、业务过硬、责任过硬、纪律过硬、作风过硬的要求，这个要求正是习近平总书记对政法队伍的要求，不断加强律师队伍建设和党的建设，努力建设一支信念坚定、执业为民、敢于担当、严格自律的律师队伍。

中国律师制度恢复已经超过三十年。一个三十年的行业，应该有自己的行业文化，否则这个行业是没有生命力的。我们一直说，当我们走得太快的时候，要停下来等一等我们的灵魂；我们还说，我们一直行进在路上，但不能忘了为什么出发。我的理解，这个灵魂也好，这个出发的目的也罢，其实说的就是我们的文化，我们的初心，我们的执业精神。今天来到江西，非常感慨。这是我两个月内第三次来到这块红土地。3 月 23 日，作为习近平总书记题词的“新时期公正为民的好法官、敢于担当的好干部”的邹碧华的先进事迹报告团的五名成员之一，我

有幸站在江西500多名党政干部与司法工作者面前，阐述法律职业共同体建设以及律师在法治中国中的价值；5月10日，我们报告团又飞赴井冈山，为中直机关党委副书记班、县委书记班近300名干部作报告。记得江西省委书记强卫同志在3月22日会见报告团时指出，邹碧华同志是当代人民法官的杰出楷模，是新时期党员领导干部的光辉典范，也是赣鄱儿女的优秀代表。江西是一片光荣的红土地，孕育了以勤奋好学、善于思考、不怕牺牲、追求真理、无私奉献、积极进取、严于律己、清正廉洁为内涵的江西红色基因。全省党员干部，特别是政法系统的广大干警，要争做红色基因的传承者。省委常委、政法委书记周萌同志在23日报告会上也发表讲话，他要求全省政法干警要像邹碧华同志那样，心怀崇高理想信念，恪守职业道德和司法良知，珍视职业的荣誉，捍卫法律的尊严，始终践行从优秀到卓越的工作理念，把全部心思和精力都放在干事创业上，以法治江西、平安江西建设为己任，忠诚敬业，乐于奉献。23日那天，方世扬会长率20多名律师现场聆听报告，与报告团成员合影，并畅谈学习体会。于是我在想，强卫书记强调的勤奋好学、善于思考、不怕牺牲、追求真理、无私奉献、积极进取、严于律己、清正廉洁为内涵的江西红色基因，不也正是中国执业律师的重要精神内核之一吗！江西律师应当也能够为中国律师行业的文化建设作出更大的贡献，敢当先行者，成为领头羊。

各位代表，江西省第六次律师代表大会今天胜利召开，是江西律师事业发展中的一件大事。此时此刻，我们正走在希望的田野上，有一句诗说道："草树知春不久归，百般红紫斗芳菲。"一个全面深化改革、全面推进依法治国的春天已经大踏步向我们走来。我们希望新一届江西律师协会的领导班子，不负全省律师的重托，团结和带领广大律师，在司法厅党委的正确领导下，锐意进取，扎实工作，努力开创江西律师工作的新局面，为江西经济社会又好又快发展提供优质法律服务，为全面建成小康社会、实现中华民族伟大复兴的中国梦作出更大的贡献。"田家少闲月，五月人倍忙。夜来南风起，小麦覆陇黄"。今天我们要有"人倍忙"的振奋与作为，明天会迎来"覆陇黄"的丰收与喜悦。最后，我想用诗人李白在《行路难》中的一句诗作为我发言的结束，"长风破浪会有时，直挂云帆济沧海"！

（这是作者于2015年6月2日在江西省第六次律师代表大会开幕式上的致辞）

巡回七记

——参加“邹碧华同志先进事迹报告团”

全国巡回报告侧记

巡回七记之一（2015 年 3 月 23 日，周一）

周日一早 7:08 高院政治部郭伟清主任从三亚发出的一声“准备登机”，正式敲响了巡回报告团出发的晨钟。就在郭主任即将降落南昌江北机场之时，在上海浦东机场，报告团张枫法官铿锵有力的誓词，高院崔亚东院长挥手送行的微笑，无疑又让报告团感受到肩头的分量。几乎又在同时，最高法院政治部董文濮副主任、刘铮处长也从首都机场启程。

于是，海南、上海、北京，报告团如三箭齐发般直奔这座英雄城、这块红土地。

下午 3 点，江西省委书记强卫接见了报告团，特别谈到邹碧华是红土地上成长起来的优秀儿女、是红色基因的传承者。当然我也注意到他在讲话中两次提到律师，认为邹碧华推进法官与律师的良性关系难能可贵。拍照后告别时，我专门对强书记说，十年前您参加过国浩律师集团创始人张涌涛律师的追悼会，我们国浩律师都很感谢您。是呀，碧华、涌涛，法官与律师的优秀代表，都英年早逝，均令人扼腕！

迎着赣江落霞，立于滕王阁上。俯瞰渔舟唱晚，远眺高楼如林。再一次感受物华天宝，更加品味人杰地灵。

不知为何突然想起毛主席的那句诗，“为有牺牲多壮志，敢教日月换新天”。不经意间低头瞄见省高院印制的小册子封面上“家乡人民怀念你”的几个字，不禁有点眼睛湿润……

今天上午的报告会自然顺利、依然精彩。江西律协方世扬会长率律师们前来，并与报告团合影留念。

下午我们直奔碧华故里——奉新。窗外黄花如画，天空蒙蒙细雨。一晃间，纪念视频中一直闪现的大槐树便在眼前了，于是“便觉眼前生意满，东风吹水绿参差”。

边走边谈，边看边拍，乡情如丝雨，润心细无声。眼前似乎蹦蹦跳跳出来一个调皮的男娃儿，“郎骑竹马来，床前弄青梅”“池塘边的榕树上知了在声声地叫着夏天，操场边的秋千上只有蝴蝶停在上面”……一幅幅田园图画现眼前，一曲曲莺飞蝶舞响耳边……

让我颇为感动的是一位白发老妪，拄着一个亦座亦杖的拐棍，陪着人群在雨后的乡间小道上蹒跚行走，不时与碧华父母和老乡们驻足交谈，言语间思念万千。当我们登车离别之际，但见这位老婆婆默默然依依般目送，那份慈祥的眼神，令人难忘，突然联想起也许就是在这个村头碧华远行时外婆不舍的目光……

巡回七记之二（2015 年 3 月 26 日，周四）

羊城三月，木棉花开。犹如“黄四娘家花满溪，千朵万朵压枝低”，让人悦目赏心。也是“沾衣欲湿杏花雨，吹面不寒杨柳风”，令人心旷神怡。白居易诗云：“樱桃樊素口，杨柳小蛮腰”，再睹传说中的“小蛮腰”英姿，亦蛮好、蛮好！

依然是最高规格的接见。省委书记胡春华没有长篇大论，讲话平和朴实，我倒是记住了他的“三可”，他说邹碧华先进事迹“可敬可亲可学”。是呀，“可敬”为先，敬佩敬重敬仰是必须的，不过也容易敬而远之；“可亲”为要，亲切、亲近，没距离、在身边；“可学”为重，重在学习、领悟、传承、实践。如此这般，不正是“巡回”之意！

报告会一如既往地成功。报告团专门于会后与广东律协欧永良会长、广州律协朱宝莲秘书长座谈。

郭伟清主任在打飞的回上海途中微信群里发道：“今天是我发挥最好的一次。当说到后半部分时，我真的感觉碧华在听着，我在向他倾诉，差一点没忍住。”

是呀，同感！几乎每次，尤其这次，当我在报告中讲到“为何一位法官的离世，竟引起如此众多法律人甚至是老百姓的共同缅怀？”的时候，我稍作停顿，只闻全场寂然用心倾听，便感自己眼睛潮红，更觉心头激情燃烧，有如杜甫“荡胸生层云，决眦入归鸟”，接下来几句话便喷薄而出一泻千里：“从做人的角度看，他具备坦白的风格；从做法官的角度讲，他具备坦然的品质；从做院长的角度说，他具备坦荡的胸怀”……

巡回七记之三（2015 年 3 月 27 日，周五）

周四中午落地济南。扑面而来的不仅仅是春天的温暖，而且更有齐鲁的温情：五彩的鲜花，硕大的包子，香喷喷的水饺……下午休整，同志们去亲身感受了一下“家家泉水，户户垂杨”的泉城，艳燕法官说这是她的第一次，而老家济宁的朱瑞法官则属于“常回家看看”。而我呢，便穿过大半个城市去看父母了。

刚到楼下，便看到母亲在阳台上招手。母亲说，今天炖了鸡，包了水饺，晚上在家吃饭吧。未及我应，父亲则说，算了吧，儿子集体活动，还是别影响工作安排了吧。边上的弟弟提醒说，明天晚上看山东新闻，肯定是头条……

今天报告会前，省委书记姜异康接见了报告团。会场效果超赞，影视厅、大屏幕、立体声，小严法官称迄今为最。报告团自然表现甚佳——没有最佳只有更佳——伟清行云流水、张枫气贯长虹、郝洪神定从容，而海琳感人至深，只见台下的山东大汉们、法官女汉子，还有山东律协苏波会长率领的律师们，一个个禁不住泪流满面……

照亮别人，首先自我心灵通明。感动他人，自然自己心受震撼！宣讲、宣传碧华事迹的过程，不正是我们报告团学习、感染碧华精神的过程吗？！

子曰：“学而时习之，不亦说乎？有朋自远方来，不亦乐乎？人不知而不愠，不亦君子乎？”对呀，有朋自远方来，不亦乐乎！只是本次巡回行程中在济南仅仅逗留一夜，作为山东人的我，只好遗憾无法为大家尽地主之谊，于是便寄希望于来日吧。

“车轮飞，气笛响，火车朝着‘北京’跑……”北大，我们来啦！

巡回七记之四（2015年3月28日，周六）

中午下榻勺园。晚饭后散步未名湖畔。正是“月上柳梢头，人约黄昏后”的浪漫时刻，不过虽是周末，却相约湖边耳鬓厮磨者稀，或许都在相约课堂挑灯夜读吧，灯光中依稀闪现碧华海琳青春活力的身影……

今天上午，我们专门来到校史馆，穿越北大百年昔今。“端正趋向，造就通才”“兼收并蓄，以成其大”“保存一切高尚之学术，以崇国家之文化”“循思想自由原则，取兼容并包主义”……一代代大师的名言，一次次触动着大家的神经，尤其是蒋梦麟校长倡导的“教授治学、学生求学、职员治事、校长治校”的方针，更加引起我们的共鸣！是呀，教育有规律、司法亦然。司法改革中，只有遵循规律，方能顺势，方能发展，方能功成。

这次报告会，可谓与众不同，别开生面，感人至深！学生们，这可是北京大学的学生，不仅纷纷地来，而且静静地听，尤其默默地泪，台上台下，交流交融，会场内外弥漫着亲情万般，充斥着友情万丈。

郝洪记者在报告中添加的“北大元素”，神来又点睛；最后新用的视频，让碧华音容笑貌跃然眼前，荡漾心间，竟彻底打破了“有泪不轻弹”的男儿们情感底线，台下的学校宣传部部长、远道而来的碧华同室同学、青春帅气的大学生，还有台上的“暖男”郭主任、“猛男”张枫，都洒泪涟涟！

俗话说，三伏天孩儿脸，一天要三变……可现在毕竟早春二月呀！这不，一早阳光灿烂，如韩愈诗道，“最是一年春好处，绝胜烟柳满皇都”；不过时至中午，风云变幻，波诡云谲，沙尘突袭；可是奇幻的是，报告会后，步出会堂，只见“风停尘散，阳光洒满校园……”

巡回七记之五（2015 年 3 月 30 日，周一）

北京起飞，五十分钟后落地呼市白塔机场。

来前小严法官便说，终于可以见到红兵每次报告会都在念叨的“巴布律师”啦！果然，当晚临近半夜，内蒙古律协会长巴布依约而至，小严趁机采之。一提到碧华，“这位内蒙古汉子紧紧握住我的手，竟泣不成声……”这时的手，可是小严的弄巧之纤手噢！

巧的是，同来的还有两位辽宁律师，其中一位是辽宁律协监事长田维桢，另一位还是江西老表讷建宏。与巴布一样，他们二位同时在去年 11 月参加了全国律协民委会年会，都聆听了邹碧华那篇《司法改革背景下构建法律共同体的几点思考》的演讲，都与邹碧华有短暂的工作交流。如此近距离的接触，使得他们对碧华除了有法律职业人的那份共识，更多了一种惺惺相惜的情感色彩。

这位江西老表笔名井冈山，在碧华离世当天即写了一首诗：

“今天有位江西老乡去了
去了法治的天堂。
他的名字
简单得如其人生
碧亮而不失春华。
他就是上海高院的邹碧华。
有一种相识叫永别。
今年的全国民法委年会
初识你呀邹碧华。
而今庭前不见独角兽，
谁写檄文去枷锁
一杆天平立律田？
曾记你说
藏书千册悟春秋，
愿作书虫居竹简。
引众多律师同仁为伍

种几许司改种子发芽

春播律政收获中华。

今天的老乡你走了

红色的土地为你释怀。

你就如那荷塘一枝莲

不染尘土而自芳

迎人一见一笑

高洁与律间！”

小严法官作为一位总部在北京的人民法院报的上海站兼职记者，午夜时分在内蒙古采访了一位江西籍的辽宁律师，这是多么纵横四海的格局，多么夜以继日的节奏啊！其实，这不都是邹碧华精神感动着律师们，也感染着记者们吗……

第二天上午自治区党委书记王君接见了我们，在畅谈学习邹碧华先进事迹后，他还特别推介了内蒙古大好风光：“祖国正北方，靓丽内蒙古。”是呀，这个时候，“二月春风似剪刀”，直栽得“燕草如碧丝，秦桑低绿枝”，而大草原呢，也正在厚积春意，蠢蠢生动吧！

“敕勒川，阴山下。天似穹庐，笼盖四野。天苍苍，野茫茫，风吹草低见牛羊。男儿血，英雄色。为我一呼，江海回荡。山寂寂，水殇殇。纵横奔突显锋芒。”

突然觉得，在司法改革的征程上，邹碧华不正是以一腔“男儿血”，战胜一个个艰难险阻，彰显“英雄色”吗？！

巡回七记之六（2015年4月1日，周三）

落地太原，雾霾笼罩，扑面，刺鼻，惊心……

其实山西不仅是自然生态令人担忧，而且更有政治生态引人关注。周四上午省委书记王儒林会见，果然把学习邹碧华先进事迹与山西实际结合了起来。他一针见血地指出：“山西之所以发生系统性、塌方式腐败，最根本的原因就是部分领导干部丧失了理想信念，总开关没有拧紧，忘了本，伤了根，丢了魂，这是极其惨痛的教训。”他最后特别提到，山西要“净化政治生态，实现弊革风清，重塑山西形象，促进富民强省”。

平心而论，儒林书记讲得非常深刻、非常全面、非常系统，尤其结合山西省情的要求，令人深思，振耳发聩。报告会现场，聆听邹碧华的故事，不少干部颇感震撼，山西律协会长李飞也接受了随团的人民法院报记者的采访。

从最高检反贪局提任山西，目前担任省委常委、政法委书记的王建明，虽到山西不到五年却对三晋大地如数家珍。从巍峨太行到佛国五台，从乔家大院到崔张西厢，从云冈石窟到悬空之寺……

不过，昔日游走山西南北，我还是叹服应县木塔，可谓不着“一钉”，尽显风流。不也正像我们一路传播的邹碧华精神，如今天儒林书记所言，从不办“人情案、关系案、金钱案”，可谓不着“一金”，尽显风流，于是传承万代，流芳百世！

巡回七记之七（2015年4月3日，周五）

最后一站是成都！

走出机场，热浪随着热情，紧紧地拥抱了我们。

对呀，应该是“隔户杨柳弱袅袅，恰似十五女儿腰”的吹面不寒时节，可春短夏猛，一下子有如“舍西柔桑叶可拈，江畔细麦复纤纤”的太阳当头日子了！这是当年甘居草堂、心忧天下的杜甫的感受，而此刻，我们亦然。

省委书记王东明接见了报告团，亮点却是省高院院长，一位优雅的女性、为数不多的高级法院院长。

巡回报告最后一场，收关之作，亦叫“大轴”，大家激情依然，如碧华曾经演讲所言，“精神状态始终保持积极向上”！伟清依然郎朗钢琴般的流畅，张枫仍旧蒙古小伙马头琴似的高亢，郝洪更加如吕思清小提琴的雅致，而海琳始终马晓晴二胡一样如泣如诉、催人泪下……

随着郝洪那声优雅的“谢谢大家”引发的经久掌声，巡回报告，大功告成！四川律协监事长施杰律师也禁不住眼含热泪，上台与大家合影留念。

其实，传递、传播、传承，只有开始，没有尽头。

今晚落地上海，我将飞机上写成的几句话发给了大家：

“穿过大半个中国，东西南北遍及。十万余干部群众百姓受益者，七场报告会，场场泪洒。‘燃灯者’碧华精神，公正为民好法官、敢于担当好干部。感动、感慨、感怀，燃烧自己、照亮他人，光明永存。为‘时代楷模’点赞！

飞越近万里苍穹，春夏秋冬历尽。十一名法官记者律师报告团，五位演讲者，时时激扬。‘小蜜蜂’无我情怀，团结友爱好集体，追求卓越好团队。传递、传播、传承，只有逗号，或者分号，没有句号。向‘巡回报告’喝彩！”

（这是作者于2015年3月23日至4月3日作为“邹碧华同志先进事迹报告团”成员参加全国巡回报告的日记）

注：这篇文章刊登在《中国律师》杂志2015年第12期上。刊载时编者按如下——

巍峨井冈，秋雨蒙蒙。10月28日，“邹碧华同志先进事迹

报告团”再一次来到井冈山干部学院，为参加全国厅局级干部党性教育培训班的三百多名学员作报告。这是继5月10日报告团第一次在井冈山干部学院作报告后的第二场报告，反响依然强烈。学员们在为邹碧华同志先进事迹感动不已的同时，更表达了以他为榜样，做一名好干部、好党员的心愿。巧的是，全国律协副秘书长李海伟也参加了此次培训班，他不无感慨地说，“因工作关系，我多次学习邹碧华先进事迹，这次聆听报告，再一次流泪了。邹碧华在推进法律职业共同体建设方面的工作的确令人敬仰”。

作为报告团成员的吕红兵，在这十多个月的时间里，甚至已经数不清楚有多少个听众听过报告了，只是记得报告团的报告已经超过30场。

让我们的思绪回到去年12月10日。这一天，上海市高级人民法院副院长邹碧华因公殉职。一时间，许多法律人、尤其是律师们，以各种方式来表达对他的哀思。今年一月，习近平总书记为邹碧华题词：新时期公正为民的好法官、敢于担当的好干部。

中组部、中宣部、中政委、最高法院、上海市委联合组建“邹碧华同志先进事迹报告团”，成员包括：上海市高院党组成员、副院长、政治部主任郭伟清，上海长宁区法院立案二庭庭长张枫，邹碧华同志的妻子唐海琳，《人民日报》高级记者郝洪，以及全国律协副会长吕红兵。

3月2日，报告团走进人民大会堂，为中央各部委及首都干部作报告。报告会前，刘云山、孟建柱、赵乐际、韩正、周强等中央领导同志亲切接见了报告团成员。此后，根据中央指示，报告团自3月23日至4月3日，马不停蹄地在江西、广东、山东、内蒙古、山西、四川以及北京大学连续作了七场报告，盛况空前，打动人心，催人奋进。

邹碧华法官生前致力推进法律职业共同体建设，赢得广大律师爱戴。全国律协副会长吕红兵作为律师代表，作为报告团成员，全程参加了上述巡回报告。在巡回报告中，有感而发，书成“巡回七记”，畅发对邹碧华法官的怀念，表达法律职业人的情怀。

如何提炼和弘扬“东方大律师精神”

今夜星光灿烂，大律师从东方走来。“首届东方大律师”的评选宣传活动随着一台“走向法治，促进和谐”的大型颁奖文艺晚会的结束而徐徐地落下了帷幕。10位德技俱佳的东方大律师走上领奖台，接受代表至尊荣誉的奖杯。评选的大幕虽然圆满落下，但是围绕着寻找东方大律师的精神内核和文化价值的序幕则刚刚展开。这也正是我们开展评选宣传活动的初衷：以一种精神激励上海8800名律师在服务经济建设、构建和谐社会中奋发有为，以一种文化引领上海8800名律师在追求公平正义、维护法律实施中体现价值。

法治不仅是和谐社会的实现方式，也是和谐社会的基本内容。在完善法治和构建和谐进程中，律师可谓是举足轻重、不可或缺。实现公平正义，律师不是万能的，但没有律师，却是万万不能的。党的十六届六中全会通过的《中共中央关于构建社会主义和谐社会若干重大问题的决定》前所未有地以党的文件的方式多次提及并论述律师的地位和作用。和谐社会的构建为律师事业的发展提供了更好的机会，也为律师队伍的建设提出了更高的要求。

正是在这个大背景下，探讨、提炼并光大“东方大律师精神”就显得更具有现实的社会意义。十名东方大律师作为法治精神的传播者，作为和谐社会的建设者，作为民主法治的践行者，孜孜以求，不懈努力。“东方大律师精神”是上海锐意进取、奋发开拓的城市精神在律师行业的集中体现，是改革创新、艰苦创业的时代精神在律师行业的集中反映。“东方大律师精神”是上海律师追求公平正义、完善民主法治的强大精神动力，是加强律师队伍建设、推进行业自我完善的理论武器，是上海律师队伍先进品格的高度概括，是上海律师在参与“四个中心”建设、构建和谐社会中所应体现的核心价值。

十名东方大律师，其所从事的专业领域迥然不同，其办案风格也各有特点，但其中体现的目标价值与本质属性却殊途同归、一脉相承。在他们身上，我们看到了忠实客户、勤勉尽责的职业精神，我们看到了勤奋学习、精益求精的专业理念，我们看到了追求公正、维护法治的事业属性，我们看到了引领队伍、甘当楷模的榜样气质。这些都构成了东方大律师的精神内核，从而充实了上海律师的核心价值体系。

相约春天，龙跃浦江。东方大律师评选宣传活动提炼了“东方大律师精神”，“东方大律师精神”推动了上海律师事业发展的进程，我们应该大张旗鼓地、理直气壮地弘扬“东方大律师精神”。宣传律师不纯粹是宣传律师，更重要的是宣传律师制度，而律师制度正是我国法律制度的重要组成部分；更重要的是传播法治精神，而法治精神正是我们这个城市精神的重要内容；更重要的是树立律师信仰，而律师信仰正是法律信仰的重要体现！我们要把东方大律师所代表、所承载的上海律师精神内核，写进我们的律师行业精神中，写进我们这座诞生东方大律师的城市精神之中。

（这是作者于 2007 年 5 月 12 日在上海市“首届东方大律师”颁奖晚会上的开幕致词）

㊂

远行：

每一次

行者的远方，

都是在

接续检阅

这场旅途的

初心使命

……

奔赴马德里的牵手

中国古代思想家孔子说："有朋自远方来，不亦乐乎。"今天我们自己说：去远方，去看望朋友，也不亦乐乎。飞抵西班牙，来到马德里，与各位相聚，非常高兴，也非常荣幸。我代表国浩律师事务所以及全所3000多名员工，向大家光临本次签约仪式，表示衷心的感谢和美好的祝福！

2013年，国浩西班牙办公室正式成立；此后，国浩管理层和西班牙办公室律师多次互访并联手举办论坛，中西律师合作得以进一步深化；今天，国浩与ECIJA签署战略合作协议，标志着国浩西班牙的发展再上新台阶，国浩与ECIJA的合作开始新起点，中国与西班牙律师的交流步入新境界！

ECIJA律师事务所是西班牙乃至欧洲久负盛名的国际化律师事务所，尤其是在TMT领域享有盛誉的专业化法律服务机构。两天来，我们与ECIJA管理层面对面交流、点对点互动，更加感受到该所是一个有底蕴、有活力、有雄心、有愿景的进取型律师事务所。我们与ECIJA实施战略合作，并共建国浩西班牙办公室，标志着国浩律师事务所的国际化发展之路将更扎实、更广阔、更长远。

国浩律师事务所是中国最大的法律服务机构之一，自1998年创建以来，目前已在全球拥有32个办公室，执业律师超2000人，合伙人达500名。国浩又是境内外投融资领域尤其是资本市场最为专业的法律服务机构，在中国近4万家律师事务所中资本市场业绩连续十几年排名第一。

作为在西班牙和中国分别具有重要地位的律师事务所，我们有责任携起手来，推进两国的经贸交流和法律服务合作。根据中国商务部的最新统计数据，中西两国经贸合作基础良好，空间极大。中国是西班牙第三大进口来源国，进口额占比为6.9%，同时中国又是西班牙第十大出口市场，2018年出口额为74亿美元。截至2018年，中国已是西班牙在欧盟外的第一大贸易伙伴，而西班牙则是中国在欧盟内的第六大贸易伙伴。2013~2018年，中西双边贸易额增长了39.44%。中国在全球贸易影响力的加强，特别是中国"一带一路"在欧洲的基础设施建设项目、中欧班列项目、西班牙瓦伦西亚和毕尔巴鄂港口扩建项目的不断推进与落地，必将为中国和西班牙贸易创造更好的发展机遇，并助推中西贸易额持续增长。就像中国国家主席习近平2017年5月13日在"一带一路"国际合作高峰论坛期间会见西班牙首相拉霍伊的讲话中所说的那样："西班牙地理位置有着特殊优势，可以为一带一路建设的拓展发挥重要作用，双方要发挥各自优势，开展多领域务实合作，实现互利共赢。"[1]

中西经贸合作的加强，将为中西两国律师合作打下良好基础、开拓更大市场。同时，在加快推进法治中国建设、进一步完善法律体系进程中，中国可以更多地参考、借鉴西班牙的立法经验。例如，最近中国正在修订《著作权法》，而2019年3月欧盟议会通过的《数字单一市场版权指令》，特别是西班牙"为新闻出版物创设邻接权"制度的实践，给予中国著作权法的完善很多的启示。国浩律师正在全程参与这部法律的修订工作，而在这一领域ECIJA律师最为擅长，我们期待ECIJA律师的指点并且双方做进一步切磋。

今年是中国律师制度恢复40周年，伴随着中国改革开放的进一步深化，中国律师人数已经达到了46万。当然，作为衡量法治化程度指标之一的每万人律师数，我们只有3.5人，远远低

1 参见《习近平欢迎出席"一带一路"论坛的多国领导人》，载人民网，http://m.people.cn/n4/2017/0515/c3604-8947115.html。

于西班牙的33人。国浩与ECIJA的合作，将创造更多更好的经验，乃至于形成可复制、可推广的模式，对中国和西班牙律师行业的合作交流贡献方案和智慧。

孔子还说过这样一句话：“德不孤，必有邻。”国浩与ECIJA虽远隔千山万水，但有多多共识，于是心心相印。今天双方签署战略协议，标志着彼此合作进入新阶段，步入新时代。接下来我们双方在拓展法律服务市场、培养青年律师人才、服务共同国际客户、扩大双方品牌影响、共建法律服务网络、推进中西律师交流等方面，携手并肩，扎实推进，同心协力，共创佳绩。期待在座的各位西班牙律师朋友、西班牙企业家朋友，去中国走一走、看一看。我们国浩将张开热烈的怀抱，欢迎并拥抱大家的光临。

（这是作者于2019年10月18日在国浩与西班牙ECIJA律师事务所签约仪式上的致辞）

相知无远近，万里尚为邻

中国唐代有位大诗人说：“相知无远近，万里尚为邻。”说的是，大家是朋友的话，一定不会在乎远近，即使相隔千山万水，也是像邻居一样经常串串门、喝喝酒、聊聊天。今天各位朋友不远千万里，飞到中国，落地上海，光临国浩。对我们来说，是一件大事、喜事、幸事。我代表国浩律师事务所及其3000多名员工，对各位的到来，表示热烈的欢迎，致以崇高的敬意！

国浩律师事务所是中国最大的律师事务所之一。我们拥有31个办公室，近500名合伙人，2000多名律师，业务涵盖投资融资、并购重组、公司商务、知识产权、基础设施、环境能源、争议解决等法律服务的全领域。

国浩律师事务所是境内外投融资尤其是资本市场最为专业的法律服务提供者。IPO、重大资产重组的法律服务排名，我们一直位于中国律师事务所的首位；最近上海证券交易所设立科创板，在目前已经受理的企业发行上市申请中，国浩的市场占有率接近15%，排名第一。我本人还担任了中华全国律师协会副会长。据我掌握的数据，中国律师目前人数已经超过43万，每年增长幅度接近15%；拥有律师事务所3万多家，每年增幅达10%。

阿尔法（ALFA）[1]是国际知名的律师联盟组织，国浩有幸参与其中，提高了站位，交到了朋友，开阔了眼界，学到了知识，增长了见识，增进了合作。尤其是对国浩提升涉外法律服务的能力，搭建了平台，提供了条件。最近中国司法部公布了千名涉外律师人才名单，国浩上榜人数为45名，位于各律师事务所前列。今天与会的孙文杰、黄宁宁、管建军、胡静、张旭等律师，都是在中国具有一定影响力的涉外法律服务专业律师。

同时，我们大力培养涉外律师后备人才。我们每年在美国的斯坦福大学开展跨境并购项目课程，至今已经有100名优秀青年律师接受了培训。另外，我们在英国的剑桥大学推出律师事务所领导力培训，对国浩集团的执行合伙人以及各个办公室的管理合伙人进行了轮训，人数超过60人。重要的是，我们在

1 “阿尔法国际律所联盟”（ALFA International）成立于1980年，总部设在美国芝加哥，是第一家全球律所联盟，也是目前全球最大的顶尖法律联盟之一。

香港、巴黎、马德里、斯德哥尔摩、纽约、硅谷，设立了海外办公室，推进国浩的国际业务发展布局。在座的孙文杰律师和张旭律师就是我们国浩纽约办公室的负责人。

国浩律师事务所去年刚走过 20 年的岁月，与在座的各位所在的律师事务所相比，我们还是年轻人，还是小弟弟，尤其是我们的涉外法律服务人才不足、能力不强、市场不广的问题客观存在。同样，中国律师事业也处在成长期，全中国从事涉外法律服务的律师不足万人。当 1980 年阿尔法在美国芝加哥创立的时候，中国律师制度才刚刚恢复重建。我们希望国浩律师尤其是涉外法律服务律师，与各位携起手来，为我们的客户和当事人提供全业务、全时空、高质量、高效率的专业法律服务。

大家可能不止一次来中国，到上海，应该可以感受到中国发展的日新月异。截至去年年底，中国经济总量已突破 90 万亿人民币，增幅为 6.6%。还有两个重要的数据：服务业对经济增长贡献率接近 60%，日均新设企业超过 1.8 万户，这体现了中国经济的结构性优化，更表明了中国经济增长的活力和新动能。大数据不仅述说了故事，透露了现状，更重要的是反映了趋势，展示了规律。中国经济的发展，为我们大家的共同发展，提供了广阔的法律服务市场空间。

中国唐代著名的大诗人杜甫有两句诗，“天涯喜相见”，

“交情老更亲”。让我们常来常往，迎来送往，礼尚往来，增进了解，增进友谊，增大合作，共同开创国际法律服务的美好未来。

（这是作者于 2019 年 5 月 9 日在 ALFA 上海年会上的致辞）

登泰山而小天下

孟子曰："孔子登东山而小鲁，登泰山而小天下。""山高人为峰"，此话所言，正是眼界要提高，自我须超越。针对国浩律师事务所争议解决之业务与事业，亦是如此！

四年来，一步一个脚印，一年一座山峰，从武夷山的朦胧迷茫，到香山之峰回路转；从紫金山的风雨苍黄，到泰山之一览山小，不正是"踏遍青山人未老，风景这边独好"？回首过往，成绩斐然。

一是，搭建了一个平台。这就是我们的这个论坛！如果说四年前的武夷山是"小荷才露尖尖角"，而今天的泰山之巅可谓"映日荷花别样红""迟日江山丽，春风花草香”，今天山东省司法厅迟丽华副厅长的光临，为我们增光添彩，而且是浓墨重彩。

二是，打造着一支队伍。这就是在座的各位律师！这支队伍首先是内生式的成长。通过言传身教、交流培训，从事争议解决业务的青年律师不断长成。其次是外引式的发展。在座的杨征宇、刘勇、刘鑫、吕江，正在实现从法官到律师的华丽转身。再次是结构性的优化。这个队伍有“民”有“刑”，亦“商”亦“家”，既“知”又“环”，“内”“外”结合，专业结构不断优化。然后是协同型的拓展。大家既同心又协力，既整体推进也单兵突破，市场在拓展，业绩正提升。

三是，参与了一批名案。例如，南京办公室刘国林律师经办的以色列法院承认中国判决案，是“一带一路”里程碑式的案例；再如，济南办公室宋洪昌律师参与的苏荣受贿案，是为数不多的副国级刑事犯罪辩护的经典案件。既有域内知名，也有国际影响；不仅律师行业叫好，更有市场客户叫座。

四是，推出了一套名著。这就是今天论坛上亮相的“国浩法律文库”之《民商事争议解决之道》。我一直说，我们不仅要做工匠律师，更要当学者律师，成法大家，立律专业，立功立言，著作等身。

五是，锻造着一个品牌。这就是国浩争议解决法律综合服务之品牌。国浩律师事务所不仅应该是投融资领域尤其是资本市场最为专业的法律服务提供者，更要力争成为民商事争议解决专业领域的佼佼者、领军者、弄潮儿、举旗人。正是，“弄潮儿向涛头立，手把红旗旗不湿”。

大家可能注意到了，刚才这五个方面我有的用“了”，有的是“着”。“了”表明过去时，而“着”却是进行时。打造队伍、锻造品牌，正在进行中，始终在路上！展望未来，任重道远。也是五句话：

一是，“艺高人胆大”，提高专业是关键。“打官司就是打关系”“找律师就是找关系”的时代已经一去不复返。专业型律师必霸道，技术派律师定盛行。二十年来国浩律师事务所养成了重研究、重交流、重共享的文化，我们必须发扬光大。

二是，“心中有底线”，守住底线是保障。战场的铁律是首先保护自己，然后消灭敌人。维护当事人的合法权益、维护法律的正确实施、维护社会的公平正义，要求我们必须遵守宪法和法律，必须恪守职业道德和执业纪律。朱镕基同志曾经给会计界题词“不做假账”，如果给律师行业题词一定是，“不作伪证”。令人警醒，牢记在心！

三是，“好酒怕巷深”，加大宣传是抓手。我们要敢于宣传，善于推介，如苏轼所言“江流有声”“水落石出”“山鸣谷应，风起水涌”，推出一批响当当的名牌诉讼律师与仲裁律师，知名商事律师与家事律师，著名刑事律师与民事律师，闻名涉外律师与知产律师。国浩就是一个百宝箱，要什么有什么，而且德才兼备，德艺双馨，德技俱佳。

四是，“叫好又叫座”，经济效益是基础。“叫好”说的是行业认同、社会点赞，而“叫座”，则说的是我们要把业务规模做大，以优质服务多赚钱、以专业服务赚大钱、以规范服务赚长钱。上个月在给国家法官学院的中青班学员讲课时我说，法律人要有三个统一：服务当事人权益的力度，建设法治中国的高度，履行社会责任的温度，“三度俱全”。其实律师还有一个：提供专业服务的亮度（就是含金量），应该是“四度俱全”，齐头并进，一个都不能少。

五是，“爱拼才会赢”，努力拼搏是前提。每一年我们争议解决论坛的一小步，共同构筑成国浩争议解决事业发展的一大步。“革命尚未成功，同志仍须努力”，“少年易老学难成，一寸光阴不可轻”，我们依然要发扬只争朝夕的精神，从我做起，从现在做起。国浩律师个个出身贫寒，人人身处基层，无爹可拼，无钱可拼，只能拿命来拼。爱拼，一定会赢！

俺们山东啊，有句宣传词，叫作“一山一水一圣人”。于此时此地而言，对于律师事业的高度，我们须高山仰止；水可以表达我们努力工作的状态，即要上善若水，至善至美；而圣人则是我们心中的法治中国梦，值得我们顶礼膜拜，心存敬畏，并为之奋斗不息。

一下机场，大家肯定看到还有一个广告词儿——“好客山东”！山东，是“真”好客，不假；是“实”好客，不虚；是好“好客”，正是朋友来了有好酒。苏东坡有词一句，“江南好，千钟美酒，一曲满庭芳”。有一位作为我们山东老乡的女歌唱家，则有歌一首：“一座座青山紧相连，一朵朵白云绕山间，一片片梯田一层层绿，一阵阵歌声随风传。哎，谁不说俺家乡好！”祝各位在山东、在济南、在我的家乡，开怀、痛快。

（这是作者于2018年12月14日在第四届国浩民商事争议解决论坛即“泰山论坛”上的致辞）

中德律师、德累斯顿、“国会纵火案”及其他

一

率中德律师环保法律交流团来到德累斯顿，终于首次真正到了德国！次日上午在萨克森州律师协会举办的开幕式上，我谈到了我所认知的德累斯坦、我所理解的中德律师交流。

2000 多年前中国有位哲学家说：“有朋自远方来，不亦乐乎！”这是主人在欢迎来宾时常说的一句话。其实我在想，客人也可以说：“见朋到远方去，不亦乐乎！”于是大家相见甚欢，其乐融融，一如今天我

们的相遇与相聚。

虽然多次途经法兰克福机场转机，但真正来德国，我还是第一次。很高兴我把我的第一次德国之旅献给了德累斯顿！

德累斯顿在我心目中具有非常美好的印象。早在25年前，在上海虹桥开发区的一栋高档办公楼上，就有“德累斯顿银行”的广告牌。当时几乎每个星期我都会出差，去虹桥机场时，总是在夜色中看到闪烁的“德累斯顿”四个大字。德累斯顿银行是比较早参与上海浦东开发和上海国际金融中心建设的国际银行，而且巧的是，我一个好朋友的太太就在德累斯顿银行上海办事处任职。于是，我对德累斯顿银行，爱屋及乌至德累斯顿，印象非常深刻，而且相当赞赏。

我们律师一个很重要的业务就是尽职调查，在本次出访前我也对德累斯顿做了一个可能并不太尽职的调查。我知道，德累斯顿四个字的含义就是“河边森林的人们”。德累斯顿是欧洲绿化率最高的城市，65%左右的国土面积是绿地和森林。这也正好和我们本次交流学习的内容相契合，环境保护是绿色城市的必要手段。中国国家主席习近平有一句话说：“绿水青山就是金山银山。”德累斯顿是绿色的，更是金色的！

我还知道，德累斯顿是一个人文的城市。德累斯顿国立交响乐团，早在1823年就被贝多芬誉为“欧洲最好的交响乐团”；萨克森州立歌剧院，是欧洲乃至全世界最好的歌剧院之一；成立于13世纪的十字架唱诗班，是德国最久远的童声合唱团；德累斯顿音乐学院，是德国古老的音乐学院之一。中国有句古话，“近朱者赤，近墨者黑”。我们希望在短短的七天里面，中国文化和德国文化交流交融，交相辉映。会议间隙，忙中偷闲，浏览市容，所见所闻，深感这座城市的清静、清爽、清洁，尤其是导游向我们述说的圣母大教堂重建的故事，更令我们感受到了从凝重的历史中渗透出的这座城市乃至德国人民的厚度和温情。

感谢德国国际合作机构、德国律师协会、罗伯特博世基金会，以及萨克森州律师协会的精心安排，为我们提供了这样一个不远千里的赴德学习与交流之旅。如前面我提到的那位中国古人说的：“三人行，必有我师焉，择其善者而从之。”

中德律师交往源远流长，而环保法律的交流更是其中的典范。中方代表团的律师们，有来自首都北京，中国最大的城市上海，中国最早的直辖市之一的天津，也有来自中国中部最重要的城市、中国母亲河长江沿岸的武汉，以及中国改革开放最前沿之地的深圳。除我本人之外，他们都是中国环保法律专业最顶尖的律师。

就在几天前，德国总理默克尔飞抵中国访问，这是她新任总理后的中国首秀，也使其作为总理的中国历程达到了第11次。默克尔总理和中国国家主席习近平、总理李克强进行了富有成效的会谈，而其中德国制造 4.0 和中国制造 2025 的对接，无疑是最高领导层和经济社会各界普遍关注的热点。我想在这其中，环境保护以及节能减排将是其中的亮点，这也为两国环保法律师的交流提供了最好的契机、创造了更大的空间。

目前中国是德国最大的贸易伙伴，其中更是德国最大的汽车销售市场；而德国也是欧盟中中国最大的贸易伙伴。我相信，两国律师界的交流与合作也会随着两国企业的贸易与投资增长取得丰硕成果。德国同行告诉我们，德国已拥有 16.5 万名律师，而中国律师的数量目前已达到 36.5 万，两个律师大国或者说两个大国律师间的合作共赢，前景广阔，不可限量。中德律师携手同行，勠力共进，一定会获得万紫千红的美好景象和优异成就。

二

研讨活动的一天上午，我们驱车一百多公里来到另一个著名的城市莱比锡，到德国联邦行政法院座谈交流环境行政案件审理。说到这个法院，大家一定很陌生且不在意，而提到一件事、一个人，如我一般上了点年纪的中国人，一定是瞪大了眼睛："国会纵火案"、季米特洛夫！是的，这个法院正是"二战"前的德国联邦最高法院，审判"国会纵火案"之地！

第九合议庭年轻英俊的法官马丁·斯坦库勒带我们来到位于法院二楼的这个法庭，也是行政法院最大的审判庭。法庭高大宽敞，可容纳近300人，基本保持原样，几近富丽堂皇，不仅可以开庭审判，又可演奏音乐。斯坦库勒法官特别对我们说，讲述“国会纵火案”的故事，至少要一个半小时，而我们只有20分钟的时间，那便简单诉说，于是他娓娓道来，又把我们带回到85年前的那场世纪审判。

我们正常了解与理解的“国会纵火案”应该是这个样子的：1933年1月希特勒成为德国总理，为实施独裁，希特勒意图实行魏玛共和国宪法规定的特别授权法，该法律规定总理可以不通过议会自行制定规章以代替法律。不过特别授权法需议会三分之二多数通过才能生效，纳粹党在议会占有32%的席位，德国共产党是第二大党，占有17%的席位。共产党当然反对启动特别授权法，为此希特勒必须打压共产党。

1933年2月27日22点，国会大厦发生火灾，纵火者被抓获，名叫卢贝，是荷兰共产党人。希特勒如获至宝，声称“这是共产党发动革命的信号”，立即要求总统颁布紧急法令废除《魏玛宪法》中有关保证人身自由的条款，并以图谋暴动为由宣布共产党为非法。纳粹同时宣称第三国际策划国会纵火案，逮捕了三名共产国际驻德的保加利亚人，其中为首的正是季米特洛夫。

1933年9月21日，经过六个月的精心策划，法西斯在莱比锡开庭审讯纵火案。季米特洛夫反客为主，义正词严，驳斥了法西斯对共产党的诬蔑，淋漓尽致地揭露了“国会纵火案”是法西斯精心策划的阴谋。季米特洛夫最后陈词：“历史的车轮在转动，它现在和将来都在转动，直到共产主义的彻底胜利！”

“相关阅读”——《第三帝国的兴亡》（1996年4月世界知识出版社出版，作者威廉·夏伊勒）、《第二次世界大战战史》（2009年3月上海人民出版社出版，作者李德·哈特）、《第二次世界大战回忆录》（英国首相邱吉尔在第二次世界大战刚结束之后所著，获1953年诺贝尔文学奖）以及《毛泽东与莫斯科的恩恩怨怨》（2012年7月广西师范大学出版社出版，杨奎松作品），可以重温这一经典审判以及案件主人公的“前生今世”。

《第三帝国的兴亡》作了如此评述：“国会纵火案的真相，也许永远也不能见诸天日了，甚至在纽伦堡审判时，也未能完全真相大白。有足够的证据可以相当没有疑问地确定，布置纵火案以图达到自己政治目的的正是纳粹党人。”

无疑，季米特洛夫是那个时代的风云人物，不过在共产国际位高权重的季氏，对中国共产党还是颇为友好。许多历史书籍均记载，他不仅是“周恩来的老师”，更重要的是指定了毛泽东为中国共产党的领导人。

《毛泽东与莫斯科的恩恩怨怨》描述道，1935年共产国际七大以后，季氏正式成为共产国际执行委员会总书记，开始与中国共产党打交道。共产国际解散后，他还在相当一段时间里负责协调莫斯科与毛泽东、中共中央的关系。季米特洛夫上任伊始即为中国革命办了两件好事：推动中共抗日民族统一战线政策的形成；大力组织对中国红军的援助。

再回到那天的联邦行政法院，长者风范、笑容可掬的克劳斯·汉内特院长百忙中亲自接待了我们。院长在致辞中特别说，他接待了很多国家包括来自中国的大法官们，而和中国律师坐在一起还是第一次。他也重点谈道，法官和律师应该相互尊重，“律师不仅是给当事人当法律顾问的，也是给法官做法律顾问的”。此言甚是！我不禁想到在全国律师工作会议强调的：法官和律师，要彼此尊重，平等相待；相互支持，相互监督；正当交往，良性互动。

德国联邦行政法院的大楼并不高大，但肃穆、庄重，无不渗透出权威和尊严，令人肃然起敬。这也应该就是法律和法院在德国人心中的分量吧！

三

交流活动结束，我们从德累斯顿中转法兰克福飞回北京。

中转间隔时间有五个小时，大家在机场一合计，决定去瞻仰歌德故居。对了，德累斯顿那座著名的歌剧院大门上有两个名人雕像，右席勒、左歌德，我们念叨他很久了呢！几个人就算用着谷歌导航、苹果导航、高德导航，还是一路走一路问，终于在一个不起眼的小街，寻觅到了歌德故居。

不过这栋四层小楼可很是扎眼，充分彰显了歌德当年家庭地位的显赫。在这里，歌德生活了五十年，并且创作了举世闻名、流传至今的《浮士德》。同行的一位团员不经意说：歌德太有名了，他的名言也太多了，可我怎么一下子想不出他的哪一句名言来！

还真是，我们这代人基本上是从中学读书的时候就背诵着名人名言长大的。回到上海，来不及倒时差我就把那本《名人名言录》从书架上搜寻出来。这可是跟了我三十多年的一本老书了，1982 年上海人民出版社出版的《名人名言录》！从山东老家的书桌里，被不远千里带到苏州河畔的学生宿舍书架上，又来到了学校教工集体宿舍的书橱中。此后多次搬家几经辗转，我也没有舍得把它抛弃掉。

小心翼翼翻开此书，歌德名言还真不少：

“你若要喜爱你自己的价值，你就得给世界创造价值。”

“谁要是游戏人生，他就一事无成。谁不能主宰自己，永远是一个奴隶。”

正好，歌德还谈到了人与自然，不经意间配合了我们的这次德国之行：

“自然对无能的人是鄙视的，它对有能力的、真实的、纯粹的人才屈服，才泄露它的秘密。”

“自然从来不开玩笑，它总是严肃的、认真的，它总是正确的，而缺点和错误总是属于人的。”

（这是作者为2018年第10期《中国律师》杂志撰写的专栏文章）

服务长江经济带
重上江城黄鹤楼

一

6 月 10 日，11 个省、直辖市的律师协会会长云集武汉参加第三届长江经济带律师会长年会。王俊峰会长、韩秀桃秘书长率全国律协常务理事集体赴会。会上，我受托作了一个总结：

大会长，云集大武汉，汇聚大东湖，论道“共抓大保护、不搞大开发”，也是少见的大阵势，更可谓一道大风景。

此时此刻，在另一个半球的加拿大，“G8”首脑会议刚刚结束；而在中国青岛，上合组织成员国会议（S8+4+6，8个成员国、4个观察国、6个对话伙伴）正开得如火如荼。九省通衢的武汉，不也有一个非常重要的会议嘛，就是我们这个“J11会议”，J就是长江的江，在中国古汉语当中江就是指长江。长江经济带11个省份的律师协会会长的年度盛会，高规格地盛大开幕，高效率地胜利闭幕。我想，这个会议应该同“G8”和“上合”一样，载入中国律师行业发展的史册。

刚刚11位会长“逆流而上”，轮番登场，好戏连台，正如铭刻在黄鹤楼上的那首诗所说，如晴川历历，似芳草萋萋。

诸位会长的发言铿锵有力，皆有亮点，都有强音。大家奏出的强音，集中在“生态”“绿色”“保护”“发展”“质量”。梳理并串联起来就是，贯彻绿色发展理念，为生态文明建设以及长江经济带的保护与发展，提供高质量的法律服务。其实，这也就是今天年会的主题词。

为生态文明建设提供优质法律服务，于中国律师尤其是J11律师而言，义不容辞。长江经济带发展的核心正是生态环境保护。生态文明建设法律服务，既是律师的业务，更是律师的义务；既是律师的服务市场，更是律师的社会责任。与其他诸多成熟的律师业务不同，生态文明建设法律服务尚属创新业务、探索业务、拓展业务，因此更多地体现律师的奉献，彰显律师的责任，很多情况下还是“叫好不叫座”（在声誉上叫好，而在收入上并不叫座）。也正因如此，律师协会不能缺席，应当充分发挥动员与组织、培养与培训、交流与合作、共建与共享等特殊功能，为生态文明建设法律服务出实招、下实功、干实事。

同时，为生态文明建设提供优质法律服务，对中国律师尤其J11律师而言，亦属当仁不让。我们律师应该有一种舍我其谁的志气，开创生态文明建设法律服务的新局面。众所周知，长江经济带11个省市，国土面积205万平方公里，人口及GDP均占到全国的40%。而从法律服务角度分析，更是优势占尽。据不完全统计，J11拥有律师近15万人、律师事务所超1万家，达全国总量之40%。而过500亿元的律师业务收入，远超全国律师业务总收入的60%。在全国7家两万人律师大省中，J11独拥四席（江苏、上海、浙江、四川），而除江西、贵州外，J11其他九个省份律师人数均已过万。在此背景下，为长江经济带发展和生态文明建设的法律需求提供及时、优质、规范的法律服务，是J11的省市律师、律所尤其是律协，必须为之也应该为好的一份千年大计、百年大事。

今天11位律师协会会长发出的服务长江经济带经济社会发展的最强音，应该是一个大合唱，是一个大合奏，一定会有大合作，也会有大合同，甚至会有大合并。如同习近平主席谈“上合”，J11也不应是“清谈馆”，而必须是“行动派”，[1]拥有思想的力量，更具备行动的能力。我们应该有设计稿、时间表、路线图、军令状、施工图、验收表、考核卷，把我们的业务做得更好，把我们的事业做得更强。

中共中央政治局印发的《长江经济带发展规划纲要》强调，长江经济带有“一轴”“两翼”“三级”和“多点”。[2]因此我在想，律师服务长江经济带发展也应该有“一题”，就是一个主题，生态文明建设法律服务。也应该有“两章”，就是要写好两篇大文章，一篇是“人”的文章，就是生态文明建设法律服务之律师队伍建设；另一篇是“事”的文章，就是律师行业服务生态文明建设年度白皮书。

在这样一个思考及思路之下，我在想，我们是不是能够成立生态文明建设法律服务协作体？我们能不能打造生态文明建设法律服务人才高地？像培养涉外律师那样不惜“本”与“力”。我们能不能在每年的年度盛会上发布生态文明建设法律服务白皮书？我们能不能共同推进完善长江经济带环境保护法律制度和机制？我们能不能在广泛调查深入研究基础上，呼吁并推进设立生态文明和环境保护专门法院？我们能不能鼓励和支持更

1 习近平在二十国集团领导人杭州峰会上的开幕辞中表示，“我们应该让二十国集团成为行动队，而不是清谈馆”。参见《习近平在二十国集团领导人杭州峰会上的开幕辞（全文）》，载新华社，http://www.xinhuanet.com/world/2016-09/04/c_129268987.htm。

2 参见中共中央政治局2016年9月印发的《长江经济带发展规划纲要》。

多的律师参与更多的环境保护公益诉讼和环境损害赔偿调解工作？我们能不能为总书记作了总动员令的“三大攻坚战”尤其是污染防治做出不可或缺不能替代的贡献？

今天我们长江经济带律师协会会长年会的“正式成员”，还有这么多关注、关心、关切长江经济带发展的“观察员”“对话伙伴”汇聚此地，既有“我住长江头，君住长江尾，日日思君不见君，共饮长江水”的思念，也有“两岸猿声啼不住，轻舟已过万重山”的欢快；既有“滚滚长江东逝水，浪花淘尽英雄”的感怀，也有“孤帆远影碧空尽，唯见长江天际流”的思绪；既有“百川东到海，何日复西归”的慨叹，也有“八月长江万里晴，千帆一道带风清”的轻松；当然，身处法治中国建设的新时代，我们更充满“潮平两岸阔，风正一帆悬”的愿景！

今天的第三届年会，可谓交流交融，凝聚共识，成果丰硕。长江经济带律师协会会长年会，及其所致力的法律服务长江经济带的伟大事业，从大武汉再启程，必将劈波斩浪，扬帆远航。正是：鲲鲲击浪从兹始，东风鼓满万里帆。

二

中午会议结束，下午各奔东西。突然想起上午总结中我说的黄鹤楼与晴川历历、芳草萋萋，于是一不做二不休，直奔黄鹤楼去瞧瞧。车上回忆了一下，好像去过两次黄鹤楼，一次是1988年夏季我在华东政法学院读书时，在参加完“上海大学生重走红军长征路”暑期社会活动后，意气风发登顶黄鹤楼。另外一次则是在1995~1996年，我和老万国的同事邵永刚在做湖北三环集团上市项目时，忙中偷闲，走过大桥登上楼来，一览长江胜景。

登楼感受自不必说，其实也无话可说。面对着崔颢的《黄鹤楼》一诗，李白不也低吟“眼前有景道不得，崔颢题诗在上头”两句后搁笔而去吗。我还是习惯性地去找小卖部，去找小卖部里可能有的有关该景点的书。果然，在黄鹤楼的小卖部，觅到了《黄鹤楼文丛》。还真不错：《天下绝景黄鹤楼》《黄鹤楼史话》《胜景留踪——黄鹤楼与名人》《品读黄鹤楼》《黄鹤楼楹联选注》。逐一翻阅，还是《黄鹤楼楹联选注》这本书不常见、有特色，于是欣然买下。

《黄鹤楼文丛》总序写得不错：享有“天下江山第一楼”之誉的黄鹤楼，得江汉交会、龟蛇锁江之地望，古来便庶众云集，文士雅会，“登临送远，游必于是，宴必于是”，古今骚客在此对景兴怀，或体味清风明月，叹江山永在、人生易老之慨，或遥领原野壮阔，抒请缨报国、澄清天下之志，佳篇迭出。历代咏楼诗词千余首，楹联近千副，文赋过百篇，匾额无算，而尤享盛誉者，莫过被推为“唐人七律第一”的崔颢《黄鹤楼》，“黄鹤一去不复返，白云千载空悠悠”，诚为咏楼绝唱。咏踪遍天下的李白，也留下歌咏黄鹤楼的不朽诗篇，“故人西辞黄鹤楼，烟花三月下扬州”，情景交织，极尽秀美飘逸；“黄鹤楼中吹玉笛，江城五月落梅花”，令武汉三镇赢得“江城”雅号……

读《黄鹤楼楹联选注》一书，一个最大的感悟就是，知晓了诗词和楹联的关系。其实许多著名楹联，往往是从诗词中信手拈来，却又工整对仗，令人叹为观止。

“楼前芳草；江上烟波。”此中“芳草”“烟波”，正是出自崔颢《黄鹤楼》之“芳草萋萋鹦鹉洲”“烟波江上使人愁”。

“大江流日夜；明月照高楼。”上联直接用南朝齐人谢朓“大江流日夜，客心悲未央”中一句，下联则随手拿三国魏人曹植“明月照高楼，流光正徘徊”中半言。

“一笛清风寻鹤梦；千秋皓月问梅花。”此联“一笛”“梅花”，显然从李白“黄鹤楼中吹玉笛，江城五月落梅花”两句诗中化出。

“黄鹤飞去且飞去；白云可留不可留。”自然也是从崔颢“黄鹤一去不复返，白云千载空悠悠”中化来。

黄鹤楼搁笔厅上挂有曹禺先生书“楼未起时原有鹤；笔从搁后更无诗”一联。“搁笔”典故说的是李白登黄鹤楼时，见崔诗格调高古，已尽书所怀，只得写下“眼前有景道不得，崔颛题诗在上头”两句即搁笔。

“长笛一声，此曲只应天上有；大江千古，今朝都到眼前来。”上联下句引杜甫那首著名的“此曲只应天上有，人间能得几回闻”之一，下联下句则用唐朝诗人元稹“昔日戏言身后事，今朝都到眼前来”一句。

“鹤影欲飞，吹笛神仙今尚在；鸿泥可印，落梅时节我重来。”下联中“鸿泥”二字应该来自苏轼的“人生到处知何似，应是飞鸿踏雪泥。泥上偶然留指爪，鸿飞哪复计东西”吧。

“我辈复登临，昔人已乘黄鹤去；大江流日夜，此心吾与白鸥盟。”上联上句，来自孟浩然的“江山留胜迹，我辈复登临”；上联下句，则来于崔颢的《黄鹤楼》。下联上句是南朝齐谢朓的诗句，下句则是宋代黄庭坚的“万里归船弄长笛，此心吾与白鸥盟”。

真是有趣！小楹联，大学问。一书读毕，飞机到站。正是：君在长江中，我在长江尾，三顾江城又见君，共饮长江水！长江水常清，黄鹤楼久立；服务长江带，律师必行动，律师在行动！

（这是作者为 2018 年第 7 期《中国律师》杂志撰写的专栏文章）

西行遵义之重读与漫记

一

古人云：行万里路，读万卷书。此言极是。我的理解，这里似乎有三种含义。一种就是，在人的一生中，要行万里路，也要读万卷书。再一种就是说，行万里路的同时读万卷书，人在路上，心在书中，边走边读。其实还有一种更有意思的含义，那就是行万里路的时候，在途读的是与走的这条路、到的这个地、见的这个人相关的那本书，或者那些书。

这不，日前去了趟革命圣地遵义，于是，在此朝圣途中，我就集中翻阅与遵义和长征相关的书，重温、再读、又学，一路走来一路读。

其实，这已是我第三次去遵义了，只是前两次去，披星戴月到，闭门造车谈，夜以继日回，几乎没有一刻的时间，去走一走，去看一看，尤其是，竟没有能去拜谒遵义会议会址！

遵义律师协会令狐兴中会长邀我来给遵义律师讲堂课，我说义不容辞，更是为了补上这个缺憾，于是一定前来。在贵阳机场，遵义律师协会胡兴丹副秘书长接上我，两个半小时后，终于，第三次踏上了遵义，这座长征之城市、革命之圣地！

在与遵义会议会址一墙之隔的红军街的一个小书店里，我一眼望见了那个熟悉的封面，一位红军战士吹号的侧影：《红星照耀中国》，也就是埃德加·斯诺所著的《西行漫记》。记得家中的书柜里有这本书，但我还是忙不迭地把它买下来了，因为书的版权页上有清秀的女老板亲手加盖的红军街上、会址近处的这座书店的印章，这便与在其他书店，或者在网上购买的意义与价值大大地不一样了。拜谒完遵义会议会址，我习惯性地来到纪念馆购物处，再看一看橱柜中的书，果然看中了这本：《遵义会议参加者谈遵义会议》，不可多得，欣然买下！

在向一千多名遵义律师讲完课后的当天下午，我踏上了北上的火车，目的地是小平同志的家乡——四川广安。四川律协副会长、广安律协会长刘才伟给我安排了给广安律师和广安市委宣讲全国两会精神的日程。

这是一列久违了的绿皮火车！车号既不是“D”，更不是“G”，而是“K”，就是快车的意思吧。不过，相对于高铁和动车，这个快车却也已经难有“快”的含义了。绿皮之慢车，卧铺之上铺，不正是看书的良辰佳时吗？火车在大山中穿行，时快时慢，时走时停，而思绪却随着《西行漫记》和《遵义会议参加者谈遵义会议》启动了我的遵义会议之旅！

二

遵义会议在中国革命史上的地位非同寻常，人所共知。而在描述其丰功伟绩之时，老一辈革命家总是用“转折”二字来表达。在会址边上的碑林中，我在杨尚昆同志题写的“伟大转折的会议”前驻足，细细品味书法家钱君陶所书“扭转乾坤”四个大字，而老红军伍修权在1985年写下的“纪念遵义会议50周年，实现新的伟大历史转折”更令人思考。同行的张明律师特地介绍说，许多游客专门围着会址转一圈，借以实现自己人生的伟大转折。

当天，伫立在纪念馆大厅，凝望着参加遵义会议的领袖们的塑像，侧首看着墙上“伟大转折”四个大字，不禁感叹、感慨中国共产党之英明、之伟大！作为一个拥有31年党龄的共产党员，我感受颇深：

一是，实事求是。正如杨尚昆同志在1985年纪念遵义会议50周年的时候所说：“遵义会议的更深远意义，还在于使我们的党首先是实行正确路线的核心领导人员开始认识到中国的革命必须从自己的实际情况出发，在马克思列宁主义的指导下走自己的道路。”“遵义会议标志着以毛泽东同志为集中代表的正确路线的胜利，也就是标志着以毛泽东同志为集中代表的理论和实际相结合的实事求是的思想路线的胜利。”

二是，独立自主。“钦差大臣”王明不行，“食洋不化”的博古也不行，“洋顾问”李德依然不行，只有深深根植于中国这片黑土地的被讽刺为只会靠《三国演义》和《孙子兵法》作战的毛泽东以及他的支持者们才行、才能、才会率领红军打胜仗。就像毛主席自己说的：“我们认识中国，花了几十年时间。中国人不懂中国情况，这怎么行？真正懂得独立自主是从遵义会议开始的。”邓小平也有言：“在历史上，遵义会议以前，我们的党没有形成过一个成熟的党中央……我们党的领导集体，是从遵义会议开始逐步形成的。”

三是，主动纠错。从正面或者褒义的角度讲，遵义会议实现了“转折”，而从另外一个角度则正说明了我们犯的错误，而且是犯了极其严重的错误。人无完人，同样，由人组成的共产党也会犯错误，也确实犯了错误，然而其伟大之处就在于，不怕犯错误，而是主动发现错误，勇于纠正错误，从而实现“转折”，在正确的发展道路上继续走下去。遵义会议是如此，改革开放也是如此。正是勇于纠错，才使得中国共产党长治久安，长盛不衰，持续进步。

四是，领袖作用。遵义会议公认的最伟大价值是确立了“毛泽东掌权”，界定了毛主席的领导地位。正如邓小平同志在会见著名记者法拉奇时所说：“毛主席的功绩是第一位的。他是中国共产党、中华人民共和国的主要缔造者，他为中国人民做的事情是不能抹杀的，他多次从危机中把党和国家挽救过来。没有毛主席，至少我们中国人民还要在黑暗中摸索更长的时间。”可以这样说，没有毛主席作为伟大领袖的作用，中国人民“站起来”，还会推迟更长一段时间；同样，如果没有邓小平同志作为中国改革开放总设计师的作用，中国人民“富起来”，也会推迟更长一段时间；而如今中国人民正在走向“强起来”的新时代，我们同样需要一个伟大的领袖，而且应该是党的领袖、国家元首和军队统帅的“三位一体”。这也正是中国革命、建设和改革的实践经验给予我们全面领会和深刻认识宪法修正案重要意义的直接启示。

“伟大转折”一词，可谓对遵义会议最为精准的评价。不过翻阅《西行漫记》，我们会发现其中对遵义的描述可谓少而又少，甚至没有直面写到“会议”。斯诺在书中写道：“贵州境内的作战，占了红军四个月的时间，他们一共消灭了五师敌军，攻占了王家烈省主席的司令部，占领了他在遵义的洋房，招了2万新战士入伍，到了省内大部分大小村镇，召开了群众大会，在青年中间培养了共产党干部。”究其原因，如此描写大抵是因为作者写作时间尚早，且是从本人当时视角出发，对这次会议还未上升到高度认识的阶段吧。而亲历者们对会议的描述、追忆、评价，却大不一般！

《遵义会议参加者谈遵义会议》一书有全面与具体的记载。毛泽东同志在1938年10月就说：“遵义会议纠正了在第五次反‘围剿’斗争中所犯的‘左’倾机会主义性质的严重的原则错误，团结了党和红军，使得党中央和红军主力胜利地完成了长征，转到了抗日的前进阵地，执行了抗日民族统一战线的新政策。”

张闻天同志于1943年12月说道：“遵义会议在我党历史上有决定转变的意义。没有遵义会议，红军在李德、博古领导下会被打散，党中央的干部及大批干部会遭受严重的损失。遵义会议在紧急关头挽救了党，挽救了红军，这是第一。第二，遵义会议改变了领导，实际上开始了以毛泽东同志为领导中心的中央的建立。第三，遵义会议克服了‘左’倾机会主义，首先在革命战争的领导上。第四，教条宗派开始了政治上组织上的分裂。这个会议的功绩，当然属于毛泽东同志，我个人不过是一个配角而已。”

邓小平同志同时也说：“我党自从1935年1月遵义会议之

后，在以毛泽东为首的党中央领导之下，彻底克服了党内‘左右’倾机会主义，一扫主观主义、宗派主义和党八股的气氛，把党的事业完全放在中国化的马列主义，即毛泽东思想的指导之下，直到现在已经九年的时间，不但没有犯过错误，而且一直是胜利地发展着。”

1977 年 9 月，陈云同志回忆并评道：“1935 年 1 月遵义会议撤换了‘左’倾机会主义分子的领导职务，确立了毛主席在全党全军的领导地位，挽救了革命，挽救了党，挽救了红军。”

朱德同志则在 1961 年 6 月赋诗一首：“群龙得首自腾翔，路线精通走一行。左右高低能纠正，天空无限任飞扬。”

回上海后，我又专门翻出了美国作家哈里森·索尔兹伯里所著的《长征：前所未闻的故事》。这本书共计 31 章，而其中第 11 章，题目就是“遵义”；在全书总共 421 页中，“遵义”这一章花去 13 页的篇幅。索尔兹伯里是这样描述这次会议的：“1 月 15 日晚饭以后七点整，20 个人在柏公馆聚在一起……从某种意义上来说，这 20 个人的会议是为了庆祝一次巨大的变动，这次变动不仅仅发生在指挥层里、在长征方向上，也对整个中国共产主义革命运动产生了重要影响。很多人后来称此次会议为整个中国革命中意义最重大的事件。”在这一章的最后一段，作者总结道：“遵义的一页已经翻过，红军继续长征，毛泽东掌握了权力，中国在未来至少半个世纪中的道路已经确定。”

对了，本书下一章也就是第11章的题目，正是:《毛泽东掌权》!

意犹未尽，在家中书房里，我又找出了王树增的《长征》。这本书为人民文学出版社出版，作者因此荣获中国人民解放军文艺大奖和鲁迅文学奖。分上下册的《长征》共有18章，第9章“夜郎之月”史诗般地描写了遵义会议。不过我觉得王树增对这次会议的评价更值得一读：“遵义会议无疑是中国共产党历史上极其重要的一次会议。它在革命的危急时刻使党对红军的‘军事领导走上正确的道路’。更重要的是，它使毛泽东从此开始了他领导中国革命的伟大历程。”接下来作者所写更有意味：“遵义会议还有一个不容忽视的成果。如果站在当代中国的角度回首历史，这一成果便会更加凸显其重要意义，这就是邓小平的命运变化……1935年年初，邓小平能够参加中央政治局会议，说明他已经重返中国共产党的领导层，这一变化足以令数十年之后的中国人感到庆幸，尽管当时在柏公馆二楼的那间房间里邓小平一直默默无闻地坐在角落里。”

三

话说当日，六个小时转眼即过。我正在闭眼吟诵毛主席的《忆秦娥·娄山关》：“西风烈，长空雁叫霜晨月。霜晨月，马蹄声碎，喇叭声咽。雄关漫道真如铁，而今迈步从头越。从头越，苍山如海，残阳如血。”突然汽笛一声，宣告到站广安。抬头看，刘才伟会长和广安市委邹来云副秘书长已在月台招手。一想到第二天一早去小平纪念馆为老人家献花，不禁心潮澎湃，激情满怀！

（这是作者为2018年第6期《中国律师》杂志撰写的专栏文章）

今夜星光灿烂

“有朋自远方来，不亦乐乎。”今夜星光灿烂！群贤毕至，群英荟萃，正可谓，“谈笑皆鸿儒，往来无白丁”，满座高朋，共同见证国浩律师事务所与林新强律师事务所之携手联营、共创未来、同启盛举！我谨代表国浩律师事务所暨全球28个办公室、近3000名员工、400多名合伙人，对各位之关注、关切、关心、关爱，表达十分感动与万般感激之情！

国浩律师事务所是中国最大的法律服务机构之一，是投融资领域尤其是资本市场最为专业的法律服务提供者，是一家关注并践行社会责任的律师事务所。在长期致力于规模化、专业化、规范化、国际化发展过程中，我们始终把香港作为我们事业的战略高地、布局要地、发展福地。早在15年前，国浩律师事务所与胡关李罗律师行就达成CEPA项下内地和香港的第一个律师事务所联营；此后，国浩律师事务所又与易周律师行密切合作，并发起创立中国首个“一带一路”法律服务协作体。

斗转星移，与时俱进，日新月异。今天，我们与林新强律师事务所达成共识、喜结良缘、战略合作！在此，感恩于中联办及其法律部、司法部香港法律服务公司的指导，感谢于香港律师会、香港大律师公会的支持，感动于光大控股等各家合作伙伴的厚爱。因为有你，所以成长；因为共你，因而成熟！

今年6月，国浩律师事务所将迎来20周岁的生日。2008年，我们曾在香港举办“国浩十年”庆典。彼情彼景，历历在目，难以忘怀。此刻，我们更加怀念国浩创始人张涌涛律师，更加追思国浩主席于宁会长。如古人所言：“人事有代谢，往来成古今。江山留胜迹，我辈复登临。”正是国浩人前赴后继、传承传递，方有国浩今日之基业长青。

今天恰逢五四青年节！20岁的国浩，青春依然却不再鲁莽，活力四射也不去张扬，目标坚定更不会迷茫。习近平主席两天前在北京大学刚刚对青年学子说：“追梦需要激情和理想，圆梦需要奋斗和奉献。”[1]“后来的我们”，定不辜负领导的期许、客户的信赖、朋友的祝福、同仁的希望！

2007 年我在担任上海律师协会会长时，参加香港律师会百年纪念活动，荣幸拜会梁振英先生。会后梁先生寄给我他亲笔签名的这本书，《家是香港》，我颇为感动，珍藏至今。国浩律师将以“家是香港”的凝聚力、“家在香港”的归属感，以及“人在香港”的投入、“心系香港”的情怀，倾心、全意、尽力于香港法律服务市场，为香港法治建设献微薄之力，为两地经济交往而不遗余力。

好风凭借力，携手创辉煌。让我们齐心协力，撸起袖子加油干，共同迎来欣欣向荣、万紫千红的美好未来！

（这是作者于 2018 年 5 月 4 日在香港“国浩律师事务所与林新强律师事务所联营典礼”上的致辞）

1 参见《习近平在北京大学师生座谈会上的讲话（2018 年 5 月 2 日）》，载《人民日报》2018 年 5 月 3 日，第 2 版。

述者当知作者心

日前赶去南通开会，突然想起南通历史上有位实业家叫张謇，于是提前一个小时出发，直奔张謇故里去看看。其实这也是我出差的一个惯例，如果能挤出一点点时间，便去“遇人”，包括“穿越时空”式的“遇人”，去寻访这座城市“出产”的古今名士，这也便构成了“读书行路遇人”之全貌。

张謇故里在海门市常乐镇。因其曾是清末状元，张謇纪念馆就坐落在“状元街”上。

车门打开，首先映入眼帘的是江泽民同志题写的“张謇纪念馆”五个大字。不知现在还有多少人知道张謇，倒是我们的伟大领袖毛主席对张謇评价颇高。

毛主席在谈到中国工业发展时就说："有四个人不能忘记，讲轻工业不能忘记张謇，讲重工业不能忘记张之洞，讲化学工业不能忘了范旭东，讲交通运输业不能忘了卢作孚。"

纪念馆的小册子说：张謇是清朝末年的一位平民状元，他一生创办了70多家企业、370多所学校、16个慈善机构，创造了数十个全国第一，是中国历代状元中独一无二的实业家、教育家、慈善家和社会活动家。

梁启超先生曾这样评价张謇："崛起于新旧两界线之中的过渡时代之英雄。"林语堂先生也赞誉其"不可无一、难能有二"。自以为对张謇有所了解，但就是今日如此短暂所见，便觉过往对张謇知之确是甚少。张謇之成就可谓博大，又颇为精深，令人钦佩不已，直至叹为观止！

感慨于张謇实业贡献之前，先"插播"一下其书法造诣。步入纪念馆，右侧就是大书法家赵朴初题写的"张謇书法"墙。墙上刻有张謇所书几十幅字，如："坚苦，自立，忠实，不欺。""祈通中西，以弘慈善。""爱日，爱群，爱亲，爱己。""服习家政，勤俭温和""行赴松乔约，长吟陶谢诗"。据专家评论，张謇的字有一种独特的挺秀之美，带有颜体笔意，而其行草多学文徵明，得其"遒逸婉秀"韵味，又蕴涵着雄强与洞达。

匆匆相遇，细细品味，不禁感受有三。

一曰爱群。张謇曾任中央教育会长、江苏议会临时议会长、江苏两淮盐总理、北洋政府农商总长兼全国水利总长等职。甲午战败，《马关条约》丧权辱国，其目睹列强入侵，国事日非，“愿成一分一毫有用之事，不愿居八命九命可耻之官”，毅然弃官，提出“中国须振兴实业，其责任在士大夫”，主张把发展工业放在强国富民之首，“舍身饲虎”，倾情全力投入实业救国之路，使南通成为中国早期民族资本主义基地之一。

二曰创新。张謇有言：“一个人办一县事，要有一省的眼光；办一省事，要有一国之眼光；办一国事，要有世界的眼光。”张謇对城市建设有着在那个时代罕有的规划理念，“花园城市”概念孕育并予初现，南通于是被现代建筑学家吴良镛誉为“中国近代第一城”。同时，张謇建立了中国第一所博物馆——南通博物苑；创办了南通电灯厂、大聪电话公司、军山气象台、公共体育场、更俗剧场……这些创始、创新、创造，几乎都占据了中国第一！

三曰公益。令人惊叹的是，有太多太多我们熟知的大学，其前身由张謇创办，如：复旦大学、南京大学、同济大学、东华大学、上海海事大学、上海海洋大学、河海大学、苏州大学、扬州大学、南通大学，如其所言：“父实业，母教育。”纪念馆介绍中说，北京大学之前身京师大学堂亦为其创办，我记不得是否在北京大学博物馆参观时见到过张謇的名字，今后得空再去北大做一深究。远不只如此，张謇还兴办了聋哑学校、残废院、养老院、幼稚园、育婴堂、贫民工场，甚至模范监狱，身体力行社会公益和慈善事业。

张謇之言之行，令今日吾辈汗颜且警醒，更值得后人借鉴学习并发扬光大！

纵观张謇的一生，他是奋斗的，可他的这种奋斗并未给个人和百姓带来真正和持续的幸福，因为他处在一个不幸的时代。于是我们心痛地看到，他的实业日渐凋零，他的实业救国梦也最终破灭。张謇的奋斗带有他所处的那个时代的痕迹，而他的奋斗精神却又给我们今天的新时代以更多的启迪。

习近平总书记说，今天，我们比历史上任何时期都更接近、更有信心和能力实现中华民族伟大复兴的目标。[1] 所以我们必须撸起袖子加油干，创实业、干实事、建实功，方能不辜负这样一个伟大的时代！

看故居，逛遗址，走博物馆。我有一个爱好，就是刻意关注并欣赏其牌匾和门联，往往此乃画龙点睛笔、一语中的处。在张謇故居亦然。

纪念馆大门前廊柱上有云：“今人能为古人事，述者当知作者心。”

---

1 参见《习近平：决胜全面建成小康社会 夺取新时代中国特色社会主义伟大胜利——在中国共产党第十九次全国代表大会上的报告》，载中国政府网，http://www.gov.cn/zhuanti/2017-10/27/content_5234876.htm。

此联为张謇自书其名句，意即今人一定能够做到古人做到的事，而后来者谈及先人时则应理解先人做事的良苦用心。

据介绍此联曾在《中国二十世纪书法大展》中展出，江泽民同志曾驻足欣赏，颇感兴趣，特别说：“张謇是晚清状元，后转向共和，任孙中山临时政府实业部长，了不起。他办了许多工厂、学校，为后人留下很多有益的事业。”

纪念馆正堂上有幅对联也为张謇所书：“疆勉学问疆勉行道，其所冯依其所自为。”

句中“疆”与“强”同义，“冯”亦同“凭”，是说强勉做学问则见多识广头脑聪慧，强勉行圣人之道则德行高远事业有成；龙所依靠凭借的，正是它自己造就的云。张謇之意，在于激励自己也勉励后人努力学习，自立自强，奉行大道，实业救国。

意犹未尽，可时光飞逝，不得不拔脚步出大门，回首却见照壁墙上两行大字：

“天之生人也，与草木无异。若遗留一二有用事业，与草木同生，即不与草木同腐朽。”

这不正是张謇一生伟业之写照！

一如胡耀邦同志所题评价：“张謇是一位伟大的人物，他为国家富强、人民幸福，创建许多企业，兴办许多学校，捐赠、兴办了许多慈善事业。他是做实事的人！”

亦如黄炎培先生所作挽联：“物则棉铁，地则江淮，盖其自任天下之重如此，远处着眼，近处着手，凡在后生，宜知勉矣；早岁文章，壮岁经济，所谓不作第二人想非耶？孰非有我，孰是我有，晚而大觉，尚可憾乎？”

（这是作者为 2018 年第 5 期《中国律师》杂志撰写的专栏文章）

一座城与一群人

今天是个好日子！国浩律师（石家庄）事务所正式闪亮登场，并与河北省贸促会、中国贸促会河北调解中心等机构签订战略合作协议，同时举办“第十二届河北国际商事法律论坛”，在此，我代表国浩律师事务所及其27个办公室、2000多名国浩人，表示衷心感谢、热烈祝贺、深情祝福！

国浩律师事务所将自己的第28个办公室建立在河北，首先是因为“这座城”：石家庄是一座美丽的城市，一座有活力的都市。石家庄的经济发展有目共睹，法治进步日新月异，社会和谐令人羡慕。尤其雄安新区，是继深圳经济特区和上海浦东新区之后又一具有全国意义的新区，可谓千年大计、国家大事，成长前景不可限量，发展前途一日千里！

其次是因为“这群人”：在河北省司法厅和律师协会的领导下，河北律师业发展非常迅速，在中国三十多万律师队伍中具有后发优势。这次谷景生、徐文莉、高晓光等一批优秀的河北律师加入国浩律师事务所，组建国浩石家庄办公室。石家庄律师团队可谓“颜值与才华一色，智商和情商齐飞”，使得国浩服务雄安战略落地生根。为河北经济社会发展提供优质法律服务，国浩义不容辞。

今天高朋满座、群贤毕至，在接下来的论坛中有高官论道，有律师亮剑；有国际律师的经验之谈，有公司高管的体会分享。这是一次饕餮盛宴，这是一次精神联欢，希望大家有更多的参与感、体验感、获得感、满足感。

律师行业只有关注大势、服务大局，才能成就大事。国际新格局、经济新常态、法治新气象，就是这个大势，就是这份大局。今天我们的论坛将聚焦“一带一路”倡议下法律风险防范与争议解决，这正是中国倡议的热点，也是经济发展的重点，又是社会关注的热点，更是我们法律服务的亮点。

“万景临诸壑，千峰拱上方。层层烟锁翠，渺渺树含苍。雨过增山色，风来递草香。悠然疏远性，尘世见羲皇。”这是宋朝诗人对石家庄美景的赞美。今天国浩有几十名律师从北京、上海、深圳、天津、福州、南京、济南、苏州、重庆、贵阳、武汉、长沙、成都、太原、郑州、乌鲁木齐等地齐聚石家庄，共祝喜事，共襄盛举！

“路漫漫其修远兮，吾将上下而求索。”“敢问路在何方？路在脚下。”让我们在服务“一带一路”建设的宏伟大业中，实现中国律师的跨越式发展。祝福中国律师与国际律师合作的明天更加美好，祝愿中国经济发展与法治建设的明天更加美好！当然我们今天先定一个“小目标”，祝愿我们的论坛圆满成功！

（这是作者于2017年11月29日在“第十二届河北国际商事法律论坛”上的致辞）

江从白鹭飞边转，云在青山缺处生

今天，贵阳国浩生态环境保护人民调解委员会隆重揭牌，我代表国浩律师事务所和国浩 2000 多名员工，向各位领导和嘉宾的盛大光临表示衷心的感谢！今天的揭牌不只是一个仪式，更是一个宣誓，是国浩律师、是中国律师应有的作为，应尽的职责。

一、这是中国律师服务生态文明建设使命的具体体现

生态文明建设是全面深化改革的重要内容，是“五

大建设”即市场经济、民主法治、先进文化、和谐社会和生态文明建设的必要部分。党的十八届三中全会决定指出：“紧紧围绕建设美丽中国深化生态文明体制改革，加快建立生态文明制度，健全国土空间开发、资源节约利用、生态环境保护的体制机制，推动形成人与自然和谐发展现代化建设新格局。”围绕中心，服务大局，这是中国三十多万名律师的神圣使命，而今天贵阳国浩生态环境保护人民调解委员会的成立，正是这一使命的具体体现！

二、这是国浩律师履行社会责任的集中反映

我在介绍国浩时，总是说三句话：国浩律师事务所是中国最大的法律服务机构之一，是中国投融资领域尤其是资本市场最为专业的法律服务提供者，是一家关注并践行社会责任的律师事务所。我个人认为，履行社会责任体现了国浩律所的文化、反映了国浩律师的担当、昭示了中国律师行业的可持续发展。1998年，国浩发布了全国律师行业第一份社会责任报告。今天，致力奉献公益、履行社会责任、投入法治中国建设，正在成为中国律师，尤其是中国青年律师的生活方式。去年6月29日，

最高人民法院发布《关于人民法院进一步深化多元化纠纷解决机制改革的意见》，从律师角度而言，积极参与多元化纠纷解决机制改革，正是律师行业深化律师制度改革、服务法治中国建设的重要举措。律师参与多元化纠纷解决机制改革，是律师的本质属性决定的，职责所在，义不容辞；同时，律师具有天然的职业优势，在参与多元化纠纷解决机制中不可或缺，必然大有可为。今天贵阳国浩生态环境保护人民调解委员会的挂牌，是国浩律师的创新之举，更是国浩律师的担当之举！

三、这是国浩贵阳塑造形象、融入集团的华丽亮相

国浩贵阳办公室是国浩律师集团的第 24 家执业机构，虽然白敏是贵州律师界乃至中国律师业的“大姐大”，但贵阳办公室却是国浩大家庭的“小弟弟”。不过今天，国浩贵阳闪亮登场，华丽亮相，令人耳目一新、为之震撼！贵州是推动生态文明实践的“中国窗口”，在保护生态文明方面实施了一系列创新型举措，不仅拥有全国第一个环境保护法庭，而且成立了全国首个“生态文明律师服务团”。国浩贵阳办公室管理合伙人白敏及合伙人郑世红正是这个服务团的团长和秘书长。据不完全统

计，新《环境保护法》实施以来，全国律师共办理环境公益诉讼案件近百件，其中国浩贵阳办公室就参与了近20件。除此之外，国浩贵阳办公室还参与了《毕节市饮用水水源保护条例》《毕节市百里杜鹃风景名胜区保护条例》等地方性法规的文本起草工作，并通过担任政府法律顾问，参与多部党委政府涉及生态文明建设规范性文件的制定工作，为推动贵州省生态文明建设科学立法、公正司法、依法行政作出了应有贡献。

今天贵阳国浩生态环境保护人民调解委员会的成立，是国浩贵阳办公室送给国浩律师集团的一件大礼，也是赠与贵州律师行业的一个红包，更是奉献贵州生态文明建设的一份“壮举”。我们期待着，在贵州省人民法院以及贵州省司法厅、贵阳市司法局等机构的关心、指导、扶持下，国浩贵州生态环境保护人民调解委员会定能大有作为，调出文明、解出公正，调出和谐、解出美丽，成为贵州创新生态文明建设的“一枝花”，打造律师服务生态文明建设的“活样本”！习近平总书记说：“绿水青山就是金山银山。”[1]我们期待着，在我们心目中，生态贵州、美丽贵州的形象正是，“九山抱一水，一水分两城”“马头倒挂千岩月，虎落斜穿万树云”。

“涉历长亭复短亭，兼旬方抵贵州城”，当然这说的是宋朝。

1 《绿水青山就是金山银山——关于大力推进生态文明建设》，载中共中央宣传部编：《习近平总书记系列重要讲话读本》，学习出版社、人民出版社2014年版。

而今天可谓“坐地日行八万里，巡天遥看一千河”。国浩有几十名律师从北京、上海、深圳、广州、福州、南京、西安、济南、南宁、武汉、长沙、成都、太原、乌鲁木齐等地齐聚贵阳，更有香港、郑州、合肥、上海的律师同仁和证券界朋友不远千里奔赴大西南，共祝，同庆。

“江从白鹭飞边转，云在青山缺处生。”让我们祝愿中国法治建设的明天更加美好！

（这是作者于 2017 年 6 月 9 日在贵阳国浩生态环境保护人民调解委员会揭牌仪式上的发言）

祝福国浩品牌来到北欧

非常高兴地看到，在中国驻瑞典大使馆领导的指导下，在瑞典马格努松律师事务所的支持下，经过精心筹备，国浩跨境并购论坛今天闪亮开幕。在此，我谨代表国浩律师事务所，向大使馆参赞先生、马格努松主席以及各位来宾，表示最热烈的欢迎和最衷心的感谢！

今天论坛的意义就在于，它标志着国浩这个中国法律服务的品牌正式来到瑞典、来到北欧，也同时成为国浩与马格努松战略合作关系进入新阶段的里程碑，更重要的是，宣告了双方为中瑞两国企业投资与贸易所搭建的互动交流平台的盛大揭幕。

伴随着中国经济的迅猛发展与法治建设的不断推进，中国法律服务业迅速成长。目前中国已拥有32万名律师，2.6万家律师事务所，中国律师的服务已遍及政治、经济、社会生活的方方面面，发挥着不可替代的独特功能。

国浩律师事务所无疑是中国律师行业快速发展的一个缩影。目前国浩已拥有2000名员工、1600多名律师、400多名合伙人，在全球拥有26间办公室，包括斯德哥尔摩办公室。虽然我们这间办公室年龄最轻，但它在国浩大家庭中最幸运，因为它有25个兄长，而且令我们骄傲的是，我们这间办公室的管理合伙人是美丽又智慧的揭梅女士。当然，还有一个令我们斯德哥尔摩办公室幸运的事就是，它建立在国浩与马格努松这家在北欧最有影响力的律师事务所之间的战略合作关系基础上，正是这种战略合作关系，不仅使我们这间办公室快速发展，而且也会令整个国浩的国际化业务发展空间无限。

今天，来自国浩11个办公室的12名管理合伙人齐聚在这里，不仅为国浩斯德哥尔摩办公室的创建站台，更为国浩与马格努松这一战略合作关系的建立祝福。尽管我们已发展神速，但在许多国际领先大所面前，我们还应当做一个学习者、跟随者，做一个合作者、共行者。

今天上午，我们与马格努松主席的团队进行了友好和深入的交流，深化战略合作关系，建立持续合作机制，致力于为中国及北欧的企业家提供优质而高效的跨境投资与并购法律服务。在交流中，我为国浩与马格努松合作的愿景作出分析与展望。

一是交流信息。透过国浩斯德哥尔摩办公室的这个对接点，我们交流彼此国家投资与贸易法律及政策的最新情况，传送各自法律服务领域的客户信息。知情，是合作的前提。

二是搭建平台。在交流信息基础上，我们搭建促进和促成各国客户达成合作、形成交易的平台，我们作为律师，最愿意看到我们的客户在我们的撮合下成功牵手。

三是合作执业。对于中国客户的瑞典法律服务需求，国浩将协调聘请马格努松律师提供服务，而在此过程中的中国法律服务，国浩将义不容辞做好配合。反之，亦然。在我们彼此的执业合作中，我们的关系会变得更坚固、更持久。

四是互动人员。在合适的条件下，我们愿意安排国浩的青年律师来马格努松学习与培训，贴身学习国际律所的先进执业理念和管理经验；同样，马格努松如有此需求，国浩亦乐见其成。

五是同办论坛。今天的论坛是我们这一设想的“首秀”，定会一鸣惊人、一炮打响。我们期待着第二届论坛在中国举行，有马格努松的合作人登台亮相，介绍瑞典的法律制度与瑞典客户的法律服务需求。

六是共建联盟。中国国家主席习近平“一带一路”倡议得到越来越多国家和地区的响应。作为中国领先的律师事务所，国浩将牵头组织“一带一路”法律服务国际联盟，邀请“一带一路”相关国家当然也包括环波罗的海国家的律师广泛参与。在此，我已诚恳邀请马格努松主席先生能拨冗出席今年 7 月底在中国举办的“一带一路”法律服务论坛，并成为这个联盟的发起成员方。

大数据告诉我们，2016 年中瑞双边贸易额达到 125 亿美元；而截至去年年底，中国在瑞非金融类投资总额为 36 亿美元。哪里有投资与贸易，哪里就有合同和争议，哪里就有法律和律师。律师服务与投资和贸易，可谓如影随形。在保驾护航的同时，法律服务又可以发挥引领与促进的推波助澜的作用。

在今天论坛上，国浩律师将就跨境并购的法律应对与税收筹划提供高端演讲，同时我们可以聆听瑞典法律专家有关中瑞投资并购实践与总结的高见，瑞典驻华前大使 Mikael 也将就中瑞企业合作的文化因素发表高论。我们期待着本次论坛的精彩纷呈、亮点频频，我们也期待着我们还有第二次、第三次这样的论坛，我们更期待着国浩与马格努松将这样的论坛开到中国、开到北京。“春风得意马蹄疾，一日看尽长安花。”我们在斯德哥尔摩的时间只有短短一两天，但我们相信一定会大饱眼福、收获满满。

（这是作者于 2017 年 5 月 8 日在斯德哥尔摩跨境投资并购论坛上的致辞）

为绿色经济创新法律服务

非常高兴和荣幸在斯德哥尔摩参加第二届中瑞绿色经济合作大会。今天在座的大多是企业家、科学家、投资家，以及政府高官，还有我们中国律师代表。而我想表达的是，绿色经济发展、绿色经济合作，离不开法律服务、少不了律师参与。

科技创新需要知识产权法律师，商品交易要求合同法律师，跨境投资呼唤国际投资法律师，公司融资要求金融证券法律师，企业运营需要公司法律师，争议解决求助诉讼仲裁律师。相对于科技创新与经济发展，法律服务无疑是如影随形、鞍前马后。当然，法律服务本身也是服务经济，也是绿色经济。因此，绿色经济的创新、发展、合作对作为绿色经济本身的法律服务是不可或缺的!

通过国浩发展研究院对国浩律师参与的跨境投资与贸易项目的大数据统计，中国企业对欧投资领域最新集中在高端制造业、清洁能源、医疗与健康、信息技术、农业与食品、旅游与娱乐、金融服务业等；国浩律师代表的客户既有中国航天、中国交建这样的世界500强企业，也有申达股份、帅康集团等上市公司与民营资本，而涉及的瑞典企业大多为沃尔沃、宜家、伊莱克斯、瑞典银行等在中国耳熟能详的世界级品牌。

德勤发布的《2017中国企业海外投资指南》显示：战略投资仍然被鼓励；与主业密切相关的，以技术和供应链为主要标的的并购将保持快速发展；智能制造、数字经济和消费升级相关的投资并购，将成为2017年的海外投资亮点；中国制造业在全球建立产业园区的步伐继续加快；欧洲和北美仍然是中国企业海外投资最重要的目标区域；中国倡议驱动的与“一带一路”相关的海外投资仍然保持旺盛势头。

国浩发展研究院的统计结论认为，虽然中国政府近期采取了跨境投资的综合管控措施，但中国政府始终表示，坚持实行以备案制为主的对外投资管理方式，把推进对外投资便利化和防范对外投资风险结合起来。总体而言，2017年中资企业海外投资并购将稍低于2016年的并购高潮，但在2018年可能继续创下新高。从长期来看中国企业海外投资趋势不可逆转。

正因如此，作为中国最大的法律服务机构之一的国浩律师事务所，我们的26个全球办公室、2000名员工、1600名律师、400名合伙人，正夜以继日地工作着。昨天下午我们与马格努松律师事务所在瑞典斯德哥尔摩举办的“跨境投资并购论坛”精彩纷呈，而在同一时间，国浩在西班牙马德里的“跨境投资并购论坛”也热火朝天。

这正是国浩作为法律服务的“跟随战略”，企业走出去，国浩跟出去；外资来中国，国浩始终在。当然，这只是国浩市场战略的第一步，接下来我们推进的是“引领战略”，即通过国浩的信息网络触角，为客户提供商务信息与交易机会，充分发挥“中介者”“经纪商”“促成人”的功能。中国有句话叫“成人之美”，我们将做好“红娘”，让更多的“有情人”“喜结连理”。就像刚刚陈育明大使所倡导的：多提供信息、多创造机会、多解决问题、多办些实事！

基于上述理念，国浩来到了瑞典，将我们北欧办公室设在了斯德哥尔摩，并与北约最具规模、最负盛名的马格努松律师事务所达成战略合作。我们联手的目的就在于打造一个为中国企业赴瑞投资、为瑞典公司来华兴业提供全方位、无缝隙、高效率跨境法律服务的平台与系统。作为在瑞典设立办公室的第一家中国法律服务机构，国浩律师事务所期待着为中瑞两国科学家、企业家、投资家的交流与合作，贡献我们应有的力量，发挥我们应尽的作用！

（这是作者于2017年5月9日在斯德哥尔摩“第二届中瑞绿色经济合作大会”上的演讲）

开启我们的“希望之旅”

穿越万米高空，飞行近万公里，33名律师从亚、美、欧三大洲的25个城市，来到英国，来到剑桥，目的只有一个：做一次学生，做一次剑桥的学生。

中国有句古话：活到老，学到老。律师是一个终身学习的职业，但国浩律师集团管理层集体，集中五天的时间，集合在剑桥大学校园，系统学习“领导力”，这还是第一次。而且据我所知，在中国律师界亦属首次！

我把我们的这个第一次称为“探索之旅”。我们是JUDGE商学院为中国律师事务所量身定制的“领导力”课程的“试吃者”。如果的确是美味可口的“饕餮大餐”，我们不仅在国浩2000名员工中推广，而且可以推介到中国30万律师中。其实，今天一天Guy、Tim、Lionel三位老师的精彩教授，已经体现了这套大餐的丰盛。须知，律师事务所的管理，是中国律师行业永恒的课题、持续的主题。

我也把我们的这个第一次叫作“光明之旅”。因为我们从中国北京、上海、香港飞来伦敦的时候，一路上窗外都是阳光灿烂，充满光明。这也预示着我们在剑桥的学习阳光不断、光明无限。同样，我们在剑桥的所学、所思、所获，也将如阳光一般，照亮我们未来的律师之路。Woodward大使女士在刚才的贺信中特别提到，全球法律服务市场正历经重大变化。因此，在这个变革的时代，只有加强学习，才能使自己的发展道路充满光明。

我更愿意我们的这个第一次成为“希望之旅”。我的儿子在读九年级，他告诉我他们学校的墙上有一句话：“学校，就是让他的学生的未来充满希望。”今天，我们充满希望而来，五日后我们将充满更大的希望而去。80多年前中国著名诗人徐志摩在他著名的“再别康桥”这首诗中写道，“轻轻地我走了，正如我轻轻地来”。而我在想，我们是“轻轻地来”，可一定是“重重地走”，因为我们注定是“满载而归”：满载知识、满载理念、满载友情！

再一次感谢各位剑桥同仁！也请Tim先生向Woodward大使女士转达国浩人对她的衷心感谢！

（这是作者于2017年5月2日在剑桥大学嘉治商学院“国浩律师事务所领导力培训课程”欢迎晚宴上的致辞）

敢问路在何方，路在脚下

国浩律师事务所非常荣幸作为主办方参加“‘一带一路’中国—伊朗合作发展国际研讨会”。作为一名执业律师，我一直在想，我们能为“一带一路”建设、为中伊合作发展做些什么？今天在这里，我想说三句话。

一是中国律师了解伊朗法律的理念。

刚刚中国伊朗商会哈桑塔瓦那会长在致词中说，中伊两国都是文明古国，友谊源远流长。从法律上而言，虽然中国与伊朗属于不同法系，但法律作为一门科学、一种治国理念、一类理政方式，具有规律性、科学性、普世性，是人类的“最大公约数”。

推进“一带一路”建设强调共商、共建、共享、共赢。共享的前提是共商，共享的基础是共建，共享的结果便是共赢。在此过程中，共商的语言是法律，共建的基石是法律，共享的保障是法律，共赢的预期是法律。而律师，正是法律的实施者、法律的服务者，作用重大，不可或缺。

可以这样说，在推进“一带一路”进程中，律师不应是“后进者”，而应当是“先行军”；不仅要“跟着”企业“走出去”在“后面”，而且要“陪着”企业“走出去”在“边上”，更要“领着”企业“走出去”在“前面”。正可谓：“一带一路”，法律先行。

二是中国律师知悉中国企业的需求。

中国企业为什么“走出去”？“走出去”干什么？律师作为企业的“贴身”服务者，接地气工作的提供者，最了解企业的投资需求，最理解企业的商务战略，最懂得企业的治理结构，最知悉企业的风险防范。

今天参会的有上海电气集团，是中国最大的电气设备制造商；还有上海外经集团，是知名的专业承销商、综合承包商。他们在伊朗有项目、有经历、有经验、有想法，在接下来的发展中定会大显身手，成为中伊经贸合作的典型案例，并形成可复制、可推广的模式。

在此过程中，律师的服务不仅“马后”，而且“鞍前”，甚至“马上”；不仅“事后”，而且“事中”，甚至“事前”。企业“走出去”，律师要“请进来”。

三是中国律师助推中伊合作的实践。

找项目、谈项目、签项目、做项目；有争议，来调解，选仲裁，或诉讼，在此整个流程、全部系统中，律师的参与是全方位、有深度的。

刚刚商务部五矿化工商会陈锋会长客观冷静地分析了中伊经贸合作中的诸多问题，通过外交、法律等综合途径，一定会将其迎刃而解。律师不仅服务商业交易与项目投资，而且关注人心相通与人文关怀，同时在更高层次上推进国家涉外法律体系建设、参与全球治理规则建立。

蓝迪国际智库赵白鸽主席刚才在讲话中提到三天前由国浩、蓝迪、北大合作的有关“一带一路”法律思维与律师服务的论坛，在这个论坛上我们应该形成了这样一种共识：法律不仅仅是“护航者”，而且更应该成为“领航人”；律师服务不是万能的，但没有法律服务，却是万万不能的。目前在中国，已经有 28 万名执业律师、2.5 万家律所，而且形成了一批规模化、专业化、国际化的大所，中国律师在服务“一带一路”建设中定会大展宏图。

最后我想说，刚才国家发改委张丽娜司长在讲话中引用了

“长风破浪会有时，直挂云帆济沧海”这句话，可以理解这说的是“海路”“一路”；而说到“陆路”“一带”，我想起在中国非常著名的那句歌词，“踏平坎坷成大道，一路豪歌向天涯”“敢问路在何方，路在脚下”！让我们共同努力！

（这是作者于2015年12月22日在“一带一路”中国—伊朗合作发展国际研讨会上的发言）

“一带一路”：法律先行，律师领航

谢谢各位出席“第三届国浩法治论坛”，并坚守至此时的闭幕式。

这两天天天念叨“一带一路”，于是颇有一点恍惚。中午走过光华管理学院，门口正好有一个地下停车库，我看到上面有这样几个字：谨慎慢行，“一带一路”。我想北大到底是民主、独立、自由之地，也敢与中央精神唱反调。不过再走近一看，原来是：谨慎慢行，“一杆一车”！

今年一年特别是下半年，我也参加了许多有关“一带一路”的国际研讨会、高峰论坛，我的理解高大上者有之，接地气者有之，但兼具有高大上和接地气者，或鲜有如我们今天的论坛。今天高大上到什么程度？“全球治理与全球经济一体化”！接地气到什么程度？连“到境外设立公司不要设全资子公司，最好持股 49%”如此实操细节，都有所论及。于是我就在想，这确不是我们主办方的自吹自擂，而实为今天的论坛成果，如全国人大常委会法制工作委员会民法室扈纪华主任刚刚在互动交流环节所言，“有料”！我们到日本去都知道，“有料”就是收费的，收费的说明是有价值的啊。因此我说，今日之论坛，有料、有价值、有收获！

党的十八届五中全会明确了“五大发展理念”，上午不少专家从不同角度解读了“五大发展理念”，我想接下来用“五大发展”来表达我对今天论坛以及“一带一路”法治思维与法律服务的思考。

第一，创新发展。

今天论坛本身就是一次机制创新。国浩突出其实操性、接地气，北大和蓝迪突出其理论性、高大上。我们将实践中的“问题”，作为我们论坛的“主题”，列为交流互动的“话题”，其本身也是法学院课堂上老师的“课题”，而这些研究成果用来指导律师的执业实践，于是我们不再有更多的“难题”。通过这样一种理论性和实践性的结合甚至融合，实现知行合一而不是坐而论道。

同时，我们服务“一带一路”更要创新发展。首先是创新服务方式。以前可能是“坐等”，现在一定要“出击”；过去叫“请律师”，今天我们能不能“送服务”；企业“走出去”，我们要做“先行军”。刚刚民主与法制社总编刘桂明说在“方向、方式、方位”上，都要实施转变，可谓一语中的。

今天论坛我们邀请了陈世民和李敏两位企业家代表发言，不管出于民营还是来自央企，其实都是在谈企业“走出去”的法律服务需求。于是，我们既要“有求必应”，而且更要“创造需求”，其实这也正是律师服务的“供给侧”结构性改革。习近平总书记一直讲，要发挥立法的引领和推进作用。同样，我们的法律服务也要发挥推进和引领功能，不仅是“保驾护航”，还要做到“推波助澜”；不仅做护航者，而且要争当“领航人”。

其次是创新服务内容。现在我们讲到涉外法律服务，更多的是讲跨国并购、跨境融资。接下来，我们要加大争议解决的法律服务力度。我一直讲一句话，如果把律师业务比喻为皇冠的话，那么争议解决法律服务就是皇冠上的明珠，而涉外诉讼和仲裁无疑是明珠上折射出的最亮的那道光，如同金融类诉讼与仲裁业务。我们要加强争议解决法律服务的研究和拓展，不光是国浩，或者说整个律师行业也应如此。刚刚最高人民法院刘敬东庭长和上海国际贸易仲裁委员会马屹秘书长的演讲，给我们点了题，于是这个题要我们自己去破、去解。

再次是创新服务模式。集团出海、集约作战、集成服务、集合介入。我们律师要联手、携手企业家、金融家、投资家，以及会计师、评估师、咨询师一起，共同“走出去”。我们有律师把这一战略总结为“法律服务 +”，非常有道理。法律服务中集合介入值得关注，我们能不能不纯粹地做一个买卖、投一个项目，重要的是还要融入文化、人文乃至情感，这就是我们说的“一带一路”共同目标即“五通目标”中，除了政策沟通、设施联通、贸易畅通、资金融资外，民心相通的重要性。

最后是创新服务团队。其中核心是，我们要培养、打造高端的涉外法律服务团队。一方面要“自养”，国浩已经建立了律师学院。另一方面要“包养”。其中一个是“外包”，司法部、全国律协启动了涉外法律服务领军人才培养战略，国浩有五名律师成为“涉外法律服务领军人才”：黄宁宁、孔嘉、谢湘辉、陈发云、孙晓彦。国浩与北大也已联合举办了“国浩英才”培训计划，塑造我们的“青年近卫军”。另一个则是“打包”，就是打包培养我们的涉外诉讼业务团队和非诉讼业务团队，真正实现综合化法律服务。只有这样，才能争当如司法部研究室的姜海涛主任演讲中所要求的“一带一路”法律服务的“排头兵”和“主力军”。

第二，协调发展。

我的理解是有四个方面的协调。首先是国内法治和国外法治的协调。今天北京大学邵景春教授讲得非常专业、相当到位。如“中国国内法规则的国际化”“示范法”等，这些内容无疑对我们的律师提出了更高的要求，不仅“博古通今”，还要“中西合璧”，或“东风西渐”也好，或“西风东渐”也罢，要提升到这样的一种层次与格局，于是中国律师便会发挥更大的作用。

其次是东部律师与西部律师的协调。一谈到国际业务，大家马上想到“北上广”，其实不然，大家仔细看论坛主席台的背景板，这是一个“一带一路”的地图，“丝绸之路经济带”的连接点正是在西部。如“中巴经济走廊”，新疆地理位置优势不言而喻；如重庆“绿皮火车”，满载商品直达欧洲大陆中心地带；而想当年“丝绸之路”起点的西安，唐朝时其国际化程度全世界最高；还有，“面向东盟的桥头堡”，正是在云南。上述这些地方都有国浩的团队，在集团的平台上，要协调、协同推进我们对“一带一路”的法律服务。

再次是理论研究和拓展业务的协调。我们有国浩发展研究院，我们的律师们已经有了丰硕的研究成果。古人云：“企者不立，跨者不行。自见者不明，自是者不彰。”我们要静下心来，扎扎实实地做好这些基础性的研究工作。机遇不会垂青于没有准备的人，天上不会掉馅饼。还是这句老话：一分辛勤一分成果，一分汗水一分收获。唯有做好理论研究，方能在拓展业务中大显身手。

最后是解决个案和服务大局的协调。做项目、做案子，要收费、讲效果、论效益，但更重要的，我们能不能从“个案”，尤其从“大案”“要案”，上升到“文案”，甚至“议案”，直至形成“法案”，进而推进立法、完善法治。我们应该有这样的格局，应该有这样的情怀。我们不仅是服务个案，我们更要去推进法治，这是国浩应有的家国情怀！

今天蓝迪国际智库赵白鸽主席讲“全球治理”，全国人大法律委张鸣起副主任讲“命运共同体”，我们中国律师应致力参与全球治理规则的制定。我们有没有这个能力和实力，但首先我们要有这样的一种志气和愿景。因此我刚才坐在那里就想，如果在如邵景春教授所说的相关协议（或协定、或安排）的谈判桌上，有中国律师的声音；如果在这些协议（或协定、或安排）的签字仪式上，有中国律师的身影；如果在这个协议（或协定、或安排）的新闻发布会上，是中国律师在参与解读，那么我说，中国是大国，中国的律师才真的是大国律师！

我想，我们在北大的讲台上，真的是要有这样的格局、这样的情怀才行。国浩，策国者浩！这个“国”，是国浩，是国家，也是国际。这是我们应有的眼光和胸怀！

第三，绿色发展。

对于“绿色”，我的理解是健康、可持续。我们要推进我们的论坛，也推进我们的法律服务实现健康、可持续的发展。

国浩法治论坛已经举办了第三届。第一届谈城镇化的法律思维，第二届论科学立法民主立法，而今天第三届说“一带一路”的法治。从这些主题看，我们关注国家发展、关注行业机遇、关注社会责任，其实这也是国浩作为一个中国一线律师大所应有的担当！当然我们的论坛还会有第四届、第五届、第六届。司法部周院生司长告诉我，这个论坛可以叫作国浩法治年会，我说，有道理，年会，年年搞、年年新！

第四，开放发展。

“开放”一词，我的理解是相对一个主体而言的对外的开放，其实体现的是这个主体的胸怀。于是，相对律师而言，我们要向政府开放、向司法机关开放、向企业开放、向专家学者开放，也包括向我们行业自己的开放。当然，开放是手段，合作是目的。因为开放，才会了解，才能互动，才有合作。开放、了解、互动、合作，这是一个渐进的过程，这是一个递进的程序。

第五，共享发展。

今天大家一直说“共”：共商、共建、共享、共赢。我想，共享的前提是共商，共享的基础是共建，而共享的结果就是共赢。

前几天，习近平总书记在乌镇互联网大会上说到，互联网使得各国“鸡犬之声相闻”，不再会“老死不相往来”。[1]“鸡犬之声相闻”“老死不相往来”这两句话，是老子对所谓“理想国”的描述：“甘其食，美其服，安其居，乐其俗。邻国相望，鸡犬之声相闻，民至老死，不相往来。”

而今日之世界，开放与互动，浩浩荡荡，顺之者昌，逆之者亡，必须致力共享。共商也好，共建也罢，还有共赢与共享，其实都要遵循一个规则，那便是所谓人类的最大公约数的法律。共商的语言是法律，共建的基石是法律，共享的保障是法律，共赢的预期是法律！

说到这里，也正契合我们今天论坛的主题，即“法治思维与法律服务”。我们不可以单讲法律服务，我们应该前面再加一个法治思维，法治思维让我们法律服务的眼界更高，让我们法律服务的格局更大，让我们法律服务的思考更深。

古人有道是，“凡益之道，与时偕行”。推进“一带一路”建设，为中国律师事业发展带来了难得的，甚至是千载难逢的机遇。作为思想家的朱熹有诗曰：“昨夜江边春水生，艨艟巨舰一毛轻。向来枉费推移力，此日中流自在行。”

“一带一路”建设，对中国律师事业的改革与发展而言，

1　参见《习近平：在第二届世界互联网大会开幕式上的讲160话》，载《人民日报》2015年12月17日，第2版。

无异于如“江边春水”一般。“一带一路”，是我们的修炼之路；“一带一路”，是我们的取经之路；“一带一路”，是我们的成长之路！我们一直在路上。不是口号，重在落实；而今起步，从我做起。

以上，这既是我的论坛总结，也是我的学习体会！

（这是作者于2015年12月19日在第三届“国浩法治论坛：‘十三五’背景下推进‘一带一路’建设的法治思维与法律服务”闭幕式上的总结讲话）

四

思考

每一个

思者的感悟，

都是在

试图探寻

这个行业的

成长规律

“精神”与“样子”

习近平总书记在庆祝中国共产党成立一百周年大会上的重要讲话，全面总结了中国共产党成立100年来波澜壮阔的奋斗历史，精准提炼了中国共产党由小到大、由弱到强的历史性发展规律，系统阐释了中华民族迎来从站起来、富起来到强起来伟大飞跃的历史逻辑、现实逻辑与理论逻辑，深刻剖析了中国共产党为什么能、马克思主义为什么行、中国特色社会主义为什么好的规律性认识，完美展示了中国共产党领导全国人民努力实现中华民族伟大复兴的中国梦的光辉前景。这是实现全面建成社会主义现代化强国的目标、实现中华民族伟大复兴的中国梦的纲领篇章、航行指引！

一

习近平总书记的重要讲话特别阐述了坚持真理、坚守理想，践行初心、担当使命，不怕牺牲、英勇斗争，对党忠诚、不负人民的伟大建党精神。这一精神，是中国共产党的精神之源，从而构建起中国共产党人的精神谱系，锤炼出鲜明的政治品格。这一精神，将指引着中国共产党人不忘初心，继续奋斗，从一个胜利走向一个胜利！

精神，从广义上来说，是指人类的心理状态、观念意识。从哲学层面来说，精神是与存在、物质相对应的现象。从狭义上来说，是某一个国家、民族或者群体在某种特别条件下表现出来的一种精神类型。

党史上所说的精神，主要指党在实践活动中表现出的观念、气质、信念、意志、风范等非物质现象，也特指各种精神类型及在一定时期一定环境下形成的、具有特定内涵外延以及种种特点的某种精神类型，是一种特定的人类文明结晶，是一种人类精神的类型。

初心使命定性精神实质，伟大事业孕育精神内容。

中国共产党一经诞生，就把为中国人民谋幸福、为中华民族谋复兴确立为自己的初心使命。一百年来，中国共产党团结带领中国人民进行的一切奋斗、一切牺牲、一切创造，归结起来就是一个主题：实现中华民族伟大复兴。

为了实现中华民族伟大复兴，中国共产党团结带领中国人民，浴血奋战、百折不挠，创造了新民主主义革命的伟大成就。为了实现中华民族伟大复兴，中国共产党团结带领中国人民，自力更生、发愤图强，创造了社会主义革命和建设的伟大成就。为了实现中华民族伟大复兴，中国共产党团结带领中国人民，解放思想、锐意进取，创造了改革开放和社会主义现代化建设的伟大成就。为了实现中华民族伟大复兴，中国共产党团结带领中国人民，自信自强、守正创新，统揽伟大斗争、伟大工程、伟大事业、伟大梦想，创造了新时代中国特色社会主义的伟大成就。

由此可见，“救国大业”创造了新民主主义革命的伟大成就，“兴国大业”创造了社会主义革命和建设的伟大成就，“富国大业”创造了改革开放和社会主义现代化建设的伟大成就，“强国大业”创造了新时代中国特色社会主义的伟大成就。

正因如此，一百年来，中国共产党团结带领中国人民，以“为有牺牲多壮志，敢教日月换新天”的大无畏气概，书写了中华民族几千年历史上最恢宏的史诗。这一百年来开辟的伟大道路、创造的伟大事业、取得的伟大成就，必将载入中华民族发展史册、人类文明发展史册。

此过程中，我们党培育形成了一系列展现中国共产党人精神风貌的精神。这种精神革命时期可以概括为革命精神，建设时期可以概括为建设精神、创业精神，改革开放时期可以叫改革创新精神、时代精神。

在今年2月20日的党史学习教育动员大会上，习近平总书记列举了井冈山精神、长征精神、遵义会议精神、延安精神、西柏坡精神、红岩精神、抗美援朝精神、“两弹一星”精神、特区精神、抗洪精神、抗震救灾精神、抗疫精神等伟大精神。这些精神按照历史顺序构成了一个长长的系列，所以总书记将其称为“精神谱系”。

今天，我们在共产党诞生地之一的嘉兴。2005年6月21日，时任浙江省委书记的习近平同志，在《光明日报》上发表文章《弘扬“红船精神”走在时代前列》，首次提出并阐述了“红船精神”，阐述了中国共产党的源头精神。

“红船精神”内涵概括为三个方面：开天辟地、敢为人先的首创精神；坚定理想、百折不挠的奋斗精神；立党为公、忠诚为民的奉献精神。“红船精神”是中国革命精神之源，中国共产党历史上形成的优良传统和革命精神，无不与之有着直接的渊源关系。

可以这样理解，以习近平同志为核心的党中央提出的伟大建党精神，是对中国共产党人精神谱系的系统凝练、综合概括。“坚持真理、坚守理想”昭示了共产党人的思想意识，“践行初心、担当使命”明确了共产党人的理想信念，“不怕牺牲、英勇斗争”揭示了共产党人的精神风貌，“对党忠诚、不负人民”彰显了共产党人的政治伦理。建党精神，为新时代共产党人树立了不朽的精神丰碑，为立党兴党强党提供了丰厚的精神滋养。

二

我个人理解，崇高理想与坚强意志，应该是伟大的建党精神的核心要义。

在学习党史过程中，我看了金一南教授演讲的一段视频“朱德为什么被誉为新中国十大元帅之首，很少有人知道的幕后故事”。其中特别谈到南昌起义失败后朱德在三河坝和天心圩的艰难日子。我又由此延伸阅读了《朱德传》《火种》等书籍，对《火种》一书中“朱德从南昌暴动的一个中层指挥员成为红军之父、共和国第一元帅，绝非偶然和运气”这一论断有了更全面的了解、更深刻的理解。

我觉得，在朱老总身上展现出的，一是信仰，二是意志。

当年在天心圩召集的军人大会上，朱德同志说：“大家知道，大革命是失败了，我们的起义军也失败了，但是我们还是要革命的。同志们，要革命的跟我走，不革命的可以回家，不勉强。但是，大家要把革命的前途看清楚。1927 年的中国革命，好比 1905 年的俄国革命，俄国在 1905 年革命失败后，是黑暗的，但黑暗是暂时的，到了 1917 年革命终于成功了。中国革命现在失败了，也是黑暗的，但黑暗也是暂时的，中国也会有个‘1917’的，只要保存实力革命就有办法。”

粟裕同志当时就在队伍中，他回忆说：“朱德同志这些铿锵有力、掷地有声的话语，精辟地分析了当时的政治形势，展示了革命必然要继续向前发展的光明前景，令人信服，感人至深。”应当说，在南昌起义中朱德同志的地位并不高，起义过程中他的任务是“请客”，起义失败后他的任务分别是“先锋”和“殿后”，没有在决策层，有点像“打杂的”。就像陈毅同志所说的：“朱德同志在南昌暴动的时候地位并不算重要，也没人听他的话，大家只不过尊重他是个老同志罢了。”然而朱德同志依靠自己坚定的意志和灵活的策略，把这支仅存的南昌起义队伍保存下来。在最艰难困苦的时候，朱德同志没有随波逐流，而是成为中流砥柱，靠的正是他对革命成功的坚定信仰和与众不同的战斗意志。

正如习近平总书记所说：“历史告诉我们，革命理想高于天，人民军队之所以能够攻坚克难、战无不胜、发展壮大，关键是人民军队有马克思主义理论武装，有崇高理想信念，有为理想信念而英勇献身的崇高追求。崇高理想信念是人民军队勇往直前的精神力量，是全军将士心中熊熊燃烧的火炬。”

最近在我们事务所党委学习会上，我也特别举到了这个例子。我说在朱德同志身上充分彰显了崇高理想和坚定意志，这是我们的党、我们的军队战胜一切困难、取得一个又一个胜利的精神根源。正是：人无精神不立，国无精神不强，党无精神不兴，军无精神不胜！

三

说到“精神”，我又想到另外一个词——“样子”。习近平总书记在十九大刚结束率新一届领导班子集体亮相时这样说：“新时代要有新气象，更要有新作为。中国共产党是世界上最大的政党，大就要有大的样子。”[1]

“样子”是我们老百姓的语言，稍微文雅一点就用“形象”。有专家给它下了一个定义：一定的主体基于其在本质而表现出

1 习近平总书记在十九届中共中央政治局常委同中外记者见面时的讲话。参见新华社《习近平总书记在十九届中共中央政治局常委同中外记者见面时的讲话（新华网文字实录）》，转载中共中央党校网 2017 年 10 月 25 日，https://www.ccps.gov.cn/zt/sjdtbzt/sjdtt/201812/t20181210_115738.shtml。

的外部状态和面貌，通过中介渠道的传输，由客体接受而形成的关于主体面貌的总的感觉、印象、认知和判断。

“样子”具有客观性和主观性。客观性说的是对象，对谁的印象；主观性说的是自我，是我对谁的印象。“样子”具有复杂性。自我的认识，既有时间的复杂性，也有空间的复杂性。“样子”具有中介渠道的重要性。所谓耳听为虚，眼见为实，听也好，看也好，说的都是“介质”，都会给“样子”带来正面的、反面的或者说各种各样的影响。“样子”具有价值性。就是要对“样子”做价值判断，要有价值标准。这个标准就像是一把尺子，可以量一量长短；又像是一面镜子，可以照一照有无；也像是一个瓶子，可以试一试深浅；更应像一把刀子，可以对自身的毛病乃至于毒瘤痛下杀手。我们说的这个标准，应该是一个“应然”标准，就是应该成为什么样的样子，或者“理想的样子”；相比较而言，还有“历史的样子”“现在的样子”。专家分析说，应然标准中应体现“真善美”的概念。“样子”二字说说简单，可仔细琢磨并不简单。只有深刻理解、全面把握，我们才能塑造好的样子，打造好的形象。

就像共产党的样子，习近平总书记就用这样的标准来表达：“我们要永葆磅礴朝气，永远做人民公仆、时代先锋、民族脊梁。”[1]

1 参见《习近平：新时代要有新气象更要有新作为中国人民生活一定会一年更比一年好》，载《人民日报》2017年10月26日，第2版。

这里的人民公仆、时代先锋、民族脊梁以及蓬勃朝气，就应该是共产党的样子和形象！在此基础上，党史专家用十个词来进一步描述共产党的样子："先进、为民、善治、改革、民主、法治、廉洁、奋斗、开放、文明。"

站在世界的聚光灯下，大党之"大"，在于有大胸襟担大任，有大理想明大义，有大情怀行大道，有大格局成大业。正如毛主席所言，"中国应当对于人类有较大的贡献"。也正如习近平总书记所说，"构建人类命运共同体，实现共赢共享"。

四

精神是实质，样子是形象。精神决定样子，样子反映精神。精神体现品格，样子昭示魅力。伟大的建党精神，决定了世界上最大政党的样子，过去的、今天的、未来的，实然的、应然的、必然的。

习近平总书记 7 月 6 日在中国共产党与世界政党领导人峰会上的主旨讲话中最后说："道阻且长，行则将至；行而不辍，未来可期……中国共产党愿继续同各国政党和政治组织一道，站在历史正确的一边，站在人类进步的一边，为推动构建人类命运共同体、建设更加美好的世界作出新的更大贡献！”[1]这充分体现了中国共产党作为世界上最大的政党为人民谋幸福、为人类谋进步的历史责任与使命担当。人类只有一个地球，各国共处一个世界。为人类作出新的更大的贡献，是百年大党不懈奋斗的崇高理想。这就是中国共产党的精神，就是中国共产党的样子！

共产党的精神，是通过每一个共产党员的精神来具体表达的；共产党的样子，是通过每一个共产党员的样子来具体表现的。

6月30日下午，在山东济南的父亲给我发来微信说，他喜获“光荣在党50年纪念章”。佩戴着纪念章的老父亲神采奕奕，精神矍铄。我的父亲入党已经66年，而我本人入党年逾34年，两者相加正好100年。我和父亲相约，以我们的党龄百年，共同庆祝建党百年，并祝福我们的党历经无数百年、永远风华正茂！7月1日上午，我们全家，我所在的律师事务所，都在认真学习习近平总书记的讲话。总书记的讲话，将指引我们在人生奋斗路上坚守理想、矢志不渝，做一名合格的共产党员，为共产主义事业奋斗终生。

一百年，优异答卷；二百年，赶考路上。不负时代，不负韶华，不负期望！作为一名党员，应该发扬建党精神，应该有党员的

1 习近平在中国共产党与世界政党领导人峰会上的主旨讲话。参见《加强政党合作　共谋人民幸福》，载《人民日报》2021年7月7日，第2版。

样子；同样，作为一名律师，也应该发扬中国律师的精神，应该有中国律师的样子。而作为一名中共党员律师，我们都应坚决响应并切实践行党中央和总书记的号召：

“牢记初心使命，坚定理想信念，践行党的宗旨，永远保持同人民群众的血肉联系，始终同人民想在一起、干在一起，风雨同舟、同甘共苦，继续为实现人民对美好生活的向往不懈努力，努力为党和人民争取更大光荣！”[1]

（这是作者于 2021 年 7 月 14 日在全国律师行业党委学习会上的发言）

1　习近平：《在庆祝中国共产党成立 100 周年大会上的讲话》，载《求是》2021 年 7 月 16 日，第 14 期。

“海南真吾乡”，建设自贸港

在《海南自由贸易港法》正式公布施行的重大历史时刻，紧紧围绕建设海南自由贸易港的重大历史机遇，今天，我们天南海北，集思广益，凝心聚力，共同探讨与建设高水平的中国特色海南自由贸易港相适应的自贸港法律体系建设，正可谓：乃国之大者，为正当其时。我谨代表主办方国浩律师事务所，向现场的、线上的领导们、朋友们、专家们表示热烈的欢迎和衷心的感谢！

推进海南全面深化改革开放、建设海南自由贸易港，是以习近平同志为核心的党中央作出的重大战略决策。

今年6月10日，第十三届全国人民代表大会常务委员会第二十九次会议通过了《自贸港法》，并于同日公布施行。至此，海南自贸港建设的基础法律框架已经在国家层面正式确立，海南自贸港建设由此进入了新的篇章。

在迟福林院长的亲自倡议、统筹谋划、直接部署下，中国（海南）改革发展研究院与国浩律师事务所于2020年8月15日合作设立中改院——国浩自贸港法律研究院。迟院长将中改国浩自贸港法律研究院的设立，列入了中改院当年的十件大事，这既是对研究院未来的发展寄予厚望，更是深刻地认识到海南自贸港法治研究和制度建设在自贸港建设中所发挥的关键性、基础性作用。

正是在这样的背景下，研究院自成立起，就紧紧围绕海南自贸港法治建设开展了大量卓有成效的工作。其中最为重要的，就是汇集资源、凝结共识，开展《自贸港法》研究，参与推动国家层面立法。

经过多次座谈论证、会议研讨、挑灯夜战、字斟句酌，完成了《海南自贸港法草案建议稿》《关于海南自贸港法立法的若干建议》《海南自贸港法立法建议50条》等多项立法建议类研究成果，迟院长安排报送全国人大及相关部委，两次获得国家领导人批示。在今年全国两会上，国浩律师事务所的两位全国人大代表递交建议，两位全国政协委员提交提案，共同推进

《自贸港法》的规范完善与适时出台。

同时，研究院牵头组织精干研究力量，开展了针对海南自贸港法律法规的梳理编纂工作。我们将2018年4月13日以来，中央及海南省出台的重要政策文件、法律法规进行了梳理总结，按照《自贸港法》确定的体例章节，将梳理出的近百项规范性文件编辑成书。目前汇编已经进入校稿修订阶段，有望于近期出版。

此外，我们还将进一步梳理编校更具实务性的海南自贸港法律规范问答手册，为海南机关、企事业单位以及有意落户海南发展事业的组织和个人，提供一本易于理解、便于使用的工具用书。同时，在条件允许的情况下，我们还计划将上述书籍译成外文，广为宣传、大力推介。

《自贸港法》的出台，只是自贸港法律体系建设的万里长征第一步。“四梁八柱”已立，更要“一张蓝图绘到底”，继续“添砖加瓦”，悉心搞好“精装修”。

《自贸港法》第10条第1款规定：“海南省人民代表大会及其常务委员会可以根据本法，结合海南自由贸易港建设的具体情况和实际需要，遵循宪法规定和法律、行政法规的基本原则，就贸易、投资及相关管理活动制定法规（以下称海南自由贸易港法规），在海南自由贸易港范围内实施。”

制定海南自由贸易港法规，是建设并形成自由贸易港法律体系的基本性工作、常态性工作，是《自贸港法》功能充分发挥、落地生效的必备性工作、保障性工作。

我们注意到，也就是在 6 月 10 日，第十三届全国人民代表大会常务委员会第二十九次会议作出《关于授权上海市人民代表大会及其常务委员会制定浦东新区法规的决定》。根据该授权决定，上海市人大及其常委会可以制定浦东新区法规。

上海市第十五届人大常委会第三十二次会议审议并通过了上海市人民代表大会常务委员会《关于加强浦东新区高水平改革开放法治保障制定浦东新区法规的决定》，自 2021 年 6 月 23 日起施行。

全国人大授权后，上海就拥有了两类立法，一类是依职权的省级人大立法，即一般的地方性法规，适用于全上海；另一类是根据全国人大授权，专门为浦东制定的法规，适用于浦东。

应该说海南的立法权资源，远比上海更为丰富。根据《立法法》和《自贸港法》第 10 条的规定，现在海南省人大及其常委会为自由贸易港制定法规的权力可以分成**三个层次**：

第一个层次，是地方性法规的制定权。其依据为《立法法》第 72 条、第 73 条的规定。

第二个层次，是经济特区法规的制定权。1988 年第七届全国人民代表大会第一次会议，在建立海南经济特区的决议里，即对海南省人大及其常委会也作了立法授权，就是经济特区法规制定权。这个经济特区法规制定权在《立法法》第74条也有相应规定。

第三个层次，是海南自由贸易港法规的制定权。依《自贸港法》第10条第1款的规定，海南省人大及其常委会根据“本法”制定相关法规即“海南自由贸易港法规”，并在自贸港范围内实施，应报全国人大常委会和国务院备案，但对法律或行政法规的规定作变通规定的，应当说明其情况和理由；而涉及依法应当由全国人大及其常委会制定法律或者由国务院制定行政法规事项的，应当分别报全国人民代表大会常务委员会或者国务院批准后生效。

因此，选择运用，灵活把握，统筹协调，用足用好。这是立法技术，也是工作艺术，更是使命所属。这是我说的第一点，三种权限。

第二点，我理解的是，**两个方向**。就是海南自贸港法规的立法方向是什么？要解决什么问题？

《自贸港法》开宗明义：“为了建设高水平的中国特色海南自由贸易港。”由此可见，“海南自由贸易港”有两个定语，一个是“高水平”，另一个是“中国特色”。我个人理解，“中国特色”是原则，是前提；“高水平”是内容，是目标。两者缺一不可，相互作用，彼此赋能，从而形成建设海南自由贸易港的明确方向、前行道路与本质属性。

从“中国特色”角度，要明确“促进社会主义市场经济平稳健康可持续发展”的立法宗旨，体现“借鉴国际经验”并“围绕海南战略定位，发挥海南优势”，彰显“贯彻创新、协调、绿色、开放、共享的新发展理念”，表达“坚持高质量发展，坚持总体国家安全观，坚持以人民为中心”，指明“实现经济繁荣、社会文明、生态宜居、人民幸福”的终极目的。

从“高水平”的角度，则应明确“海南自由贸易港建设，以贸易投资自由化便利化为重点，以各类生产要素跨境自由有序安全便捷流动和现代产业体系为支撑，以特殊的税收制度安排、高效的社会治理体系和完备的法治体系为保障，持续优化法治化、国际化、便利化的营商环境和公平统一高效的市场环境”。

第三点，**多个角度**。就是，海南自贸港法规要从多个角度展开，对标世界“高水平”开放形态的制度安排，作出多个方面的法律规范。

《自贸港法》专家迟福林教授指出，“作为‘基本法’的《自贸港法》要充分体现世界最高水平开放形态这一本质要求，最大限度与国际规则接轨，成为我国的一部‘最高水平开放法’”。

对标世界“高水平”开放形态的制度安排，要全面体现于实现贸易、投资、跨境资金流动、人员进出、运输来往自由便利和数据安全有序流动等诸多方面，并集中体现在基础性的贸易与投资自由便利两个重点内容与关键环节，从而形成自由贸易港建设的政策框架和制度体系。

在此，我想从《自贸港法》的规定内容中提炼几句话，即**在“特殊”上下功夫，在“除外”上做文章，在“严格”上立规矩**。

《自贸港法》立法的语言表达上，有“特殊”、“特别”以及“除外”、“之外”的文字运用。

例如第11条：“国家建立健全全岛封关运作的海南自由贸易港海关监管特殊区域制度。在依法有效监管基础上，建立自由进出、安全便利的货物贸易管理制度，优化服务贸易管理措施，实现贸易自由化便利化。”

又如第13条第1款：“在境外与海南自由贸易港之间，货物、物品可以自由进出，海关依法进行监管，列入海南自由贸易港禁止、限制进出口货物、物品清单的除外。”

再如第18条第2款：“海南自由贸易港全面放开投资准入，涉及国家安全、社会稳定、生态保护红线、重大公共利益等国家实行准入管理的领域除外。”

还如第19条：“海南自由贸易港对外商投资实行准入前国民待遇加负面清单管理制度。特别适用于海南自由贸易港的外商投资准入负面清单由国务院有关部门会同海南省制定，报国务院批准后发布。”

本部法律最显著的特色之一就是对生态环境保护的重视程度之高，比之以往立法可谓少见为鲜。以第五章“生态环境保护”专章，对此作了规定。如果说如上所述在贸易、投资自由便利章节中用词以“特殊”“除外”彰显推进，而该章中多用“严格”则表达规范。

例如第33条：“海南自由贸易港推进国土空间规划体系建设，实行差别化的自然生态空间用途管制，严守生态保护红线，构建以国家公园为主体的自然保护地体系，推进绿色城镇化、美丽乡村建设。海南自由贸易港严格保护海洋生态环境，建立健全陆海统筹的生态系统保护修复和污染防治区域联动机制。”

又如第34条：“海南自由贸易港实行严格的进出境环境安全准入管理制度，加强检验检疫能力建设，防范外来物种入侵，禁止境外固体废物输入；提高医疗废物等危险废物处理处置能力，提升突发生态环境事件应急准备与响应能力，加强生态风险防控。”

而上述这些“特殊”“除外”“严格”，正是海南自贸港法规重点，首要解决的重要、关键问题。

第四点，在制定海南自由贸易港法规的路径上，应处理好三个关系。

一个是上下呼应。“国家支持海南自由贸易港建设发展，支持海南省依照中央要求和法律规定行使改革自主权。”当然，该项“自主”是在“领导”与“指导”下的一种制度安排。因此该法第 6 条第 1 款规定：“国家建立海南自由贸易港建设领导机制，统筹协调海南自由贸易港建设重大政策和重大事项。国务院发展改革、财政、商务、金融管理、海关、税务等部门按照职责分工，指导推动海南自由贸易港建设相关工作。”

另一个是供需平衡。理论是灰色的，生命之树长青。立法作为上层建筑是为经济基础服务的。作为供方的立法，要适应需方的市场主体的需求。既不能为立法而立法，更不能立废法立恶法。良法善治，这是法治的基本要求。

还有一个是内外兼修。海南省人大及其常委会履行职责的同时，更应该强调民主立法。其中一个关键点应该是推进社会组织，如专业智库、律师事务所，作为第三方起草法规草案工作，充分发挥社会组织在科学立法民主立法中的作用。

一方面，社会组织的独立性将更大程度地解决立法工作中的部门化倾向。独立于政府的社会组织，具有“反映诉求、规范行为、提供服务”的社会化功能，将更大程度地减少直至一定程度地消除立法工作中的部门利益、集团利益等“部门化倾向”。

另一方面，社会组织的专业性将更大程度地提高立法工作质量。知屋漏者在宇下，知政失者在草野。以律师为例，可以说没有一个职业如律师这般深入政治、经济、文化、社会生活的方方面面，明法律之不足，确政策之不达。正因如此，律师可以精准把握“最大的社会公约数”，其参与起草的法律法规自然有较好的针对性，较强的可操作性，质量自不必说，并经法定的立法程序，良法自然天成。

在此，中改院——国浩自贸港法律研究院义不容辞，主动请缨，勇于担当！

习近平总书记在2015年2月2日《在省部级主要领导干部学习贯彻党的十八届四中全会精神全面推进依法治国专题研讨班上的讲话》中指出：“我们要坚持改革决策和立法决策相统一、相衔接，立法主动适应改革需要，积极发挥引导、推动、规范、保障改革的作用，做到重大改革于法有据，改革和法治同步推进，增强改革的穿透力。”《自贸港法》及其法律体系，应当也一定能够对推进海南自由贸易港的建设，发挥引导、推动、规范和保障的积极作用！

东坡先生当年有诗云：“他年谁作舆地志，海南万里真吾乡。”今天参与论坛的各位嘉宾，既有战斗在海南这块热土上第一线的同志们，还有更多来自天南海北四面八方的朋友们，无论身居何处、来自何方，大家都心怀家国天下，矢志投身海南自贸港建设的历史大潮之中，以“海南真吾乡”的主人翁精神，贡献着应尽的力量。我们坚信：功成不必在我，功成一定有我。

预祝本次研讨会圆满成功！

（这是作者于2021年6月25日在“首届自贸港法治论坛”开幕式上的致辞）

服务“十四五”，奉献新业绩

“十四五”时期是我国在全面建成小康社会、实现第一个百年奋斗目标之后，乘势而上开启全面建设社会主义现代化国家新征程、向第二个百年奋斗目标进军的第一个五年。在“两个一百年”历史交汇点上，法治中国建设任重道远，承载着为全面建设社会主义现代化国家固根本、稳预期、利长远的基础性功能。我们广大律师都应该认真学习、深刻领会、切实践行中共中央《关于制定国民经济和社会发展第十四个五年规划和二〇三五年远景目标的建议》（以下简称《建议》）精神和习近平总书记在十九届五中全会上的讲话，以习近平法治思想为指引，将律师事业发展融入建设社会主义现代化国家新征程中，为推进全面依法治国，为“十四五”规划和二〇三五远景目标实现提供优质高效的法律服务。

一、充分发挥律师功能作用，为全面建设社会主义现代化国家提供优质高效法律服务

1.“坚持创新驱动发展，全面塑造发展新优势。”对此，法律服务应该更加强化。

在“提升企业技术创新能力”“激发人才创新活力”“完善科技创新体制机制”方面，要强化企业创新主体地位，构建充分体现知识、技术等创新要素价值的收益分配机制。这就需要律师为企业、科研院所、科技人员提供知识产权保护的法律服务要跟上且强化。从实践中看，我国律师包括知识产权律师的“理”“工”科基础尚有不足，因此应该发愤图强，补齐短板。同时应该吸引具有“理”“工”科背景的专业人士加入律师队伍中，打造一支能够为技术创新提供全方位法律服务的知识产权律师队伍。

2.“加快发展现代产业体系，推动经济体系优化升级。”对此，法律服务应该更加优化。

在“发展战略性新兴产业”方面，要加快壮大新一代信息技术、生物技术、新能源、新材料等产业；培育新技术、新产品、新业态、新模式；鼓励企业兼并重组。在此过程中，我们应培养一批懂经济、懂产业、懂技术、懂管理、懂投资、懂并购的商务律师，常伴企业家与投资人左右，为发展战略性新兴产业保驾护航。

在“加快发展现代服务业”“加快数字化发展”方面，要建立数据资源产权、交易流通、跨境传输和安全保护等基础制度和标准规范，保障国家数据安全，加强个人信息保护。即将施行的《民法典》特别规定，“自然人的个人信息受法律保护”；而目前，我国《著作权法》刚刚修订完成，个人信息保护法正在制定过程中。我们律师应该结合自己的业务办案实践，为推进法律的修订完善和有效实施，发挥重要作用。

3.“形成强大国内市场，构建新发展格局。”对此，法律服务应该更加“转化”。

在“促进国内国际双循环”方面，要完善内外贸一体化调控体系，促进内外贸法律法规、监管体制等相衔接。在这方面给我们的启示就是，目前我们律师的专业分工过于细化，为适应国内外双循环的需求，涉外律师应该更多地接一接内贸法律的“地气”，而服务国内贸易的律师也要添一些涉外规则的“洋气”，互通有无，对接无缝，内外转化，双向兼备。

4.“全面深化改革，构建高水平社会主义市场经济体制。”对此，法律服务应该更加深化。

在“激发各类市场主体活力”方面，要毫不动摇巩固和发展公有制经济，毫不动摇鼓励、支持、引导非公有制经济发展。应该说，社会律师在服务国有企业改制重组、发行上市以及混改、治理等方面，积累了丰富的法律服务经验，但如何进一步深化服务国企改革，特别是完善现代企业制度，还需要与公司律师“内外结合”，创造出更多的服务产品。而在服务非公经济发展，特别是依法平等保护民营企业产权和企业家权益等方面，尚需律师的“大手笔”与“大智慧”。“弘扬企业家精神，加快建设世界一流企业”，呼唤世界一流的大律师。

在“加快转变政府职能”方面，要建设职责明确、依法行政的政府治理体系，持续优化市场化、法治化、国际化营商环境，提高决策科学化、民主化、法治化水平。在此过程中，政府法律顾问大有可为，大有作为。目前许多政府机构都聘请了法律顾问，但要解决的是“聘而不用”的问题，而从律师角度更要解决“顾而不问”的问题。应当提升政府法律顾问服务的前置性、全过程、独立性、权威性，这需要政府和律师双向发力。

5.“优先发展农业农村，全面推进乡村振兴。”对此，法律服务应该更加创新化。

在“实施乡村建设行动”方面，要把乡村建设摆在社会主义现代化建设的重要位置，强化县城综合服务能力，把乡镇建成服务农民的区域中心。于是，应该鼓励、支持、推进“律所下乡行动”，建立服务农民法律事务中心，形成一支懂农业、知农村、爱农民的“三农”律师队伍。

在“深化农村改革”方面，要健全城乡统一的建设用地市场；探索宅基地所有权、资格权、使用权分置实现形式。在这方面，房地产律师尚有进一步落实、落“地”之责，目前其更多的是服务城市房地产，而农村房地产法律服务尚属待开垦的“处女地”，机会不少，但问题是我们的研究与服务都应跟上。同样，深化农村集体产权制度改革，也对传统的国企律师提出进一步要求，如何为农村集体经济组织提供服务也是一个新课题。

6.“优化国土空间布局，推进区域协调发展和新型城镇化。”对此，法律服务应该更加协同化。

在“推动区域协调发展”方面，要推进京津冀协同发展、长江经济带发展、粤港澳大湾区建设、长三角一体化发展，推动黄河流域生态保护和高质量发展。我们欣喜地看到，在各地律师协会的努力下，上述区域的各城市律师协会都已经发动和组织起来，共同探讨为推进区域协调发展提供协同性法律服务。上个月在济南由济南市律师协会牵头，就举行了一次“黄河战略·律师担当”的论坛，体现了“沿黄律师”于“天降大任”之时的历史担当。

7.“繁荣发展文化事业和文化产业，提高国家文化软实力。”对此，法律服务应该更加精品化。

在“提高社会文明程度”方面，要推进公民道德建设；弘扬诚信文化，推进诚信建设；加强家庭、家教、家风建设。为此，律师应该充分发挥以案释法功能，将道德嵌入社会主义核心价值观，把法治融进全社会文明，使得法治和德治相得益彰。

在“健全现代文化产业体系”方面，要加强文化市场体系建设；加快发展新型文化企业、文化业态、文化消费模式。在此过程中，应研究文化产业发展规律、理解文化金融互动形式、把握文化企业治理模式，培育一支专业的文化产业法律服务队伍，在文化出精品的同时推出针对文化产业的法律服务精品。

8.“推动绿色发展，促进人与自然和谐共生。”对此，法律服务应该更加“绿色化”。

在“加快推动绿色低碳发展”“持续改善环境质量”“全面提高资源利用效率”方面，要强化绿色发展的法律和政策保障；推进排污权、用能权、用水权、碳排放权市场化交易；健全自然资源资产产权制度和法律法规。上述所有内容，都是律师服务的主战场。我国《民法典》是世界上第一部“着绿”的民法典，而环境保护法庭、环境公益检察早已应运而生，因此，生态文明律师服务团、绿色公益律师也应该发展、发力。

9.“实行高水平对外开放，开拓合作共赢新局面。”对此，法律服务应该更加国际化。

在“建设更高水平开放型经济新体制”“推动共建‘一带一路’高质量发展”方面，要依法保护外资企业合法权益，健全促进和保障境外投资的法律、政策和服务体系，坚定维护中国企业海外合法权益。因此，推进中国律师事务所的国际化发展生逢其时，时不我待。中国律师在为外商投资企业提供常规法律服务的同时，也应该走出国门，伴随着直至引领着中国企业“走出去”且行稳致远。

10.“改善人民生活品质，提高社会建设水平。”对此，法律服务应该更加公益化。

在“强化就业优先政策”“建设高质量教育体系”“全面推进健康中国建设”方面，要保障劳动者待遇和权益；增强学生社会责任意识；完善突发公共卫生事件监测预警处置机制。我们的队伍中，应该有更多律师懂劳动保障、精教育事业、通公共医疗，为老百姓的就业、就学、就医，特别是劳动者权益保障、青少年成长维护、突发公共卫生事件处置，提供全时空的法律服务，充分彰显人民律师为人民的本色。

在“加强和创新社会治理”方面，要完善基层民主协商制度；发挥群团组织和社会组织在社会治理中的作用，畅通和规范市场主体、新社会阶层、社会工作者和志愿者等参与社会治理的途径。广大律师和律师事务所提供的是法律专业服务，战斗在社会的最基层，本身又是社会组织、市场主体、新社会阶层，理应为加强和创新社会治理身先士卒而率先示范，义不容辞且当仁不让。

11.“统筹发展和安全，建设更高水平的平安中国。”对此，法律服务应该更加坚定化。

在“保障人民生命安全”“维护社会稳定和安全”方面，要完善国家应急管理体系；畅通和规范群众诉求表达、利益协调、权益保障通道，完善各类调解联动工作体系。在此过程中，律师服务是矛盾化解的润滑剂，是社会稳定的安全阀，是应急处理的轻骑兵，持续且坚定地发挥着独特作用。

12.“加快国防和军队现代化，实现富国和强军相统一。”对此，法律服务应该更加广阔化。

在“依法治军”方面，需要有一批懂军事、专法律的军队律师全方位参与，同时要开阔社会律师服务军民融合的空间、拓展军事法治建设的服务领域。军队律师与社会律师携手，共同为依法治军作出贡献。

二、贯彻习近平法治思想，推进律师事业发展，为法治中国建设贡献力量

《建议》在“加快发展现代产业体系，推动经济体系优化升级”一节中强调“加快发展现代服务业”。其中特别指出：“推动各类市场主体参与服务供给”，加快发展“法律服务等服务业”；“加快推进服务业数字化”；“推进服务业标准化、品牌化建设”。

上述表述，特别明确了法律服务的服务业属性。应该说，法律服务业是现代服务业，尤其是专业服务业；既是生产性服务业，也是生活性服务业。因此，律师不仅是一份职业，更是一个专业，也是一项产业。而从产业的角度，应该推进其向数字化、标准化、品牌化方向发展。

可见，《建议》从经济学的角度对法律服务业做了进一步的定性，并指明了未来的发展方向。可以这样认为，律师以及法律服务业的产业属性，是服从、服务于律师及法律服务业的事业属性的，这就是《律师法》所规定的“维护当事人的合法权益，维护法律的正确实施，维护社会的公平正义”。

推进律师业的发展，既是从产业角度的需求，更是从事业

高度的认识；不仅是律师队伍和律师行业的自我需要，更是推进法治中国建设的全局谋划。在此理解下，应该将律师及法律服务业的发展融入“十四五”规划和二〇三五年远景目标中通盘考虑，统筹规划，制定并落实中国律师业的“十四五”规划和二〇三五年远景目标。

在此过程中，习近平法治思想不仅是法治中国建设的指导思想，而且也是中国律师发展的指导思想。

在中央全面依法治国工作会议上，习近平总书记提出的 11 个方面的要求，高屋建瓴、视野宏阔、内涵丰富、思想深刻，从历史和现实相贯通、国际和国内相关联、理论和实际相结合上深刻回答了新时代为什么实行全面依法治国、怎样实行全面依法治国等一系列重大问题，通篇闪耀着马克思主义真理的光芒，是指导新时代全面依法治国的纲领性文献，为加快建设中国特色社会主义法治体系、建设社会主义法治国家指明了前进方向、提供了根本遵循。

我们特别注意到，习近平总书记在讲话中特别指出：“要教育引导法律服务工作者坚持正确政治方向，依法依规诚信执业，认真履行社会责任。”

应当说，习近平总书记非常重视律师事业发展。他多次强调要发挥律师职能作用，指出要深化公共法律服务体系建设，加快整合律师等法律服务资源，尽快建成覆盖全业务、全时空的法律服务网络，加快建设覆盖城乡、便捷高效、均等普惠的现代公共法律服务体系；而对涉外法律服务，总书记进一步要求健全完善扶持保障政策、进一步建设涉外法律服务机构、发展壮大涉外法律服务队伍、健全涉外法律服务方式、提高涉外法律服务质量。

习近平总书记的指示高瞻远瞩，为律师事业发展谋篇布局、擘画蓝图。我们广大律师都应不忘初心、牢记使命，固根基、扬优势、补短板、强弱项，做好队伍，做强服务，做大事业。在习近平法治思想指引下，中国律师应该也一定能够在实现"十四五"规划和二〇三五年远景目标中获得应有的发展，应该也一定能够为实现"十四五"规划和二〇三五年远景目标作出应有的贡献！

（这是作者于2021年4月为《中国司法》杂志撰写的文章）

新基建，律师服务不缺席

李克强总理在今年政府工作报告中指出："加强新型基础设施建设，发展新一代信息网络，拓展5G应用，建设数据中心，增加充电桩、换电站等设施，推广新能源汽车，激发新消费需求，助力产业升级。"

自2018年年底中央经济工作会议提出"加快5G商用步伐，加强人工智能、工业互联网、物联网等新型基础设施建设"后，"新基建"闪亮登场并持续走红，后被写入2019年政府工作报告"加强新一代信息基础设施建设"。

今天，"新基建"在社会生活中是个"热词"，在经济建设领域是个"热点"。新基建结合新一轮科技革命和产业变革特征，为创新、协调、绿色、开放、共享发展提供底层支撑的具有乘数效应的战略性、网络型基础设施。专家研究指出，新基建包括5G基建、特高压、城际高速铁路和城市轨道交通、新能源汽车充电桩、大数据中心、人工智能、工业互联网等七大领域。

应该说，为经济社会发展提供优质法律服务，是中国律师队伍的天职，也是律师行业生存发展的基础。作为服务业的律师，不仅要“跟上”与“适应”，而且要“规范”并“引领”，充分发挥“保驾护航”与“推波助澜”的双重功能。

例如知识产权法律服务。以5G为例，这是当前新基建的领衔领域，已经被决策高层定调为“经济发展的新动能”。5G产业链条非常之广，含零部件、主设备、运营商和下游应用等环节，而律师的知识产权法律服务应该覆盖5G产业链的全时空，无处不在，无时不有。我们不能只是局限在解决知识产权纠纷，而应向前端渗透到技术研发、向尖端伸展到技术交易、向外围挥发到技术垄断与壁垒解决等，提高为科技创新综合服务的能力。

又如投融资法律服务。以大数据中心为例，根据市场研究机构Synergy Research的调查数据，全球顶级云计算服务提供商要想在市场竞争中获得成功，每家公司在基础设施方面的支出至少达到每季度10亿美元的投资水平。在此背景下，各路资本群起“攻”之、竞相“杀”入。而律师提供的服务不仅是合作谈判、合同制作、纠纷处理，更多的还有在商业基础上的估值、对赌，以及在管理层面上的股权激励、法人治理。在此过程中，对律师服务的要求是专业的全方位、智慧的各方面、工作的宽领域。

再如民事刑事法律服务。以人工智能应用为例，人工智能产业链包括基础层、技术层和应用层，无疑中国是人工智能应用的全球实践之地、世界最大场景，而其中的民刑法律问题必然多发而且先发。去年年底在阿里巴巴召开的一个会议上，我就在致辞中说：人工智能是“人”吗，这是一个民法的问题；无人驾驶是不是“老司机”，这是一个交通法的疑问；人工智能犯罪，那谁是“罪犯”呢，这是一个刑法的问号，“深度伪造”的滥用，或将成为违法犯罪的新洼地。创新无止境，科技有伦理。律师处理的不仅是个案，更有义务从类案中提取规律性，将法治意识注入科技创新、把科技伦理程序化制度化为法律。

最后还有一个关注点，就是新基建时代对律师服务模式的影响。如今，科技创新赋能法律工作已经成为共识，检察院布局“智慧检务”，法院建设“智慧法院”，司法部倡导“数字法治、智慧司法”。不过律师行业的科技基础设施相当落后，我们应该努力打造“智能律师、智慧律所、数字律协”。

习近平总书记 2020 年 5 月 23 日在参加全国政协经济界联组会时讲了这样一段话：“加快推进数字经济、智能制造、生命健康、新材料等战略性新兴产业，形成更多新的增长点、增长极。”[1]

我们完全可以这样讲，律师行业为新基建提供优质高效法律服务，也会形成律师业发展新的增长点、增长极；也正如习近平总书记所说的“在危机中育新机、于变局中开新局”，[2]这也是我们律师业务的新机，也会开创律师服务的新局。于是，中国律师事业乘风破浪，勇立潮头，百舸争流，扬帆远航。

（这是作者为 2020 年第 6 期《中国律师》杂志撰写的卷首语）

1 参见《习近平在看望参加政协会议的经济界委员时强调 坚持用全面辩证长远眼光分析经济形势 努力在危机中育新机于变局中开新局》，载央广网，http://news.cnr.cn/native/gd/20200523/t20200523_525102025.shtml。

2 参见《“在危机中育新机、于变局中开新局”——习近平总书记同全国政协委员共商国是并回应经济社会发展热点问题》，载新华网，http://m.xinhuanet.com/2020-05/24/c_1126024359.htm。

小案例，大学问

案例是司法活动的结果、结局和结晶。律师是司法活动的法定参与者，尤其是刑事司法活动，律师必不可缺、不可替代。不论我们说，公检法三机关相互配合相互制约，还是公检法三机关相互制约相互配合，其实我想应该再加一句话，那就是充分发挥辩护律师的作用。如此这般，案例才是丰满的、丰富的、丰厚的。

司法文书是案例的表现、表述和表达。我本人还担任了中国法学会司法文书研究会的副会长，我一直有个观点，人民法院的裁判文书，应该释法说理，尤其是应该真实、准确、完整地反映律师的辩护意见，辩论观点。

特别是刑事裁判文书，反映“‘控’‘辩’‘审’三方活动”，控方层层推进、步步为营，辩方“在案件细节上较真”“在诉讼环节上挑毛病”“在起诉书和判决书字里行间发现漏洞”，审理者居中查实、综合考证、据实判定，从而实现司法精确、公正。因此，裁判文书要全面、客观地记录这一过程，特别是要充分引用律师的意见，并针对性地回应。同时，通过公开裁判文书，借以实现控方意见公开、辩方意见公开，从而增强“控”“辩”“审”三方的互信，提高法官、检察官和律师的执业水平与专业能力，实现法治工作队伍相互促进共同提高，“比学赶帮超”效应得以显现。可谓“奇文共欣赏，疑义相与析”。

案例是检察官、律师和法官智慧的表达、理念的反映、心血的体现，是可推广的经验、可复制的模式，对法律适用的统一、对司法公正的实现意义重大、功不可没。案例是释法的依据、说理的典范。对普法而言，再经典的理论、再高深的理念，通过通俗易懂的案例，则一针见血、一目了然。

经典案例，诉说的是法治故事，体现的是司法规律，彰显的是司法趋势。一个个案例，是个案，尤其是大案、要案，通过提炼总结，可以成为教授学生的教案、法治宣传的文案，而通过人大代表、政协委员的议案、提案，最终可以成为完善法治的法案。经验证明，案例小小，推动法治建设进步大大。

我们的律师在各自的岗位上，努力奉献，锲而不舍。今天，不少律师也都赶来现场，与法官、检察官、学者们“同场竞技”，一定能够“赛出风格、赛出水平”。昨晚到宾馆，半夜未眠，我认真拜读了上下两册论文选集，真是受益匪浅、收获良多。研究会已步入第二届，如果说当初乃“竹外桃花三两枝”，而今是“梅子金黄杏子肥”。

（这是作者于2019年8月22日在中国法学会案例法学研究会大连年会上的致辞）

服务中小微企业融资：义不容辞与题中之义

中小微企业融资问题，是个老问题，但又是个新课题；是个老话题，却又是新主题。老生常谈，却能常谈常新。中华全国律师协会金融证券业务委员会切实关注并倾心服务于中小微企业融资，为律师之义不容辞，乃律师之题中之义。

说到金融，早在 1991 年年初，邓小平同志在上海视察听取上海市负责同志工作汇报时，针对浦东新区“金融先行”，明确指出：“金融很重要，是现代经济的核心。金融搞好了，一着棋活，全盘皆活。”[1]

1 《邓小平文选》第 3 卷，人民出版社 1993 年版，第 366 页。

如果说金融是现代经济的“核心”，那么融资就是现代企业的“血脉”。“有效缓解实体经济特别是民营和小微企业融资难融资贵问题，防范化解金融风险”，被写入今年李克强总理的政府工作报告。报告中总理继续强调，“要继续打好三大攻坚战，精准发力、务求实效”。从律师服务的角度而言，我们既要锦上添花，更要雪中送炭。锦上添花说的是服务发展；雪中送炭说的是提供救济。

今年6月28日上午，十三届全国人大常委会第十一次会议举行联组会议，就全国人大常委会执法检查组关于检查《中华人民共和国中小企业促进法》实施情况的报告进行专题询问。全国人大代表、浙江更香有机茶叶开发有限公司董事长俞学文“抢”到发言机会。他说：银行一直是“嫌贫爱富”的本质，也是“釜底抽薪”，企业经济形势好的时候，银行上门来说可以联保、可以贷款；经济形势不行了，跑得比谁都快。企业就像一个墙一样，拆一块砖，大家都开始拆了，最后都倒掉。对俞学文的发言，银保监会主席郭树清坦言：中小企业融资难，核心问题在于银行如何识别风险、给企业划分信用等级。中小企业平均生命周期比较短，有的今年设立明年就关闭了，有的可能有两三年。

当然，对律师而言，却是公平对待，一视同仁，帮富助贫，兼济天下。在为企业服务发展方面，对接金融机构，拓展融资渠道，创新融资方式。大家知道，作为企业融资，既有通过银行的间接融资，又有通过市场的直接融资。李克强总理始终强调，“提高直接融资特别是股权融资比重”。在此过程中，律师不仅可以为成熟企业走向资本市场、成为上市公司提供服务，更可以为创新企业通过私募股权投资方式的融资设计方案，牵线搭桥、提供机会。另外，在公司发行债券、资产证券化等方面，均可提供全方位法律服务。

在服务中小微企业融资过程中，防范化解金融风险不容忽视，必不可缺。中小微企业的融资风险无时不在、无处不有。有的表现为“黑天鹅”，有的可能就是“灰犀牛”。对中小微企业经营者来说，则一定要守住“底线”，不触碰“红线”，远离“高压线”。这里的“三线”，我说的就是金融刑事法律风险。

如果说民商事法律风险带来的是“切肤之痛”，那么行政法律风险就应该是“伤筋动骨”了，而刑事法律风险则必然是“灭顶之灾”。例如，我们要远离非法吸收公众存款，避免集资诈骗；再如，我们要防范虚假陈述，操纵市场，内幕交易等资本市场刑事风险。就在昨天，最高人民法院、最高人民检察院就刚刚发布有关证券期货操纵市场、利用非公开信息交易的司法解释。因此，企业家要“知风险、防风险、控风险、理风险、解风险”，要敬畏规律，敬畏法律。法律是强制性的规律，规律是内心中的法律。

在去年全国政协“健全系统性金融风险防范体系”专题协商会上，国务院副总理刘鹤的四句大白话，如今已经成为媒体和专业人士竞相引用的金句：“做生意是要有本钱的，借钱是要还的，投资是要承担风险的，做坏事是要付出代价的。”其实，这便是市场规律、金融规律，这也是市场运行法则、金融“游戏”规则。

于是，律师很重要，律师最关键，律师不可缺。漫漫企业经营路，律师始终伴你行。当然，律师要强化服务意识，提升执业能力。勤学习，多研讨，善请教，避免、消除“本领恐慌”。早在 1939 年，毛泽东在延安在职干部教育动员大会上讲话时就强调指出：“我们队伍里边有一种恐慌，不是经济恐慌，也不是政治恐慌，而是本领恐慌。”

金融证券业务委员会是全国律师协会专业委员会之一，虽小众但专业，并高端且核心。适应企业日益增长的金融法律服务需求，我们更要做好工作：一是统筹领域。我们这个委员会不光证券业务强，银行业务更要强，保险、信托业务也要强。证券业务中，不光上市业务强、并购业务强，基金业务、机构业务也要强。二是对接专业。例如，做到非诉与诉讼的对接。我们要把发行上市、并购重组业务与破产清算、破产重整业务相对接；我们要把证券非诉业务与证券民事、行政和刑事业务相对接。又如，做到非诉与非诉的对接。我们不仅做强整个融资流程的中段即发行上市，我们也要往前延伸到前段的私募投资，向后推进到后段的公司退市，而企业经营与融资全过程中的公司治理和金融合规服务更要有所提升。三是贡献立法。金融证券业务委员会要为我国的证券、银行、保险、基金等立法做出应有的贡献。要有“金证委版”的法规草案，要有法律论证的“金证委方案”，要有法律法规的“金证委条款”。四是树立权威。对外即面向市场，作为云集金融证券业务法律专家的金证委，就是金融证券法律领域的专业权威；对内即律师行业，金证委就是金融证券法律服务业务的示范与引领，是可推广经验的创造者、可复制模式的创建人。

让我们一起努力！

（这是作者于2019年6月28日在全国律师协会金融证券业务委员会“全国中小微企业融资论坛”上的致辞）

胜日寻芳"沂水"滨，无边光景"时时"新

非常高兴和荣幸来到了临沂。昨天晚上下飞机，我第一眼看到的就是"红色沂蒙，魅力无限"。像我这样的年龄，从小接受革命传统教育，在我心目中，沂蒙山就和井冈山、延安一样，都是革命圣地。小时就知，解放战争的胜利，是靠人民群众的小推车推出来的；战无不胜的解放军，是人民群众用乳汁喂养起来的。而这两个典故，每一个都离不开我们的临沂、我们的沂蒙山。

今天，我们每一位学员手头上的《学习手册》中，有当年"沂蒙根据地"的势力范围，我特别注意到，

我的家乡泗水正在红线圈内。作为一名老区的山东子弟，我感到无上的光荣，也倍增莫大的责任。说到红色沂蒙，我想起今年两会期间习近平总书记在和政协社科及文艺界别委员座谈时所提到的，我们的政权是红色政权，是革命烈士用鲜血染红的。总书记特别谈到了《血战湘江》这部电影和《海棠依旧》这部电视剧。我们说不忘初心、继续前进，共产党人的初心是什么？就是一切为人民谋幸福！总书记教育我们要提升“四力”，即脑力、眼力、脚力、笔力，走进新时代，书写新时代，讴歌新时代。[1]今天，全国律师行业党校培训基地挂牌在临沂，亦正说明沂蒙精神值得我们律师队伍传承、发扬和光大。

全国律师行业党委在司法部党组的领导下，努力推进行业党建工作。我的理解，去年一年至少有三个足以成为里程碑式的事件。一是中组部和司法部联合召开律师行业党建工作座谈会，确定了党建工作去年全覆盖、今年全规范、明年全统领的三年行动方案。二是去年 7 月 1 日全国律师代表大会召开，通过了章程修正案，写入了加强党的建设的内容。三是在中组部的支持下全国律师行业党委举办党组织负责人示范培训班，让党建的种子播撒并根植于全国律师行业的每一个地方。今年是党的建设全规范年，也是三年行动方案的关键一年。律师行业党建

1　参见《习近平致信祝贺中国文联中国作协成立 70 周年强调　团结带领广大文艺工作者　记录新时代书写新时代讴歌新时代》，载央视网，http://news.cctv.com/2019/07/16/ARTIZw2A8LYBWWPMepVXTqNb190716.shtml。

工作要和律师事业发展相结合，要和律师履行社会责任相结合，要和律师队伍建设相结合。让党建工作的成果，体现在律师事业的发展之中。让每一名律师都能在党的建设中有更多的体验感、获得感和成就感。

如同山东律师事业的发展始终走在全国前列一样，山东律师党建工作也卓有成效。期待借此基地揭牌之际，山东律师行业及其 27000 多名律师，尤其是临沂律师行业及其近 1900 名律师，鼓足干劲，力争上游，勠力同行。

宋代哲学家朱熹写过《春日》一诗，我稍改两字，用以描绘今日临沂胜景："胜日寻芳沂水滨，无边光景时时新。等闲识得东风面，万紫千红总是春。"让我们不负春光，再创辉煌！

（这是作者于 2019 年 3 月 26 日在全国律师行业党校临沂基地揭牌仪式上的致辞）

税收政策如何支持一个行业的发展

一

国庆长假吸引眼球的，可能两个字儿最强烈：一个是“游”，境内游、海外游，美图铺天盖地；另一个是“税”，范某某事件处理结果官宣，一时间朋友圈被刷屏。

趁着假期时间，我翻阅了几位当代著名经济学家的经济随笔，当然也特别关注了有关“税”的段落。主要是这几本：厉以宁、吴敬琏等的《改革意见书》，茅于轼的《一个经济学家的良知与思考》和《中国人的焦虑从哪里来？》，周其仁的《中国做对了什么？》和《改革的逻辑》。

经济学家们这样说：（谈到纳税和征税的关系时）“理想的工作状态，是征税方和纳税方双方都满意，都感到愉快，这是我们应该追求的和谐的最高境界。搞得双方都生气，声调越来越高，从理性商量变成意气用事，血压升高，心跳加速，非但不解决问题，而且有损健康，这是最不和谐、最糟糕的状态。”

“是什么能够让纳税人高高兴兴地纳税呢？让他们愿意从自己所创造的财富中拿出一部分交给国家呢？其实那些并不是无条件的牺牲，而是一种交换，是纳税人向政府购买公共服务的代价。改善政府对百姓的服务，是鼓励大家纳税的重要一环。”

“目前我国老百姓税负痛苦感较重，还在于政府提供公共服务水平与质量确有差距，取之于民后用之于民时被行政成本冲销消耗过多。”

“征税是有成本的，包括税务的计算、检查、督促、监督，各种税收的征收成本是不同的……个税征收的成本最高，无论纳税人和税务当局，都要花大量人力物力做记录、计算、核对等。之所以要费力征收个税，就因为它具有纠正贫富差距的功能。”

文字虽然平淡，话语却有分量，启示亦颇深刻。读至此，话锋转，则是律师行业的税收问题。

二

9 月 26 日，司法部召开完善律师行业税收政策座谈会。司法部副部长、全国律师行业党委书记熊选国主持会议并讲话。熊副部长特别指出，完善律师行业税收政策是深化律师制度改革的重要内容，是律师行业长期以来十分关注的一件大事。这一则消息当晚分别在司法部和全国律协微信公众号发布，广大律师迅即纷纷点赞并转载，一石激起千层浪，引发大家更多、更深的思考。

税法原理告诉我们，就税收制度本身而言，其一般包括主体、税种、税率、计税办法、征收方式、税收优惠等重要因素，这些因素共同构成税收法律关系并成为税法的重要内容。从广大律师的普遍反映来看，对目前律师行业税收政策不满之处其实主要集中于征收方式（如查账征收方式给事务所运营与管理带来的困难与风险）、计税办法（如因现行的会计核算办法并不适应律师行业客观状况而引发的人力成本核算、成本与费用扣除、代收代付定性等一系列问题）两个方面，同时对律师行业缺乏税收优惠政策扶持也有不少意见。以上情况看似是技术小问题，其实反映了对律师制度怎么认识、对律师队伍如何评价、对律师行业是否支持的大态度。

应当说，党和政府非常重视律师行业税收制度的改革和完善。2016 年 6 月中共中央办公厅、国务院办公厅印发的《关于深化律师制度改革的意见》中要求："研究完善律师行业财税和社会保障政策，统筹研究律师行业税收政策和会计处理规定，加强律师劳动权益保障，推行律师事务所和律师强制职业责任保险。"

众所周知，税收的本质是国家公权力对社会产品进行分配。对一个行业而言，税收是政府与该行业就利益分配问题作出的安排，同时关乎整个国家和社会分配秩序是否公平。总的理解，政府如果支持一个行业发展，体现在税收上应该是不争利、多优惠。

在制定并完善律师行业税收政策时，这些基本的原理和原则是非常重要的。从这一角度而言，完善律师行业税收政策不是单一的技术问题，而是技术与观念相交织的问题，或者说是观念引领下的技术问题。在此过程中政策制定者应体现改革精神与创新意识，而不应该以对该行业不了解、不理解而忽视与忽略，而不支持甚至有阻碍。对律师行业而言，是提出行业需求；而对政府来说，则是增加制度供给。

大家总是说，律师具有特殊性、律师行业具有特殊性，因此律师行业的税收政策也应该具有特殊性。但问题在于，律师与律师行业的这个特殊性到底是什么？对此可谓仁者见仁智者见智。有关部门在研究律师行业税收政策时，总是强调统一性或者说同一性，律师们则特别关注特殊性或者说特别性。在此笔者理解，律师与律师行业的特殊性，客观存在、毋庸置疑。

其一，律师事务所不是企业。企业的本质是什么？以营利为目的。而律师事务所则不以、不能以营利为目的。正因如此，律师执业中具有公益内容，律师的收费也有政府指导价的因素。“不营利”，其实这正是律师、律所的初心所在、律师制度的发端所为。在此背景下，通过税收来调节律师行业的分配，不应是主要的手段，不应是重要的目的。这是一个价值观的问题，异常关键，非常重要。

其二，律师是社会主义法治工作队伍的重要组成部分。但问题在于，虽从这一角度律师类似于法官、检察官，但却又有不同，律师不是公务人员，是没有以政府财政方式得以收入保障的，可他又必须履行一定内容的公共服务职能。于是，国家应该通过税收的方式对这一行业的发展给予支持与鼓励，而不是限制和阻碍。

其三，律师服务业是现代服务业的重要内容，属于专业服务业。显而易见，律师执业是高智力的工作，以“计时”来“计价”，即主要以输出时间获得自己的服务对价。从这一角度说，会计政策应该反映上述这些特点，同样，税收政策也应该充分考虑上述因素。

俗话说，“世有三百六十行”，但上述三个特点集于一个行业、一个职业之大成的，也只有律师。基于这一常识，或者说这一规律性认识，律师行业的税收政策应该反映、服从、服务于这一特殊性，而不是与此相悖，否则律师制度、律师行业、律师职业存在的必要性则不复存在。

律师们也逐渐达成了共识，就是查账征收方式应该是律师行业税收征管方式的方向。但就目前现状而言，对律师行业来说，实施查账征收，应该是一个渐进的过程。在此背景下，不能搞“一刀切”，也不应有“倒计时”，而是应该扎扎实实地做好查账征收的基础性工作。

笔者以为，基础性工作有两个：一是出台符合律师行业客观规律的会计核算政策，这是基础之基本；二是合理界定对律师行业征税的计税方式及税前费用扣除办法，这是基础之关键。

另外便是税收优惠政策问题。在今年3月政协第十三届全国委员会第一次会议上，笔者提出《关于加强刑辩律师队伍建设，充分发挥刑辩律师作用的提案》，其中在该提案的第七部分“制定推进刑辩事业可持续发展的财政税收制度”中提出，“应当推出刑辩业务税收支持政策，对刑辩业务专项收费采取一定年限内、一定数额下、特殊区域中的免税或减半征税的优惠征收”。

笔者作过一个分类整理，发现至少有 6 大类 56 项个人所得税优惠。如符合一定条件的外籍专家取得的工资薪金所得，可免征个人所得税；对于个人转让自用五年以上，并且是家庭唯一生活用房取得的所得，免征个人所得税；等等。可见，针对个人所得，是可以区分不同性质的所得，予以减税和免税，给予税收优惠政策的。因此，对刑辩业务收入的税收，也不是说不能优惠、不可减免。

首先还是因为刑辩律师及刑辩律师业务的特殊性。如前所述，中国律师是社会主义法治工作队伍的重要组成部分，尤其是刑辩律师，其法治性、公共性、公益性更强、更突出，在保障人权、防范及纠正冤假错案、维护并保障司法公正、推进依法治国方面功能独特，不可替代。

另外有人认为，对刑辩业务实行优惠税收，在征管操作方面难度较大。正常情况下律师事务所业务所得包含了《律师法》第 28 条规定的七类律师业务收入，而单独统计、核算刑事辩护业务所得，对于事务所而言，简单易行、毫无难度。而对税收主管部门核定、征收工作而言，亦属常规工作，因此给予免税或减税的优惠，在技术上是可以做到的。

从另一个角度分析，对刑辩律师业务收费，基本上采用的是政府指导价，而不是完全放开的市场价。在收入角度的政府以指导价方式管制，匹配于在分配角度的政府以税收优惠方式支持，相辅相成，一以贯之，前后呼应，合乎逻辑，合理合情，亦属合法。

可见，从对个人所得实施优惠征税的先例情形方面，从对刑辩律师业务给予税收优惠计税的技术层面，从对刑辩律师业务收费的匹配对应方面，尤其是从刑辩律师业务的特殊性角度，实施对刑辩业务收入的减（免）税优惠政策，均为必要，亦为可行。

三

长假一晃过，思考不停歇。经济学家的话依然回响在耳边："税收公平不仅是一个经济问题，而且是一个政治问题和社会问题。对税收公平的理解和判断必须延伸到经济的、社会的、政治的视角，服务于社会公平正义全局。"

（这是作者为2018年第11期《中国律师》杂志撰写的专栏文章）

攻坚精准脱贫：法律不缺位，律师必行动

习近平总书记在作十九大报告时提出要求，铿锵有力："要坚决打好防范化解重大风险、精准脱贫、污染防治的攻坚战，使全面建成小康社会得到人民认可、经得起历史检验。"[1] 今年3月5日李克强总理在《政府工作报告》中再次强调："坚决打好三大攻坚战""要围绕完成年度攻坚任务，明确各方责任，强化政策保障，把各项工作做实做好"；同时，针对加大精准脱贫力度，总理开出了2018年的工作任务单。

1　参见《习近平：决胜全面建成小康社会　夺取新时代中国特色社会主义伟大胜利——在中国共产党第十九次全国代表大会上的报告》，载中国政府网，http://www.gov.cn/zhuanti/2017-10/27/content_5234876.htm。

坚决打赢脱贫攻坚战，应注重扶贫同扶志、扶智相结合。扶志、扶智也应包括“扶法”，在提高贫困人口和贫困地区的智力水平即“智商”的同时，增强其法律意识即“法商”也应是题中应有之义。在精准脱贫的道路上，应该有法律引领推进和保驾护航，各方及各级政府应牢固树立法律意识，依法而行、依法管理、依法归责；而针对被扶主体，应积极提升法律意识，依法交易、依法发展、依法维护脱贫扶贫成果，实现脱真贫、真脱贫。

深化农村土地制度改革，完善承包地“三权分置”，探索宅基地所有权、资格权、使用权“三权分置”，需要进一步完善我国土地立法，更需要在实践中为农村尤其是农民提供法律服务。

深化农村集体产权制度改革，保障农民财产权益，要完善我国集体所有制经济立法，更要为集体经济组织和成员提供法律服务。

加强农村基层基础工作，健全自治、法治、德治相结合的乡村治理体系，需要提供法律宣传、律师服务、司法保障。

产业扶贫“上项目”，应建立社会稳定风险评估机制，其中特别要关注法律风险的评估与防范。

贫困农村老年人的受赡养权、儿童的受教育权、妇女的生育权、男女的平等权等问题突出，亟须法律的教育启蒙与维护保障。

针对扶贫领域专项资金的使用与管理，违规、违法甚至犯罪情况时有发生，需要司法机关依法打击，也需要刑事律师依法辩护。

农村贫困地区黑恶势力不同程度存在，既应该加强依法打击力度，更需要通过法律服务和法治宣传提高农民法律意识、维权意识，保证农村的长治久安。

从以上诸多方面显而易见：攻坚脱贫，法律不缺位，律师必行动！

应当切实树立“法律扶贫观”，增强精准扶贫工作中的法律意识和法律能力，将法治宣传和教育、法律服务与援助、司法引导和保障在精准脱贫攻坚战中覆盖全领域、贯穿全过程。

应当加快推进“律师进农村工程”，争取让精准扶贫所涉区域的每一个村庄都能够享受公共法律服务尤其是律师的专业服务，在法律矛盾得以妥善化解的同时，法律意识亦得到稳步提升。

应当进一步完善政府购买法律服务的机制，对提供公共法律服务的机构和组织给予财力上的支持和保障，并加大宣传、奖励力度，培养一支懂农业、爱农村、爱农民的“三农”法律服务队伍，推进法律扶贫长效机制建设，打赢、打好精准脱贫攻坚战。

“稻花香里说丰年，听取蛙声一片。”参与精准脱贫，既是律师执业服务之战场，更是社会责任履行之舞台，奉献着，快乐着！

（这是作者为2018年第5期《中国律师》杂志撰写的卷首语）

说一说裁判文书公开的“做什么”和“怎么做”

“荷尽已无擎雨盖，菊残犹有傲霜枝。”非常高兴在如此美丽的季节、如此美好的地方，在中国法学会法律文书学研究会马宏俊会长、中国法学会《民主与法制》刘桂明总编统筹下，由我们国浩律师事务所南京办公室以及争议解决中心承办如此美满的论坛！各路高手，云集南京、论道钟山！

有关裁判文书公开，2016年8月30日，我代表全国律协参加了最高人民法院周强院长主持的“人民法院裁判文书公开座谈会”并作了题为“人民法院裁判文书公开之六议”的发言，还在桂明总编的“桂客”

上“留了言”。一年后的 8 月 23 日，《人民日报》就中国裁判文书网总访问突破 100 亿次对我进行了采访，我记得这天的数据是：该网公开文书累计超过 3247 万篇，日均访问量 1729 万人次，单日最高访问量 500 万人次，超过 17.5 亿访问量来自海外，范围包括 210 个国家和地区。中国裁判文书网已成为当之无愧的全球最大的裁判文书公开平台！

于是我们今天论的应该不是“为什么”和“是什么”，而应该是“做什么”和“怎么做”。例如，如何通过裁判文书载明律师代理意见从而倒逼提升律师执业的专业水准？如何通过审判大数据提高律师工作效率并对案件有更准确的预判？如何在律师谨慎司法评论的执业要求和“释法说理”的政策号召背景下对裁判文书进行专业评论与解读？如何建立律协对法官判案质量进行评价与评估的长效机制？如何建立通过裁判文书对律师执业质量评价的可操作性制度？如何通过裁判文书抓取的大数据对律师执业进行行业管理与行政管理？我一口气说了六个，其实还能够有许多，还应该有更多。

相信中国法学会法律文书研究会对“裁判文书公开与律师行业发展”这一主题的研讨，成果丰硕，收获满满！正是：“桂客盈门”“马到成功”！

（这是作者于 2017 年 12 月 10 日在中国法学会法律文书学研究会“裁判文书公开与律师行业发展”研讨会上的致辞）

会当凌绝顶，一览众山小

非常感谢江苏省司法厅万力副厅长、江苏省律师协会薛济民会长、《民主与法制》社刘桂明总编、北京大学法学院陈瑞华教授、南京大学法学院李浩教授，以及江苏的律师同仁出席本次论坛。如果说过去我们的会议是一个闭门交流工作会议，那么今天的论坛因为各位嘉宾的大驾光临而成为一个开放互动专业论坛，也可谓升了格局、上了档次、蹭了热点！济民会长是律师界一大热点：党代表、律师界党代表、唯一律师界党代表!

实事求是地说，国浩在争议解决领域并不占优，所以我一直说我们要有一个“登山计划”，要努力攀登争议解决法律服务这座大山。于是我们第一届论坛在武夷山，第二届在香山，今天移师南京，钟山风雨，数百“雄师”！昨晚有合伙人就说，武夷山有点“打游击”的味道，去香山则是“进京赶考”，而奔赴钟山，那便是“虎踞龙盘今胜昔”了！我们应该年年有成绩、岁岁有发展。

推而广之，中国律师的争议解决业务同样有发展不充分不平衡的客观状况，尤其在国际争端解决、金融高端纠纷、海商海事争议、知识产权官司等方面，律师人才尚缺，执业能力尚弱。今天正巧，是世界反腐败日，于是我们应该琢磨，反腐倡廉法治，我们做什么？我们如何做？瑞华教授有关公司合规尤其是刑事合规的演讲，那一定会是相当精彩！我们需要学习，我们必须思考。对中国律师整体的争议解决法律服务能力而言，我们也需要战胜一个又一个的困难，攀登一座又一座的山峰。

滚石上山，不进则退。我们要有毛主席他老人家的大无畏精神：“山，快马加鞭未下鞍。惊回首，离天三尺三”！“世上无难事，只要肯登攀”。于是，“会当凌绝顶，一览众山小”；“不畏浮云遮望眼，自缘身在最高层”！

（这是作者于2017年12月9日在第三届国浩民商事争议解决论坛即“钟山论坛”上的致辞）

联手打造律法互动的“播种机”

非常感谢最高人民法院第三巡回法庭江必新庭长、王旭光副庭长、虞政平副庭长的邀请，参加今天“三巡”与巡回省（市）司法厅（局）、律协工作座谈会。刚才“三巡”辖区五省市司法厅（局）及律协同志们都作了很好的发言，我也谈几点自己的体会，供大家批评指正。

首先我介绍一下“三巡”辖区五省市即苏、浙、沪、闽、赣的律师“家底”。目前五省市拥有律师 7.2 万名，占全国律师 32 万总人数的 23%；五省市律师事务所数量约在 5500 家，占全国律所 2.6 万家总数的 22%；五省市拥有双学位及硕士以上学位律师比例约为全国同类律师的 25%；五省市律师业务收入约在 320 亿元人民币，占全国律师业务收入即690亿的比例超过45%。

从以上数据分析，五省市律师业的发展，与五省市的经济社会发展现状总体上是适应的。同样，我们欣喜地注意到，“三巡”法官的选任和配备，也与五省市经济发达度、法治完善度、社会文明度、全国领先度等也是匹配的。特别是江院长在“三巡”党课上的“争做优秀三巡人”的重要要求，更令我们点赞。江院长在接受记者采访时说，“三巡”要争做一流的司法改革“试验田”，我个人还觉得，“三巡”还应该是也一定能够是保障大局的“排头兵”，服务百姓的“轻骑兵”，公正司法的“领军人”，同时，契合我们今天座谈会的主题，应该是也一定能够是律法互动的“播种机”，并进而开花、结果，绿树成荫。

一、切实维护律师执业权益

2015年9月16日，“两高三部”（最高人民法院、最高人民检察院、公安部、国家安全部、司法部）发布《关于依法保障律师执业权利的规定》。从实践中来看，律师执业庭前的“老三难”即会见难、阅卷难、调查取证难有所改观，律师执业庭中的“新三难”即发问难、质证难、辩论难得以重视，律师执业始终的“不老不新又三难”即知情难、申请难、申诉难更引关注。

对第三巡回法庭而言，更多的是大案、要案、难案、疑案，特别应关注和保障律师的发问权、质证权、辩论权。而且，推进以审判为中心的诉讼制度改革，倡导“庭审中心主义”，应该“证在法庭、辩在法庭、判在法庭”，切实发挥庭审的实质功能，更要发挥律师的证、问、辩的作用。正可谓，事实越问越清，真理越辩越明。

另外，律师的知情权是律师执业权的基础，又是律师执业权的重要内容。最高法院日前专门就“在互联网公开审判流程信息的规定”征求律师意见，我们也建议应该尽快出台并实施。

二、依法规范律师执业行为

律师是诉讼活动的参与者，律师庭上表现如何、律师办案规范怎样，除了当事人，法官最有发言权。在维护律师执业权利的同时，也应强调依法规范执业。

维权与处分，对于律师队伍建设，可谓“车之两轮、鸟之双翼”。今年3月24日，全国律协在设立维权中心的同时专设了投诉中心。目前全国律协投诉中心已接到投诉36起；各省投诉中心接到投诉543起，立案136起。对于律师在开庭、办案过程中的不规范行为，律师行业也希望人民法院在依法依程序处置的同时，及时与律协沟通反馈，律师协会也会依章程依规则行使行业处罚权。

三、共同推进法治队伍建设

法官与律师同为法律职业人，都是“社会主义法治工作队伍”的重要组成部分。法院与律师行业应该建立“组织上多交流，私下里慎往来”的良性互动机制。

一是互动的提示与警示。双方可以建立定期相互听取对方对本方工作的意见和建议的机制，做好“律师眼中的法官”和“法官眼中的律师”两篇大文章。彼此要常常“对视”，其实“对视”就是相互监督、相互提示、相互警示。2005 年我在上海担任律协会长时，上海第二中级人民法院就专门就律师涉诉事宜给上海律协出具一份司法建议书，院长沈志先亲送上门，并听取律师对法院工作的意见，反响很大、反映很好，一时传为佳话。

二是互动的评估与评价。律师是司法活动的法定参与方，是司法过程的体验者。如同“审理者裁判”“裁判者负责”一样，“参与者评判”“体验者打分”理所应当，可以更大程度地解决闭门造车式、纸上谈兵式以及道听途说式、人云亦云式的评价，使得这种评判更具有亲历性、直接性、体验性，从而更直白、更确切、更精准。此为其一。其二，律师是司法活动的重复参与者，多次出庭、累计办案，特别是律师的专业分工越来越细，在实践中多次出一个审判庭、累计办一个法官担任审判员的案，便更加常见。如果说一次体验不准确，但多次经历一定会更客观，这些重复体验性会使得律师的评价避免“一次性”“小概率”，防止以偏概全、一叶障目，从而尽可能全面、尽可能系统。其三，律师是专业的法律工作者，更能够从专业的角度就案论案、就法论法，人为因素比当事人更少些、胜负观念比委托人更淡些，或者说虽论胜负但更容易从法律原则及法律事实角度作出理性判断。因此，律师的评价一定更专业，因而也一定更接近于公正。律师对法官的评估与评价如此，反之亦然。

三是互动的培训与培养。从律师协会的培训工作来看，律师们最喜欢听法官讲课，以案释法，实践性强、可操作性强、互动性强。法官与律师可以互为老师，这是职业共同的题中应有之义。另外，也可以考虑探索实习律师担任法官助理的制度，这既是法律职业共同体“体内”的培养，也能够在一定程度上缓解法院普遍存在的“案多人少”的矛盾。

四是互动的参与与参考。人民法院在制定各种形式的审判规则时，应当制度性地安排律师全过程与全方位的参与。律师不仅是法院规则的被动遵守者，而且更应该是规则的参与制定者，从而成为规则的真正理解者、主动遵守者以及对当事人遵守规则的教育者与引导者。正可谓偏听则暗，兼听则明。律师更多一些地代表民意，表达百姓的诉求。即使攻其一点也自有其来自实践的理由支撑，虽不全面，但一定很独到，从而使得规则更完整、更完备、更完善。同样，律师行业的规则制定也需要法官的制度性参与，从宏观层面、从中间立场、从判例角度，避免偏颇，减少缺憾，使得律师行业规则更具有高度和前瞻性。

四、携手护航经济平稳发展

“三巡”辖区各省市经济最为发达、人口最为密集、市场最为活跃，不仅案多，而且大案多，更重要的是新案多。我举一个金融法律纠纷的数据来说明。近年来，上海法院金融案件与日俱增，2012 年受理一审案件 2.49 万件，2013 年增加到 3.32 万件，2014 年则猛增至 5.83 万件，2013 年、2014 年分别比上一年度增加 33.1%、75.4%。而 2016 年，审结一案金融案件高达 16.08 万件。另外，上海法院 2014 年共受理各类案件 55.03 万件，同比上升 13.2%；2016 年，上海法院共受理各类案件 71.49 万件，同比上升 14.8%。相比可见，金融案件增幅之大、增长之快。

同时，金融案件专业性、技术性、国际性、全局性、系统性强，裁判结果对产业发展、市场经济影响深刻，对市场各类主体尤其是属于不特定多数的金融消费者、投资人影响极大，甚至足以引发连续反应导致社会稳定问题。提高金融案件审判效率、实现适用金融法律统一性的重要性由此可见一斑。某种程度上，这也是“三巡”受理案件的与众不同之处。

相对而言，律师战斗在经济活动的最前沿，注重事中治理；法官战斗在维护公平正义的最终端，注重事后处理。发挥律师作用，不仅可以在事前减少矛盾、防范纠纷，而且能够在诉中促成调解、提高效率、增强公正。

五、合作参与司法体制改革

律师是司法改革的见证者，是司改成果的共享者，也应该成为司法改革的参与者、建设者。

例如，以审判为中心的诉讼制度改革，必须要强调律师的作用。领导和专家在谈到及论述以审判为中心的诉讼制度改革时，总是有一句话，“公检法三机关相互配合、相互制约”。其实还应紧跟一句话，“充分发挥律师的辩护作用”。

又如，要提高律师辩护率。有专家说，我国目前刑事案件的辩护率为30%。可能现实的情况远没有这个比例高。辩护率的提高有赖于两条，一是当事人愿意请，有用才行；二是律师愿意干，必须有为。而其中，保障律师的执业权利与加强刑辩律师队伍建设都非常重要。

再如，深化多元化纠纷解决机制改革。最高人民法院《关于人民法院进一步深化多元化纠纷解决机制改革的意见》中指出“摸索建立律师调解工作室”。我们认为，甚至可以探索律师或律师事务所设立调解事务所。在此过程中，赋予调解协议的效力需要法院甚至立法上予以重视并规范。

还如，加强法律文书释法说理改革。特别是要充分引用律师的意见，并针对性地回应。可以说，是否回应、如何回应，不仅是法官专业水平如何的体现，而且更是是否尊重并维护律师执业权益的反映。同时，通过公开裁判文书，借以实现控方意见公开、辩方意见公开，从而增强“控”“辩”“审”三方的互信，提高法官、检察官和律师的执业水平与专业能力，实现法治工作队伍相互促进共同提高。

另外，在司法责任制的改革中，应关注法官独立办案与裁判尺度的统一问题。据我们许多律师反映，目前“同案不同判”的问题有所抬头。在此过程中，一方面可以通过智慧法院建设发挥大数据的作用，另一方面法院内部应注重发挥法官联席会议的功能，当然倾听并尊重律师的辩护意见和代理意见，则更为重要。

江院长在“三巡”上党课时提出“全庭同志要在新的工作岗位上不忘初心、继续奋斗，以更高标准严于律己，争做优秀‘三巡人’：以担当诠释忠诚，以铁规确保廉洁，以公正演绎公信，以严谨彰显作风，以革新争先创优，以团结共铸辉煌，以勤奋谋求进步，以文明丰富生活，以健康快乐人生”。我们坚信，“三巡”一定会成为人民法院的品牌，“三巡人”也能够成为人民法官的品质！

［这是作者于2017年5月22日在最高人民法院“三巡”与巡回省（市）司法厅（局）、律协工作座谈会上的发言］

硝烟散去，律师该上场了

2016年11月7日至9日，天津“8·12”事故相关27件刑事案件在天津公开审理并宣判，49名被告人被刑事追责。国务院调查组的报告披露：2015年8月12日深夜，天津港瑞海公司危险品仓库发生爆炸。据国务院事故调查组调查报告，“8·12”事故共造成165人遇难、8人失踪，798人受伤，304幢建筑物、12428辆商品汽车、7533个集装箱受损，截至2015年12月10日，直接经济损失折合人民币68.66亿元，堪称新中国成立以来最大的安全生产责任事故。

在此两周后的11月24日，江西宜春市丰城发电厂三期在建项目发生冷却塔施工平台坍塌特别重大事故。截至 24 日 18 时 30 分，事故已造成施工人员 67 人遇难、2 人受伤。

国务院应急管理专家组组长、国家减灾委专家委员会副主任闪淳昌认为：当前我国是“大灾多发、多灾并发”。如何处理好天灾，不至于产生人祸？如何处置好人祸，不至于产生大祸？值得我们作深层次思考。

笔者曾作为上海 2014 年“12·31”外滩踩踏事故市政府调查组专家组成员，参与了调查报告的形成过程。我的体会为三句话：危机，无时不在、无处不有；应对，刻不容缓、时不我待；处置，法律思维、法律方式。

我们的镜头回放到 2015 年 8 月 14 日。这天，天津市政府第三次新闻发布会宣布：“目前事故现场的明火已经基本扑灭。”大火已经被扑灭，硝烟正在散去，善后处置工作进入刻不容缓的状态，各类法律事项纷至沓来。

在处置事故的过程中，我们必须依靠法治思维和法治方式。党的十八大报告指出，更加注重发挥法治在国家治理和社会管理中的重要作用；提高领导干部运用法治思维和法治方式深化改革、推动发展、化解矛盾、维护稳定能力。十八届三中全会公报指出，全面深化改革的总目标之一就是：“完善和发展中国特色社会主义制度，推进国家治理体系和治理能力现代化”“坚持依法治理、加强法治保障，运用法治思维和法治方式化解社会矛盾”。法治思维、法治方式，应该渗透到处置这些重大突发事件的全过程、全方面、全系统。

其实在这个方面，是有明确且充分的法律依据的。《突发事件应对法》由中华人民共和国第十届全国人民代表大会常务委员会第二十九次会议于2007年8月30日通过，自2007年11月1日起施行，共7章70条。这部法律大家平时不会太关注，但一旦发生重大突发事件之后，它就成为政府与各方的行动指南、基本遵循、终极保障，来引领、推进、保障处置好突发事件。笔者分析，基于法律思维，这部法律回答了六个方面的基本问题。

第一，法律定性。“突发事件”，在法律上是有定义的，就是突然发生、造成或者可能造成严重的社会危害、需要采取应急处置措施予以应对的事件，比如说自然灾害、事故灾害、公共卫生事件、社会安全事件。

第二，法定标准。按照社会危害程度和影响范围，突发事件分为特别重大、重大、较大和一般四个级别。于是，对其处置方式是不完全一样的。

第三，法定机构。这部法律规定，县级人民政府对本行政区域发生的事件应对工作负责。突发事件发生后，发生地县级人民政府应当立即采取措施控制事态发展，组织开展应急救援和处置工作，并立即向上一级人民政府报告，必要时可以越级上报。突发事件发生地县级人民政府不能消除或者不能有效控制的，上级人民政府可以统一领导应急处置工作。实践中我们常常在电视上看到，突发事件发生后，经常是省级主要领导人亲临现场指挥，虽然这体现了领导对于突发事件及其处置工作的重视程度，但这是不是符合法律的规定呢？“现场指挥”如何定义？与法律上的“负责”“统一领导”如何划分？值得斟酌。

第四，法律措施。重大突发事件发生之后，政府会依法采取诸多措施。“营救”与“疏散”，“封锁”与“警戒”，“医疗救护”与“卫生防疫”，“征收”与“严惩”等，在这部法律上都有明确、具体的规定。

第五，法律信息。法律要求，“任何单位和个人不得编造、传播有关突发事件事态发展或者应急处置工作的虚假信息”。另外，需要政府及时并权威地发布真实、准确、完整的消息。

第六，法律责任。承担法律责任的主体包括“政府”“有关单位”“有关人员和单位”。政府有“不作为”或者“乱作为”的，就可能被追究法律责任；如果有关单位没有积极预防，把小事变成大事了，把小灾变成大灾了，当然也要承担责任；有关人员和单位散布虚假信息，也要被追责。如果这些责任严重到一定程度，则可能会上升到刑事责任；对于造成公民和法人人身、财产损害的，民事责任方面也难逃干系。在这个过程当中，我们要通过法律思维和法律方式，把责任一一厘清、一一处置、一一化解，突发事件才能最终完善地得以处理。

在此我想强调的是，律师作用的发挥是衡量“法律思维与法律方式”的重要标准之一。

根据《律师法》，律师应当维护当事人合法权益，维护法律正确实施，维护社会公平和正义。律师的参与在化解矛盾与解决纠纷中，作用独特、不可替代、不能或缺。因此，当大火被扑灭，当硝烟已散去，律师该上场了！

律师上场干什么？至少五个方面：第一，事故处置；第二，受损救助；第三，责任承担；第四，赔偿事项；第五，法治教育。每个环节、每个细节，律师都可以或者说都应当参与其中。

一、为政府的事故处置工作提供法律支持

1. 事故调查。我国《生产安全事故报告和调查处理条例》规定，事故造成 30 人以上死亡即构成特别重大事故，由国务院组织事故调查组。我们的理解，国家有关部门会组织包括安检、公安、应急、环保、法制、监察、规划、土地、港口等多部门参与的联合调查机构，对事故进行调查，并应向社会公布调查报告。在这一过程中，律师可以作为政府法律顾问，或联合调

查机构法律专家成员，参与调查全过程。走现场、看录像、调资料、查证据、做访谈，发表独立意见，并对调查报告的形成出具专业建议，可以为调查报告的真实、准确、完整与权威发挥独特作用。在“12·31”上海外滩踩踏事故调查报告形成过程中，调查组聘请的法律专业人士发挥了不可替代的作用，在大家的共同参与下，这个报告公布后，社会各界普遍认同。

2. 新闻发布。在此过程中，政府必须组织新闻发布会，及时、真实地发布事故信息。律师理应参与其中，对发布的内容从合法性角度进行审核，保证其内容不违反法律规定或者有法律依据，避免引发媒体与公众对发布内容从法律角度的质疑。而对所发布的事实的真实性与完整性，从规范的角度字斟句酌，避免歧义，以实现文字表达的准确性。其实许多国家的做法可以借鉴，其政府新闻发言人大多是法律科班出身，甚至本就当过执业律师。律师参与新闻发布工作倒不是说要增加“雄辩”甚至“诡辩”因素，而是说要本着对法律的专业理解和尊重事实的客观态度，回应关切，回复问题。

3. 责任追究。随着事实真相的披露，调查报告的完成，对事故责任人员的处理会纳入议事日程。负有监管职责的官员、导致事故发生的企业人员，都会受到责任追究。在追究行政责任过程中，政府律师应当发挥作用，依据行政法规的规定，提出追究责任的法律意见或对行政机关的追责行为进行合法性论证，以保证追责行为的程序合法、内容合法、定性合法、量“刑”合法，适用法律适当。在此过程中，一定会涉及移动司法机关的情形。政府相关部门具有配合司法机关进行调查取证等相关义务，律师应当对政府的上述行为提供法律上的把关。

4. 表彰抚恤。政府在对牺牲的消防救援人员进行表彰、抚恤过程中，律师可以提供法律的支持。如烈士褒扬金、抚恤金、定期抚恤金、死亡补助金等补偿的依据、标准、数额、时限等，都应符合法律及相关政策的规定，既合法，又充分体现人性关怀。特别是像天津“8·12”事故中牺牲的非现役消防救援人员，属于“消防企业的职业工人”。李克强总理已经明确：“英雄没有编外”“我们会一视同仁，同样地给予抚恤、安抚他们的家属，给他们以同样的尊重，给他们同样英雄的称号”。对此，律师可以从法律上提供依据支持，梳理相关程序安排，使得总理要求落到实处。

5. 赔偿救助。在对遇难人员赔偿金和救助金的支付方面，律师可以从法律适用、人员鉴别、赔偿及救助形式、数额等方面，提供法律意见。如在上海静安“11·15”特别重大火灾中，每位遇难人员获得约96万元赔偿和救助金，包括按我国《侵权责任法》一次性死亡赔偿约65万元、政府综合帮扶和社会爱心捐助等31万元。

6. 谣言查处。大难面前，谣言四起。政府依据《互联网新闻信息服务管理规定》等规章负有维护新闻传播秩序的职责。报载，国家互联网信息办公室已严肃查处了360多个传播谣言信息的微博微信账号。在此过程中，律师可以为政府的查处行为提供法律依据，提出法律意见。

7. 隐患核查。一手抓善后处置，一手抓核查隐患。政府应举一反三，防患于未然，及时、定向核查可能隐患。在此过程中，律师可提供法律依据，特别是协助政府确定法律责任主体、明确核查的法律方式及程序，提高核查工作效率。同时，协助政府做好后续责任追究工作。如在规划上有何问题、在安评上有何漏洞、在环评上有何疏忽，强化责任追究机制，并进一步在制度上直至立法上提出完善的法律建议。

二、为受损居民的人身及财产权益保障提供法律帮助

在司法行政机关及律师协会组织下，与社区组织做好沟通与衔接，律师应深入受损居民群体之中，传播法律知识，提供法律帮助，将受损居民的诉求从一开始即纳入法治化处理轨道，让老百姓信律师、信法律。

1. 遇难人员赔偿救助。对于遇难人员的赔偿金与救助金问

题，协助遇难人员家属与政府沟通、协商，妥善处理。

2. 受损居民人身赔偿。对于一般受损居民，在法律框架内为其设计人身损害赔偿方案，如医疗费、误工费、住院伙食补助费、护理费、残疾者生活补助费、残疾用具费、交通费、住宿费等，还有职工所在单位支付的抚恤、劳保等费用。上述安排在律师的参与下，既体现合法，又能尽量合理与合情，有理有节，切实体现合法权益保障。

3. 受损居民财产赔偿。对于受损居民的财产损失问题，律师可以参与调查、取证，对受损财产协助公证机关进行公证，尽量查明事实，合理估值，以作为获赔依据。同时，依据法律与司法案例，协助居民提出赔偿的范围与数额，力求通过协商方式与事故责任企业或保险公司达成一致，合理并高效地解决纠纷。另外，我们注意到，天津“8·12”事发后万科、启航等小区居民提出退房或政府回购房屋问题。对此，律师可以研究房屋销售合同、房产公司销售推介及广告资料等，协助居民提出合法又合理的要求，或退，或赔，或修，或安置，或回购的事实依据是否充分、法律依据是否具备，并界定退、赔、修、安置、回购的可能的、可行的责任主体，另外还有居民房屋贷款涉及与银行的法律关系的处理，使得各项财产赔偿工作有序、理性，避免群体事件和矛盾激化。

4. 受损员工工伤赔偿。对于受损自然人是在工作时发生状况的，律师还可协助该员工与所在单位进行沟通，以获得工伤赔偿，而且这种赔偿与事故责任企业给予的赔偿并行不悖。

三、为事故责任主体提供承担责任方面的法律服务

1. 调查取证。作为事故责任主体，像天津“8·12”事故中的瑞海公司及其相关责任人依法有权利获得律师的法律服务。公司律师应当尽可能参与取证工作，获得更多的合同资料、储运档案，向公司相关工作人员了解更全面的事发过程，以利于全面掌握案件事实情况。

2. 辩护代理。律师可以为作为刑事责任承担主体的公司及其相关责任人进行辩护，也可以为作为行政责任、民事责任承担主体的公司进行代理，使其依法承担相应责任。

3. 员工处置。律师可以代理公司与公司员工就其工伤赔偿事宜进行沟通、协商，妥善安置受损员工。

4. 保险处理。据媒体报道，天津市自 2011 年以来实施“安全生产责任险”，要求包括危险化学品生产经营单位在内的五类企业必须投保。因此，事故责任主体有权就保险公司赔偿事宜与保险公司进行协商处理，律师可以作为代理人参与其中。

四、为保险公司、肇事公司的客户就相关赔偿事项提供法律协助

1. 保险公司赔偿。如上所述，瑞海公司投保“安全生产责任险”，则相关保险公司就赔偿事宜，可以委托律师与被投保人瑞海公司进行协商处理。另外，除了上述险种，人保、平安、太保、大地、太平、渤海等各大保险公司还承保了财产险、意健险、家财险、车险等多个险种，据媒体报道，也在当时制定了应急预案与服务举措。在此过程中，律师应当就保险理赔各项事宜提供专业的保险法的服务。

2. 公司客户赔偿。上述瑞海公司作为储运机关，与相关企业发生储存、运输等合同关系，这些客户在此事故中可谓损失惨重，就其财产赔偿事项，有权依据法律规定与合同约定，向瑞海公司进行索赔，在此过程中律师应当发挥合法财产权益维护者的功能，协助妥善解决各类财产纠纷。

五、为社会公众提供法治宣传发挥独特作用

社会公众有权了解事实真相，也应理性地看待这一特别

重大责任事故本身及其善后处置工作，树立法治意识，推进在法治轨道上化解矛盾、解决纠纷、追求公正。在这一过程中，律师的作用不可小觑。律师以独立、专业的职业身份，可以向社会公众提供安全生产、责任事故、民事赔偿、行政责任、刑事处罚、安全评估、环境保护等一系列的法律知识，减少公众误读、误判，形成更多的共识，求得各方最大的公约数，为事故善后处置创造良好的法治环境与舆论氛围。

从上海静安“11·15”大火善后处置工作看，上海律师几乎从第一时间便战斗在工作的第一线，至今仍在有关法律纠纷处理中坚守岗位，取得了良好的法律效果与社会效果。同样，在本次天津“8·12”事故发生后，天津律师也是奋不顾身、殚精竭虑，工作卓有成效。而此刻，江西省律师协会正组织律师，在省政府及司法厅的领导与协调下，参与“11·24”事故处置工作。

可以这样认为，律师参与类似重大责任事故的处置工作，不是为了钱，不是为了名，不是找麻烦，不是来添乱，是为了履行社会责任，体现律师的奉献与作为，是法律工作者，是矛盾化解人，是沟通润滑剂。通过律师及各方的不懈努力，将事故责任处置工作从一开始并至终在法律思维与法治方式下进行，切实维护人民群众的合法权益，切实维护法律的正确实施与社会的公平正义。

（这是作者于2016年11月27日在“2016上海公共关系国际高峰论坛：互联网时代的公共安全与危机管理”上的发言）

以律师的独立性、专业性和组织性参与民主立法

夜幕降临，长话短说。上午的开幕式上，主办方的于宁主席说年度字是“法”，年度词是“依法治国”；主办方潘剑锋书记讲今天字是“法”，今天词是“依法治国、民主立法、律师参与”。其实他们已经点题、破题了。今天的演讲精彩纷呈，可谓“大珠小珠落玉盘”“淡妆浓抹总相宜”。段正坤部长语重心长，周院生司长高屋建瓴，江平教授谈笑风生，应松年教授娓娓道来，朱苏力教授博大精深，刘俊海教授妙语连珠，扈纪华主任循循善诱，刘桂明总编亮点频频。当然，还有五位互动律师，五位登台，五虎上将，竞相出彩。

今天的论坛我说是“横看成岭侧成峰，远近高低各不同”。我用三个主题词来概括，第一个是坦然，第二个是坦诚，第三个是坦荡。坦然是我们法律人的风格，坦诚是法律人的气质，坦荡是法律人的胸怀。所以段部长非常坦然地说，前几年律师执业环境一度出现恶化情况，全国政协社法委就保障行使律师的执业权利和律师执业环境进行专题调研，并做大会发言，实属不易。江平教授非常坦然地回顾自己参与立法的五大阶段，并且认为民主立法比立法的“三结合”更确切。周院生司长也坦然承认律师参与立法的宣传不够、表彰还不足。应松年教授也说，四中全会尚未解决党的立法通过法定程序变成国家意志过程当中的分层次问题。朱苏力教授以救死扶伤、刑讯逼供为例，认为良法要保护社会、保护人权、保护儿童，而不纯粹是“展示良知”。扈主任也非常坦然地认为律师人大代表政协委员要避免“体制内”和“唱赞歌”的倾向。所以我说，我们每位演讲者都非常坦然地亮出了自己的观点。

同时，他们非常坦诚地发表真知灼见。江平教授说，现在我们国家立法的科学性不够，法律体系的科学性、立法程序的科学性都亟待提高。应松年教授也解读了宪法和立法法对地方性法规制定的权限之不同。朱苏力教授说，法律应该是流着脓与血的、野蛮的，但充满活力的男子汉，而不应该是温文尔雅、高富帅、小鲜肉、风雅颂；法律和生活方式、法律和道德都有必然的联系，良法和恶法甚至还是互动的。这些观点都让我们耳目一新。扈主任也说我们法律人要少做评判者，多做参与者，我觉得这句话对我们在座的各位律师应该具有特别的启示。

各位演讲嘉宾都非常坦荡地说着自己的心里话。江平教授说，律师兴、法治兴、国家兴，律师和法治的关系是鱼水关系，依法治国蓝图上律师要从被动走向主动，律师对法治而言如“春江水暖鸭先知”。朱苏力教授今天提到“狗论”，他讲到对于狗肉节涉及的法律问题上的养的狗和吃的狗不是一个狗的问题。扈主任还讲到“春论”，她说法治的春天又来了。同时，江平教授还讲到律师要有服务之道，更要有治国之道，要多承担社会责任，不要仅限于太多的物欲追求。桂明总编用他一如既往的语言风格说个案、要案、教案、文案、提案，非常精彩。应松年教授特别谈到立法要以民为本、要立法为民。周院生司长特别谈到要在民主立法当中发挥律师、律协、律师事务所的重要作用。段部长殷切希望国浩在国际化、规模化、规范化、专业化发展的同时要更加注重社会责任。朱苏力教授说，法律人要有智慧，要清醒，要先天下之忧而忧，后天下之乐而乐，要有公心，矫情可以，但要有底线。扈主任特别说，立法精彩离不开律师，律师是法律的实践者，律师的参与使法律更有可操作性、更有规律性。刘俊海教授说到了“义”与“利”、“刑”与“民”、“公”与“私”等八大法律关系。所以我想，大家都已经记在笔下，记在心里，已通过微信即时发布，这些都是大家沉甸甸的收获。

对民主立法和律师参与，我有三句话。一是律师的独立性将更大程度地解决立法工作当中的部门化倾向，二是律师的专业性将更大程度地提高立法的工作质量，三是律师的组织性将更大程度地汇聚一个行业的智慧。为立法提供服务。当然，民主立法和律师参与的过程，也不是一帆风顺的，我的体会是，一定有过“停杯投箸不能食，拔剑四顾心茫然”的忐忑，也会有过“欲渡黄河冰塞川，将登太行雪满山”的窘迫，或许也期待“闲来垂钓碧溪上，忽复乘舟梦日边”的惊喜，但是我们一定始终怀有“长风破浪会有时，直挂云帆济沧海”的信念。当四中全会的东风吹来我们律师事业发展春天的时候，我们一定要昂首阔步，走在大路上。我想这是我们对今天会议的整个感受，我们应该充满正能量。

作为闭幕式，还是要讲几句话。我们依然是一个团结的大会，胜利的大会。更重要的是，这是国浩人的盛会、法律人的盛会。我们交流、交锋、交融。我们互动、互学、互长。我们享受精神大餐、智慧大餐、知识大餐、法律大餐。这已经是第二届国浩法治论坛了，“二”字很重要，成功往往在于“二”，因为“二”承上又启下。今天已是冬季，诗人说“荷尽已无擎雨盖，菊残犹有傲霜枝”，但我们却温暖如春，颇有些“沾衣欲湿杏花雨，吹面不寒杨柳风”的味道。

扈主任说“昨日扬帆乘破浪，今日扬帆更前行”，我改两个字，叫“今日‘满’帆更向前”。因为，在全面推进依法治国的大背景下，正可谓“潮平两岸阔，风正一帆悬”。

最后，还是一句老话，《论语》里面讲的，“士不可以不弘毅，任重而道远。仁以为己任，不亦重乎？死而后已，不亦远乎？”国浩未来的路还很长，国浩的明天将会更好。

（这是作者于2014年12月20日在第二届“国浩法治论坛：全面推进依法治国背景下的民主立法与律师参与”上的总结及闭幕致辞）

“故乡在沦陷”的法理视角

中国共产党第十八届中央委员会第三次全体会议通过的《中共中央关于全面深化改革若干重大问题的决定》提出，“建立兼顾国家、集体、个人的土地增值收益分配机制，合理提高个人收益”，“保障农民公平分享土地增值收益”。在此我们探讨的是，在土地增值收益分配机制建立过程中，合理提高个人收益的法理基础以及保障农民公平分享收益的法律依据。

一

应当说，该决定的上述表述具有很强的针对性和现实性。实践中，在土地增值收益分配时，农民个人利益总是被忽视。安徽省的统计表明，近几年来农民从被征用土地获得的补偿费用仅为政府通过“招拍挂”卖出土地收入总量的 5% 左右，现实“土地财政”下，政府大头，开发商小头，农民零头。正因为如此，当下农村与农民问题日益严峻，稳定性问题不言而喻。目前我国维稳案件中，农村群体性纠纷占了大头，而这些纠纷中土地纠纷又是多数，最首要的更是征地所引发的争议。另据统计，全社会维稳费用中，60% 用于因土地纠纷引发的群体案件。

之所以出现上述问题，政府的法律思维缺失是关键因素，其中对农民土地承包经营权的法律地位与经济价值的认识不足及重视不够是核心问题。我国《物权法》明确规定农村土地承包经营权为“用益物权”。在法律上，用益物权是物权的一种，是指非所有人对他人之物所享有的占有、使用、收益的排他性的权利。农民的土地承包经营权作为一种用益物权，就是农民对集体土地享有占有、使用、收益的排他性权利，而且此权利并不因土地所有权人即集体的变更而丧失。实施承包的集体土地实际上有两个主体共同拥有控制权，一是集体（农村经济组织），其拥有所有权；二是承包经营者，其拥有用益物权，且这一权利具有相对独立性。当政府对上述土地实施征收时，须同时征收所有权和用益物权，这样才能收获完整的所有权包括处置权。因此，政府不仅应向集体（农村经济组织）支付土地所有权的对价，还应向承包经营者支付土地承包经营权这一用益物权的对价。可见，建立向土地使用权倾斜的利益分配机制、合理提高农民个人收益，拥有充分的法律与法理基础。农民的这一收益是合法存在、依法所得，是一种法律上应该充分得到保护的“权益”。

二

如果说从“用益物权”的角度我们可以解释要不要提高农民个人收益、要不要保障农民分享收益的“定性”问题，那么接下来我们讨论的农民“身份权”与未来“发展权”的问题可以回答在这一利益分配格局中提高多少、保障多少的“定量”问题。

在这一命题下，我们不禁想起中国的两个著名村庄。一个是小堡村。这是青年学者熊培云在其著作《一个村庄里的中国》中的“主人公”。作者在书中说，“故乡在沦陷”，其标志性的一个事件就是，树贩子里应外合，在光天化日之下将小堡村最后一棵古树连根刨起，扔下 2000 元人民币携树一走了之。作者感叹，失去古树的故乡仿佛也失去了历史与文化的传承。在这里，我们想表达的是，在风起云涌的城镇化进程中，对农民的补偿方面，我们可能关注有形的房、有形的地，甚至有形的树，而这有形的房、地、树所承载的无形的故土、故乡、乡情、文化乃至于根，有谁能够读懂并予以重视。在中国，农民不是一个“职业”，而是一种“身份”，有了这个身份便有地，有了地便有房有树有粮食，而有房有树有粮食便有了生存与保障，有了繁衍与生活。其实，这就是值得我们特别关注的农民的“身份权”。

另一个是小岗村。这个村子 35 年前的大包干为中国农村改革杀开了一条血路。而在今年的小岗村，46 岁的农民韩庆红手持《先期交出土地决定书》和《领取提存物通知书》，却至今不愿去领取 10 万元补偿金，因为他认为只要领了、花了，政府便不会再管他了，他对自己的未来生活充满迷茫。经济学家曾说，土地是财富之母，劳动是财富之父。韩庆红们未来已无地更不可能在土地上劳动，何来财富？而另谋生计，缺少一技之长的他们却前景堪忧！如果小堡村的例子说的是对“过去”的“补偿”，主题词是“身份权”；那么小岗村的例子则说的是对“未来”的“保障”，核心是“发展权”。正可谓“过去补不够，未来无保障”。

现行《土地管理法》（指 2004 年第二次修正版）第 47 条规定，征收土地的，按照被征收土地的用途给予补偿，土地补偿费和安置补助费的总和不得超过土地被征收前三年平均年产值的三十倍。国务院法制办主任宋大涵表示，上述“法定补偿办法存在缺陷，标准偏低且规定过死，被征地农民长远生计保障不足”。2012年12月27日，十一届全国人大常委会第三十次会议分组审议了《土地管理法》修正案草案。在这次提交审议的草案中，将其明确修改为：征收农民集体所有的土地，应当依照合法、公正、公开的原则制定严格的程序，给予公平补偿。我们期待着这一修改尽早通过并实施。

三

农民个人除了在土地征收过程中介入国家、集体间的土地增值收益分配外，其实还有一个重要的权利，那就是作为集体的成员，以“成员权”从集体经济组织的发展中分享利益、分配收益。正可谓大河有水小河满。然而现实中，集体组织产权不明、治理不清、制度缺失、管理混乱等也是不争的事实。

因此，必须依法进一步确认并保障农民在集体中的成员权地位。该决定中也有“保障农民集体经济组织成员的权利”的表述，可谓一针见血。在这方面需要进一步完善宪法。此为其一。其二，构建集体组织的法律主体。如构建股份合作社，使“共同共有”向“按份共有”过渡。按份共有可以使产权相对明晰，管理趋于规范。在该决定中有“积极发展农民股份合作，赋予农民对集体资产股份占有、收益、有偿退出及抵押、担保、继承权”，言之有理、有利。其三，完善集体法律主体的治理结构。在产权明晰基础上，完善治理便可谓轻舟已过万重山。可以充分借鉴股份公司的法人治理，建立决策、执行、监督一体化的体系与机制。其四，建立规范及公开的管理制度。例如，上海郊区的江桥镇太平村，村集体经济组织的公开规范制度就写得很明确：村里的事，要让村民知晓、让村民做主、让村民监督、让新村民参与、让全体村民满意。其五，普及村民法律意识特别是权利义务意识。该决定提出“推进法治中国建设”“健全社会普法教育机制，增强全民法治观念”，而这其中，特别需要对农民进行法治宣传教育，增强其法治意识，特别是宪法意识，尤其是公民权利义务意识。

四

实现土地增值，保障农民公平分享土地增值收益，需要实施配套改革，需要完善配套法制。

一是规范流转市场。早在党的十七届三中全会闭幕后第二天的 2008 年 10 月 13 日，成都市联合产权交易所便率先挂牌；而第三天的 14 日，安徽省凤阳县农村土地流转交易中心也宣告成立。目前此类公开市场如雨后春笋不断诞生。在此过程中，首先是主体规范，要对农民承包经营权进行确权，同时要对合格受让者特别是工商企业进行资格确认。其次是规则规范，要制定公开、公平、公正的市场交易规则，特别是评估定价规则是其中的关键。

二是提供法律服务。应充分发挥律师、公证、仲裁、调解等法律服务的功能，为处于合同弱势一方的农民个人提供规范、专业、充分的服务，并通过担任政府、集体经济组织、工商企业法律顾问的机会在向其提供服务的同时规范其行为，促使其以法律思维与法律方式开展工作及经营，切实保障农民权益。该决定提出“普遍建立法律顾问制度”正是题中应有之义。

三是加强社会保障。如前所述，农民这一概念带有极强的“身份权”色彩，必须加大流传后的社会保障力度，方能使这一政策切实落地、这一法律真正执行。2011 年 7 月施行的《社会保险法》应得到全面实施，而成都等地探索的城乡统筹经验则值得充分借鉴。

四是推进户籍改革。该决定提出了“加快户籍制度改革”，“逐步把符合条件的农业转移人口转为城镇居民”，“全面放开建制镇和小城市落户限制”，无疑对推进农民土地承包经营权的流转，让广大农民分享现代化成果发挥实质性积极作用。

（这是作者于 2013 年 12 月在《财经》年会上的发言）

后　记

本书是《如何存在》一书的姊妹篇。如果说《如何存在》记录的是欢聚时、论道中、迎送间、相遇后的感受、感言和感悟，那么《变为何物》这本书记载的则是会议上的发言、专栏里的撰稿、读书后的随笔，其内容聚焦在律师、律所、律协、律政。而本书书名与《如何存在》一样，也是源于汪峰创作的《存在》一歌中的用语。

由于工作的原因，有许多场合要说话，有不少会议要发言。我一直有个观点，讲不能随欲，话不可信口，要努力言之有物，说之有情，言之有理，要尽力有思考、有思路、有思想，让听者会心一笑、有所感悟、能受启迪，而如果一篇不长的发言中有那么一两句“金句”，那便更有意义，对得起听众，也对得起自己了。因此，在每次说话或者发言前，我都在手机上列个小提纲，而在话说之后及时整理成文字，“好记忆不如烂笔头”嘛。日积月累，足可汇编。

今天的汇编，对过去说话或发言时有关“当时感”“场景感”的文字,我并未刻意去除,希望大家读来能有一种身临其境的感受吧。

其实还有一个心得就是，文字也是海绵里的水，挤一挤压一压总是有的。谁来挤？就是记者们、编辑们。2019~2020 年，我就被全国律协宣传部负责人刘志军反复“挤”与“压”，为《中国律师》杂志写一个小专栏的文章。漫画头像他也帮我画好了，两人合计起了一个“兵心玉壶”的栏目名字,漫谈文化、畅谈读书、随谈行路，不经意间也写了十几篇。有意思的是，刘志军不催了、不压了，我也就偷懒了、放弃了。不过当年的文字都被“记录在案”，一并收入此书。

我想表达的就是，律师也好，律所也罢，抑或律协还有律政，都应该遵从其本质属性，遵重其发展规律，长成应然的样子，变为应有的状态，自尊、自爱、自强。从这一角度来说，本书名字中的“变”意即发展，“物”就是发展到的那个应然状态。如此这般，才能发展得更好、更优、更大，在法治中国建设中真正成为不可或缺者、无法替代的人。

吕红兵

2022 年 10 月于上海静安嘉地中心